캐릭터 마케팅

캐릭터 마케팅

펴낸날 | 2003년 9월 20일 초판 1쇄
2003년 11월 20일 초판 2쇄
지은이 | 박소연
펴낸이 | 이태권
펴낸곳 | 소담출판사
서울시 성북구 성북동 178-2 (우)136-020
전화 | 745-8566~7 팩스 | 747-3238
e-mail | sodam@dreamsodam.co.kr
등록번호 | 제2-42호(1979년 11월 14일)
홈페이지 | www.dreamsodam.co.kr
기획 편집 | 박지근 이장선 가정실 구경진 마현숙
미 술 | 김미란 이종훈 이성희
본부장 | 홍순형
영 업 | 박종천 장순찬 이도림
관 리 | 유지윤 안찬숙 장명자

ISBN 89-7381-730-2 03320
● 책 가격은 뒤표지에 있습니다.

『캐릭터 마케팅』 본문에 캐릭터 이미지를 사용하도록 허가해 주신 국내 및 해외의 캐릭터 관련 회사에 감사드립니다. 아울러 저작권 표기는 저작권자가 특별히 요청하신 경우에만 별도 표기를 했음을 밝힙니다.
캐릭터 이미지 사용에 있어 동의받지 못한 저작물이 있을 경우, 저작권자와 정식 동의 절차를 밟겠습니다.

캐릭터 마케팅

CHARACTER MARKETING

박소연 지음

소담출판사

책을 펴내며

오래 전에 참 좋은 모임에 참석할 기회가 있었습니다.

나이 지긋한 분들이 새벽부터 모여서 강의를 듣는 모임이었습니다.

명함을 받아 보니 쉽게 알 만한 회사의 아주 높은 분들이었습니다.

사장님, 교수님, 이사님, 원장님…….

그 정도야 흔한 일인데 뭐가 그토록 인상적이었냐고요?

강사가 대학생이었습니다.

딸이나 될 듯한 아이의 의견과 논리에 귀를 기울이고 진지하게 질문을 했습니다.

우리가 사는 시간의 속도와는 무관하게 너무나 빨리 달라지는 세상에 뒤지지 않으려는 눈물겨운 노력이 참으로 감동적이었던 기억이 납니다.

원고를 정리하는 과정에서 몇 번씩이나 그만두었으면 싶었던 적이 많았습니다.

오랜 시간을 걸쳐 원고를 정리하다 보니 왠지 구태가 나는 것 같고, 이게 아닌 것 같고…… 부끄럽기 그지없는 일인 것 같아……. 다시는 이런 만용은 안 부리리라…… 다짐을 하곤 했습니다.

하지만 저의 부족한 경험이나마 이런저런 곳에서 도움이 될지 모른다는 바람을 포기할 수 없었던 것 같습니다.
대학생 강사의 이야기가 한번쯤 들어 볼만한 것처럼 캐릭터와 저의 이야기도 여러 분야의 많은 분들에게 한번쯤 읽어 볼 만한 것이 되었으면…… 하는 바람으로 끝까지 왔습니다.
게다가 용기를 주시고 도움을 주신 많은 분들과 함께라서 할 수 있었습니다.

캐릭터라는 것에 관심을 갖으시고 제게 제안을 주신 〈소담〉의 사장님과 원고 정리와 귀찮은 일들을 마다하지 않고 도와준 〈위즈〉의 직원들, 특히 양희성 과장과 혜연 씨에게 정말 감사합니다.
그리고 이 책이 완성되기까지 협조를 아끼지 않고 자료를 제공해 주신 한국콘텐츠진흥원과 캐릭터 관련 여러 회사에 감사 드립니다.

2003년 9월,

박소연(위즈 엔터테인먼트 대표이사)

차례

1장 캐릭터 이야기 About Character

1. 캐릭터란?
2. 캐릭터의 매력
3. 캐릭터 사업이란?
4. 국내 캐릭터 시장의 규모와 현황

1

캐릭터란?

1 캐릭터의 정의

캐릭터란 '자기만의 성격과 특징을 통해 생명력을 갖게 된 형상' 을 총칭한다. 누군가 자기만의 개성을 담은 이미지를 그려놓고, '이것이 내가 창조한 캐릭터다!' 하면 물론 그것도 캐릭터라고 할 수는 있다. 그러나 이 글을 통해서 이야기되는 캐릭터란 디자인의 요소가 아니라 하나의 프로퍼티(Property)로서 1차적인 시장(애니메이션, 출판, 만화, 게임, 영화, 문구 등)에서 인지도를 얻거나 가치를 갖게 된 형상물을 전제로 하려고 한다. 누구나 캐릭터를 개발하고 만들 수는 있으나, 그 캐릭터에 생명과 가치를 부여하고, 상품을 만들어 나가는 일은 아무나 할 수 있는 것이 아니다. 즉, 생명이 없고 상품이 전제가 되지 않는 캐릭터란 진정한 의미의 캐릭터라고 할 수 없다.

언플러그드 보이(만화 캐릭터의 예)

최근 들어 애니메이션이나 출판 등 1차적인 시장에 비해 캐릭터 라이센스나 상품 시장이 훨씬 부가가치가 있다는 명목 아래 의도적으로 캐릭터를 중심으로 미디어를 만들어가는 경우도 있지만, 그저 캐릭터를 만들어서 캐릭터 사업을 하겠다는 사람들도 많다. 하지만 캐릭터가 만들어만 놓는다고 가치를 발휘하는 것은 아니며, 미키마우스나 스누피처럼 한번 유명해진 캐릭터라고 영원히 사랑을 받는 것도 결코 아니라는 사실을 명심해야 한다. 캐릭터는 마치 어린아이와 같아서 만들어 놓는 것만이 중요한 게 아니라 잘 키워야만 제대로 된 역할을 하고 가치를 발휘할 수 있다.

오디션(만화 캐릭터의 예)

캐릭터의 가치란 창작 초기의 디자인은 물론, 시간을 가져가면서 어떻게 이미지 관리와 마케팅을 하느냐에 따라 엄청나게 달라진다. 이 세상에 수많은 캐릭터가 존재하고, 수많은 미디어가 성공하고 있지만 그 속의 모든 캐릭터들이 성공하고 있지는 않다. 우리가 쉽게 기억할 수 있을 만큼 성공하고 있는 캐릭터의 수가 그리 많지 않다는 것을 상기하면 잘 이해가 될 것이다. 그리고 성공하고 있는 캐릭터들의 비결이나 이유를 찾는데 있어서도 단편적인 논리만을 가지고 접근해서는 안 된다. 캐릭터는 '상품'이고 '브랜드' 그 자체이기 때문에 브랜드를 키우고 가꾸는 것처럼 포괄적인 기획과 전문적인 아이디어를 동원해야만 할 것이다.

포켓몬(애니메이션 캐릭터의 예)

2 저작권(copyright)

사업이 가능한, 즉 상품 제작을 목적으로 사용되는 캐릭터는 반드시 저작권 표시가 있어서 법적인 보호를 받을 수 있어야 한다. 저작권이란 저작물의 저작권자가 그 저작물의 복제 · 번역 · 방송 · 상연 등의 권리를 독점소유하는 권리를 말하는데, ©표시가 된 그림이나 저작물들은 저작권자의 허락 없이 함부로 복제하거나 상품화할 수 없다. 저작권 등록이란 따로 할 필요는 없으며 출판이나 제품 등 창작하여 처음 사용했다는 흔적만으로 보호를 받을 수 있다(©: copyright의 약자로 판권 · 저작권을 말한다).

둘리(애니메이션 캐릭터의 예)

그러나 아직 우리 나라의 경우 다양한 판례가 없어서 저작권자는 확실한 자료와 다각적인 준비로 언제든 법적대응이 가능하도록 준비해 놓아야 한다. 저작권 심의조정위원회(www.copyright.or.kr)를 통한 저작권 등록도 그런 의미에서 최근에 많이 주목받고 있다. 저작권자의 성명 등 저작물에 관한 일정한 사항을 저작권 등록부라는 공적인 장부에 등록하고 일반 국민에게 공개 · 열람토록 하는 장치인데, 일단 등록된 사항에 대해선 추정력 · 대항력 등의 법적 효력이 부여되기 때문에 대다수의 캐릭터 회사들이 캐릭터 개발시 저작권 등록을 기본으로 하고 있다. 그러나 저작권 등록만으로는 약하다.

쿠우(브랜드 캐릭터의 예)

캐릭터란 앞서 말한 것처럼 브랜드의 역할을 하므로 상표를 등록해서 캐릭터를 사용하는 제조 업체들이 법적으로 보호받을 수 있도록 조처해야 한다. 상표등록을 할 때는 제품이 가능할 것 같은 모든 류에 등록해야 하는데 보통 문구류와 의류 등 10~20가지 정도에 등록하며, 비용은 한 류당 30만 원 정도이다. 대행비의 지불을 감수한다면 변리사 사무실에 위탁할 수도 있다.

박찬호(스타 캐릭터의 예)

3 캐릭터의 종류

최근 들어 상당수의 캐릭터들이 개발되면서 캐릭터의 분류나 종류에 대해 이야기하고 있다. 〈포켓몬〉이나 〈둘리〉 같은 애니메이션 캐릭터, 〈오디션〉 같은 만화 캐릭터, 일본의 〈이치로〉나 〈이홍렬 · 지누션 · 박찬호〉 등을 형상화한 스타 캐릭터, 위즈 엔터테인먼트의 〈얌〉이나 〈부비〉, 산리오의 〈헬로 키티〉 같은 제품의 디자인으로 개발된 팬시 캐릭터 및 오리온 치토스의 〈체스터〉나 〈펩시맨〉 같은 광고 및 프로모션(Promotion) 캐릭터, 그리고 해태음료의 〈깜찍이〉나 코카콜라의 〈쿠우〉 같은 브랜드 자체가 되는 브랜드 캐릭터, 삼성생명의 〈비추미〉 같은 CI 개념의 기업 캐릭터 등으로 구분한다.

이홍렬(스타 캐릭터의 예)

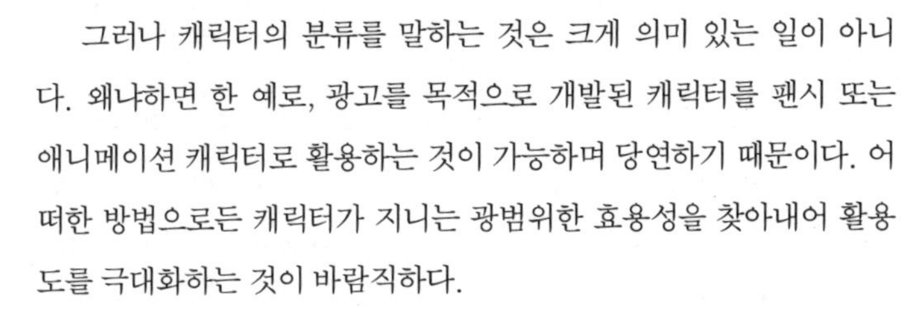

그러나 캐릭터의 분류를 말하는 것은 크게 의미 있는 일이 아니다. 왜냐하면 한 예로, 광고를 목적으로 개발된 캐릭터를 팬시 또는 애니메이션 캐릭터로 활용하는 것이 가능하며 당연하기 때문이다. 어떠한 방법으로든 캐릭터가 지니는 광범위한 효용성을 찾아내어 활용도를 극대화하는 것이 바람직하다.

부비(팬시 캐릭터의 예)

다시 말해, 어디서부터 출발한 캐릭터이든 어떤 분류에 속하는 캐릭터이든 상품과 여러 매체를 통해 일관된 아이덴티티(Identity)가 지속적으로 유지, 관리될 때만 진정한 의미의 부가가치 창출이 가능하며, 사업으로서의 가치를 갖게 될 것이다.

체스터(광고 및 프로모션 캐릭터의 예)

2

캐릭터의 매력

캐릭터는 단순한 그림의 차원을 넘어서 철학과 감성이 존재하는 형상물이기 때문에 사람의 마음을 매료시킨다.

찰스 M. 슐츠는 그의 캐릭터 〈스누피와 친구들〉을 통해 전세계 사람들에게 꿈과 사랑의 철학을 전달했다. 소비자들 또한 스누피 제품을 보며, 그가 추구하는 동심의 세계와 그 속에 담긴 꿈과 우정을 기억했다.

월트디즈니(The Walt Disney Company)의 〈미키마우스〉는 전세계의 어린이들에게는 물론 어른들에게도 미국적인 정의와 용기를 가르치고 동심과 환상의 세계로 이끄는 역할을 했으며, 영화를 보고 상품을 사는 사람들에게 제품을 산다기보다는 월트디즈니의 정신과 철학에 지불하는 것을 아까워하지 않게 했다.

'들에서 만난 천사' 라는 카피와 함께 괴나리 봇짐을 들고 가는 바른손의 대표 캐릭터 〈리틀토미〉(1988년 개발) 역시 소비자들에게 감성적인 접근을 하는데 성공했다. 스토리를 명확하게 알아서가 아니라 소비자들이 자연스럽게 느낄 수 있는 감성적인 교류가 이루어졌던 것이다. 이처럼 감성의 교류가 존재하는 캐릭터만이 성공할 수 있으며, 이러한 감성의 교류야말로 캐릭터가 갖는 커다란 매력이다.

바른손의 대표 캐릭터 리틀토미

캐릭터란 나 자신을 대변하는 그 무엇이며 나를 표현하는 도구가 되기도 한다. 그래서 어떤 캐릭터에 매료되면 그 캐릭터에 관한 모든 것을 알고 싶고, 소유하고 싶고, 사서 갖고 싶은 것은 당연하다. 〈헬로 키티〉가 한창 인기를 끌 무렵, 〈헬로 키티〉 제품으로 아이는 물론 자신과 남편까지 치장을 하고 있는 가족을 보면서 헬로 키티의 브랜드 가치를 실감했다. 〈헬로 키티〉 제품에 휩싸여 있는 동안은 그 캐릭터의 세상과 동심에 빠져 있을 수 있을지 모른다. 최근에는 이와 관련해, 사람들의 기호가 다양해지면서 캐릭터의 선호도도 각양각색으로 다양해지고 있고 자기만을 대변하는 아바타들도 속속 등장하고 있다.

캐릭터는 마치 그 캐릭터를 좋아하는 사람에게는 스타나 우상과도 같은 존재가 된다. 옆에 있는 친구나 동료가 특정의 캐릭터에 매료되어 있는 친구의 취향에 동감하지 못해서 손가락질을 해도 그 캐릭터를 사랑하는 사람에게는 충분한 이유가 있다. 일본에서 선풍적인 인기를 끌었던 애니메이션 〈신세기 에반게리온〉의 경우, 한정판매 전화카드를 사기 위해 3일을 줄을 섰다는 마니아들의 이야기를 들으면 우리 나라의 슈퍼 스타의 인기를 무색하게 한다. 포켓몬스터 인형이나 장난감을 사달라고 조르는 아이들은 물건이 필요하고, 갖고 싶은 것이 아니라 바로 포켓몬스터 그 자체를 원하고 있는 것이다.

또 하나, 캐릭터의 매력적인 특성은 실제 연예인 스타와는 달라서 죽음이라는 한계도 없고, 스캔들도 없어서 그 인기와 생명력이 영원하다는 것이다. 캐릭터를 광고 모델로 쓰는 것이 비싼 연예인을 쓰는 것보다 효과적이라는 신문 기사를 본 적이 있다. 비용도 저렴하며 스캔들로 인한 위험 부담도 없고 표현이나 사용의 범위가 훨씬 다양할 수 있기 때문이라고 한다. 디즈니의 〈인어공주〉(1989년)는 어려웠던 디즈니 사에 새로운 전기를 마련해 주었는데 여기에는 디즈니 사의 특별한 전략이 있었다. 엄마가 어린 시절에 감동적으로 보았던 동화책을 자신의 아이에게도 보여 주고 싶을 거라는 아이디어에서 비롯된 것이었다. 한번 마음속에 자리 잡은 우상은 인생에 있어서 영원한 우상이 되는 예가 많다는 논리를 잘 활용한 것이다. 이렇듯 캐릭터는 시간과 공간을 초월하여 사람들의 가슴속에 영원히 살 수 있는 특징을 갖고 있다.

3

캐릭터 사업이란?

캐릭터라는 단어를 비즈니스에서 처음 사용하기 시작한 것은 70여 년 전, 월트디즈니 사의 미키마우스에서부터가 아닐까 싶다. 1928년 세계 최초의 유성영화 〈증기선 윌리〉(Steamboat-Willy)가 히트하면서 주인공 미키마우스를 제품에 넣어서 판매하겠다는 제안을 받고, 이에 대한 캐릭터 사용료를 받은 것이 캐릭터 사업의 시작이 되었다.

캐릭터 사업은 캐릭터를 고안, 창작한 저작권자가 캐릭터 사용권을 타인에게 허용(License)하여, 캐릭터 상품을 제작 판매(Merchandising)하도록 하는 모든 사업을 총칭한다. 캐릭터 사업의 주체는 크게 저작권자(Licensor), 저작권 대행자(Sub-Licensor), 상품화권자(Licensee)로 구성된다.

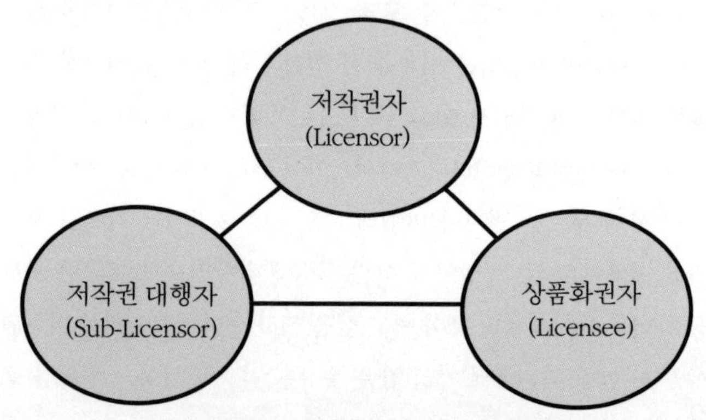

캐릭터 사업 주체의 기본적인 패러다임

*저작권 대행자 _ 저작권 소유자와 일정의 계약을 맺고 라이선싱 사업을 대행해 주는 사람 또는 회사

저작권자와 대행권자는 주로 지분을 분배하는 형식으로 계약하며, 저작권자 또는 저작권 대행자는 캐릭터 사용권을 상품화권자에게 허용(License)해 상품을 제작 판매(Merchandising)할 수 있도록 한다. 이러한 경우에는 제품 출고가(價) 또는 소비자가(價)의 일정 비율에 해당하는 캐릭터 사용료(Royalty)를 받는다. 작년 기준으로 볼 때 우리 나라에서의 경우 외국 캐릭터는 평균 9~15%, 국내 캐릭터는 5~8%의 로열티를 받고 있었다.

최근 5년 새 엄청난 수의 캐릭터 회사들이 생겼다고 한다. 모두 한결같이 고부가 가치의 캐릭터 사업을 하고 있다고 하지만 정작, 아직도 많은 회사가 캐릭터를 만들어서 파는 사업을 하고 있다. 다시 말해서 캐릭터 개발 대행을 하고 있는데, 이것은 캐릭터 사업이라고 할 수 없다. 단순히 디자인을 대행하는 회사나 다를 것이 없는 것이다. 캐릭터 사업이 아니라 디자인 대행 사업이라 해야 맞을 것이다.

캐릭터 사업이란 위에서 언급한 것 같이 저작권을 소유한 사람으로부터 대행을 의뢰 받거나 자사가 저작권을 가지고 저작물 즉, 캐릭터를 빌려 주고 로열티를 받는 사업이다. 사실상 캐릭터 사업은 재주 있는 몇 명의 디자이너가 모여서 창업을 하기엔 어려움이 많다. 아주 조직적이고 기획력 있는 회사가 어느 정도의 자금을 투자해서 좋은 캐릭터를 개발하고 마케팅해서 먼저 그 캐릭터에 가치를 부여한 후, 캐릭터를 상품화권자에게 빌려 주고 그 가치의 대가를 받는 것이다. 그래서 캐릭터 사업의 성공 원인을 보면 많은 자본과 시간이 그 전제가 되는 경우가 대부분이다.

요즘 거대한 자본과 탁월한 기획력으로 그 시간을 단축하기도 하고, 디지털 시대를 맞이하면서 오랜 역사성을 배제한 창의적인 아이디어와 마케팅만으로도 성공하는 캐릭터들이 배출되고는 있지만, 더 오랜 시간 스타의 자리에 있게 하기 위해서는 지속적인 관리와 투자가 필요하다. 한번 뜨는 것도 중요하지만 얼마나 오래 그 가치가 유지될 것인가가 캐릭터에 있어서 중요한 'Key' 이기 때문이다.

한편 캐릭터 사업은 부가적인 사업, 부가적인 매출로 더욱 흥미롭고 가치가 있는 것이다. 미키마우스는 애니메이션이 본사업으로 애니메이션의 성공과 더불어 캐릭터 사업이 가능했고, 텔레토비도 유아교육 방송이 히트하면서 그 제품 또한 인기를 얻게 되었다. 헬로 키티는 제품이 매체가 되어서 오랜 시간 소비자와 함께했으므로 그 가치가 만들어져서 오늘날 테마파크, 라이센스 사업 등 부가적인 사업으로의 확대가 가능했던 것이다.

'캐릭터 사업이 부가가치가 있다.' 는 진정한 의미는 애니메이션이나 출판, 제품을 만들어서 파는 본연의 사업 성공으로 이미 가치를 갖게 된 캐릭터를 사용하여 별 다른 투자 없이 계속적인 이익을 창출할 수 있다는 점에 있다.

4

국내 캐릭터 시장의 규모와 현황

현재 캐릭터 시장은 거대한 규모의 월트디즈니 사와 워너브라더스 사(Warner Brothers Pictures Inc.) 등이 막강한 자본력을 바탕으로 미국은 물론, 세계 시장을 주도하고 있다. 미국을 비롯한 서구의 많은 나라들이 이미 50여 년 전부터 캐릭터 상품을 Human Communication의 매개체로 인식하고 있으며 그 영역도 날로 확장되어 가고 있다. 의류, 식품, 레저, 소프트웨어, 출판, 애니메이션 분야에 이르기까지 그 시장은 실로 방대하다.

우리 나라의 경우는, 이미 오랜 역사를 갖고 있는 해외의 경우에 비한다면 아직 미미한 수준이기는 하나 하루가 다르게 발전하고 있다. 80년대 초만 하더라도 상품에 캐릭터를 사용하는 것은 아이들의 문구류나 잡화류 등에 한정적이었으며 디자인적인 부가가치를 올리는 정도의 의미만을 갖고 있었다.

하지만 최근 들어서는 성별과 연령은 물론이거니와 상상을 초월할 정도의 다양한 산업 분야에까지 적용이 확대되면서 캐릭터는 새로운 유망 산업의 매개체로 각광을 받게 되었다. 제품의 질이나 가격만이 구매의 기준이 되던 시절에 비하면 요즘은 개성과 감성의 교류가 그 기준이 된다고 한다.

국내 캐릭터 산업의 시작은 그리 오래 되지는 않았지만 빠른 속도로 유수의 선진국과의 경쟁에 도전장을 내고 있으며, 최근에는 인터넷을 통한 Viral Marketing으로 새로운 Business Model을 만들어 가고 있다. 인터넷을 통해서 고객 스스로가 캐릭터를 홍보하고 광고하여 아주 빠른 시간 안에 캐릭터의 인지도를 높혀서 부가가치를 창출하는 것이다. 우리 나라의 첨단 인터넷 환경은 캐릭터 사업에 있어서도 커다란 경쟁력이 되고 있다. 최근에는 마시마로 등의 국내 캐릭터들이 초강세를 보이고 있어 이전에 해외 캐릭터가 전체 시장의 80% 이상을 차지하던 때와는 사뭇 다른 판도를 보여 주고 있다.

캐릭터 시장의 규모는 애니메이션, 게임 등 엔터테인먼트 산업이 발전할수록 기하급수적으로 증가할 것으로 예상된다. 문화 관광부에서 발행되는 한국문화산업 백서에 보면 우리 나라는 문화산업의 경제적 효과와 파급력을 인정하면서 21세기를 책임질 산업으로 문화산업을 지목하고 있다. 2001년 하반기에, 정부는 문화콘텐츠진흥원을 개원하여 보다 구체적이고 본격적인 지원책들을 내놓고 있는데. 이런 정부의 지원은 캐릭터 산업 발전에 있어서도 적지 않은 힘이 될 것이라고 업계는 기대하고 있다.

1 1976 ~ 1990년대 후반

국내 캐릭터 산업의 시작은 1975년에 스누피가 한국에 처음 상륙하면서 부터라고 할 수 있겠다. 이어서 1976년 백두 CM 사가 월트디즈니 캐릭터를 수입하면서 외국 캐릭터들이 국내 시장에 줄을 이어 들어오기 시작했고, 1993년에 설립된 월트디즈니 코리아에 이어 워너브라더스 코리아, 일본 산리오 코리아 등 미국과 일본의 캐릭터 업체가 정식으로 국내 시장에 진출했다.

1990년대 후반에는 한국 시장의 경기 침체를 기점으로 해외 캐릭터의 국내 시장 공략이 더욱 활발해졌지만, 아직 미약하기 이를 데 없는 국내 캐릭터들도 애국 마케팅을 강조하면서 선전하기 시작했다. 1985년 이후 개발된 바른손의 부부보이와 리틀토미, 아기공룡 둘리 등의 애니메이션 캐릭터와 많은 창작 캐릭터 들이 선을 보였다. 하지만 아직은 국산 캐릭터들은 전체 시장 점유율의 10~15% 미만 정도의 미미한 수준을 벗어나지는 못했다.

2 2000 ~ 현재

2000년대에 들어서면서 우리 나라를 비롯한 해외 캐릭터 시장에 큰 변화가 있었다.

미키마우스, 스누피 등의 클래식 캐릭터들 외에 소위 말하는 대박형 캐릭터들이 커다란 이슈가 되기 시작한 것이다. 이들은 대부분이 개발 당시부터 철저한 마케팅을 기반으로 계획된 캐릭터들로서 꼬꼬마 텔레토비, 포켓몬스터, 디지몬 등이 그것이다. 이들은 사전에 기획된 기발한 아이디어와 철저한 마케팅으로 전세계 캐릭터 시장에서 폭발적인 반응을 얻었다.

한편 이 시기에 우리 나라 캐릭터 시장도 새로운 전기를 맞이하게 되었는데, 그 시발점의 주인공은 엽기토끼 마시마로다. 2001년부터 마시마로를 계기로 우리 나라 캐릭터 시장은 자생력을 확보하기 시작하였고, 그 뒤를 이어 뿌까, 졸라맨 등의 수많은 국산 캐릭터 들이 시장 점유율을 높혀 가기 시작했다.

아울러 모바일 시장의 급팽창과 더불어 아바타 열풍 등 디지털시대의 신상품 및 비즈니스 수익 모델로도 캐릭터는 크게 각광을 받게 되었다.

국내 캐릭터 산업 현황(2002년 기준, 추정치)

구분	2002년	2003년	2004년	2005년	2007년
국내 캐릭터 시장 규모	약4조9천5백억원	약5조9천억원	약7조1천억원	약8조5천2백억원	약10조2천억원
국내 정품 시장 규모	약3조4천7백억원	약4조1천3백억원	약4조9천2백억원	약5조8천억원	약6조9천억원
국내 불법 복제 시장 규모	약1조4천8백억원	약1조7천7백억원	약2조1천4백억원	약2조5천억원	약3조3천억원
국내 캐릭터 시장 성장율	20%	20%	20%	20%	20%
국산 캐릭터 내수 시장 점유 규모	약2조4천억원 (전체의 48%)	약3조5천억원 (전체의 59%)	약5조원 (전체의 70%)	약6조원 (전체의 71%)	약8조6천억원 (전체의 84%)

(자료원: 2001 캐릭터 산업계 동향 조사, 한국문화콘텐츠진흥원)

③ 앞으로의 전망과 극복해야 할 과제들

우리 나라 캐릭터 산업의 급성장 이유를 보면 앞에서도 언급했던 것처럼 생활 수준의 향상으로 인해 소비 기호가 고급화, 다양화되면서 구매 패턴이 달라지고 있다는 점을 들 수 있다.

특히 문자보다는 회화적이고 시각적인 요소에 민감하게 반응하는 영상 세대인 청소년들이 소비의 주체 세력으로 부상한 것도 한몫을 차지 한다.

그러나 급성장한 국내 캐릭터 시장은 몇 가지 문제점들을 안고 있다. 미국이나 일본이 50년~70년 이상의 시간을 가지고 이제서 전성기를 맞이 하고 있는 반면에 우리 나라 캐릭터 시장은 너무 조급한 결과를 기대하고 있기 때문이다.

1997년 이후 본격화된 캐릭터 시장은 90년대 말에 많은 개발 회사의 창립으로 캐릭터의 수는 더욱 증가했으며 거기에 해외 캐릭터의 도입 역시 성황을 이루면서 캐릭터의 수가 급증하였다. 게다가 IMF 이후 계속되는 불경기와 많은 제조 회사의 도산으로 새로운 제품 개발이 위축되고 있는 것은 더욱 큰 악재가 되고 있다.

이렇듯 어려운 환경에서 일명 고부가가치 산업, 꿈의 산업이라는 캐릭터 산업을 정착시키기 위해서는 무엇보다도 캐릭터 사업 즉, 라이센스 사업에 대한 정확한 의미규명이 선행되어져야 할 것이다. 캐릭터의 그 수가 많고 적음이 중요한 것이 아니라 가치 있는 캐릭터의 발굴이 더 중요하다. 그리고 제조, 유통 등 연관 산업이 모두 개선, 발전되어야 캐릭터 산업의 미래가 있을 것이라는 점을 간과해서는 안 되겠다.

2장 캐릭터 마케팅 | Marketing of Character;[for itself]

1. 성공하는 캐릭터 마케팅을 위한 일곱 가지 제안
2. 캐릭터 프로모션, 그 성공 사례
3. 캐릭터 전달 매체에 관한 몇 가지 생각
4. 계약 가능한 제조업체의 제품과 시장의 이해

최근 들어 '캐릭터'로 창업하고자 하는 사람들이 부쩍 늘고 있다고 한다. 고부가가치 산업이니 황금알을 낳는 산업이니, 하는 매스컴의 부추김도 어느 정도의 원인일 테고 일시적인 현상 같기도 하다. 얼마 전에 캐릭터 라이센스 상담을 위해 모회사를 방문한 적이 있는데, 그 회사 마케팅 담당자의 말에 의하면, 캐릭터를 사용하라고 찾아오는 사람들이 너무 많아서 대응하기가 힘들 정도라고 한다. 듣지도 보지도 못한 그림을 가지고 다니면서 로열티를 몇 % 내라거나, 심지어는 그냥 공짜로 사용만 해 달라는 업체를 보면 어떻게 받아들여야 할지 혼돈스럽다고 한다. 처음에 캐릭터 사업이라는 것에 진입을 하기 위한 편법의 하나라고도 할 수는 있겠으나 결코 장래가 있는 아이디어라고는 볼 수 없다. 앞서도 이야기한 것처럼 캐릭터란 디자인의 요소가 아니라 하나의 가치 있는 생명체로서 캐릭터, 그 자체만으로도 의미가 있고 특히 제품에 적용될 때는 제품을 리드할 수 있는 힘이 있어야 한다. 캐릭터를 만들고 판매하는 사람조차도 무료로 내어 준다면, 그 캐릭터의 가치를 인정할 사람은 아무도 없다. 캐릭터의 가치는 그것을 만든 사람들이 스스로 만들어 가는 것이며 소비자들의 환호와 열광을 통해 얻어지는 것이다. 캐릭터의 저작권자나 캐릭터를 소유하고 사업화하고자 하는 라이센서는 캐릭터를 무료로 내어 주기 전에 캐릭터의 가치를 만드는 문제를 먼저 고민해야 할 것이다.

1
성공하는 캐릭터 마케팅을 위한 일곱 가지 제안

1 통합적 콘텐츠(Contents)의 기획이 우선이다

캐릭터를 사업으로 연계하기 위해서는 기획→ 마케팅→ 홍보에 이르기까지 일관성 있고 계획성 있는 콘텐츠가 기초가 되어야 한다. 그러나 아직까지 국내 캐릭터 업계 대부분은 장기적이고 거시적인 안목이 부족하다.

미국의 예를 보면, 애니메이션이 기획됨과 동시에 홍미롭고 탄탄한 콘텐츠는 물론, 홍보 전략이나 상품화 전략이 이미 완료되어서 상당한 시너지 효과를 창출하게 된다. 애니메이션이 상영되기도 전에 이미 캐릭터는 상품화되어 시장에 판매되고 있으며, 브랜드에 시너지를 줄 만한 업체들과 함께 연속적인 이벤트로 개봉될 애니메이션을 기다리고 기대하게 한다. 애니메이션 상영 전에 이미 홍보는 물론, 엄청난 부가적인 매출을 확보해 가는 것이다.

SBS에서 인기리에 방영된 애니메이션 탑블레이드(2001)의 한 장면

일본의 경우도 시나리오 하나만 들고 무작정 애니메이션을 만드는 경우는 없다. 수년 동안 여러 종류의 매체를 통해 검증을 거듭한다. 그리고 재미와 수익이라는 두 가지의 토끼를 모두 잡기 위해 기발한 아이디어들을 동원한다. 애니메이션 기획 단계에 이미 완구 회사들의 입김이 들어가서 팔릴 만한 제품들을 만화 속에 삽입하는 것은 물론 그 디자인이나 아이디어가 상품성이 있는지도 여러 차례 검증한다. 실제의 제품을 애니메이션 속에서 보여 주거나(PPL) 콘텐츠 속에 교묘하게 결합해 놓기도 한다.

어린이들 사이에서 선풍적인 인기를 끌었던 〈탑블레이드〉를 보면, 애니메이션이 캐릭터나 상품에 미치는 영향이 얼마나 파격적인지, 그리고 성공을 위해 그야말로 얼마나 다양한 아이디어와 마케팅이 동원되었는지 잘 알 수 있다(ex 탑블레이드 경연대회, 계속되었던 완구 탑블레이드의 업그레이드 등).

무엇보다 우리는 아직까지도 캐릭터 사업에 있어서, 일회성의 한탕주의나 별다른 노력 없이 부가가치를 기대하고 있는 것은 아닌지 한번쯤은 되돌아보았으면 싶다.

2 자국의 문화적인 산물로 세계 시장을 공략하라 — 가장 한국적인 것이 세계적이다

애니메이션이든 캐릭터 라이센싱이든 한국 시장만을 바라보지 말고 무한히 큰 세계 시장을 겨냥해야 한다. 하지만 세계 시장에서 경쟁력을 갖기란 그리 쉬운 일이 아닐 것이다.

일본을 제패한 〈포켓몬〉의 저작권자 닌텐도 사(社)는 1999년에 본격적인 미국 시장의 진출을 앞두고 철저한 시장 분석 끝에 일본에서의 성공에 결코 자만하지 않고 미국 시장에 맞게 새로운 변신을 꾀했다. 포켓몬에 등장하는 주인공의 이름을 미국식으로 바꾸는 한편, 내용도 일본식 폭력을 대폭 삭제하고 미국 특유의 카우보이 기질을 부각시켰다. 여기에 카지노적인 색채도 가미하여 오락성을 더했다. 또한 특정 포켓몬카드를 얻기 위해서 일반카드를 많이 모아 이를 교환해야 한다는 희소성의 전략을 강화해 소비자의 마음을 사로잡았다. 마지막으로 점진적 접근을 취했던 일본에서와는 달리 게임보이, 카드, 완구, 만화, 영화, 인터넷 등 모든 매체를 통합적으로 공략했다. 그 결과 포켓몬의 미국 상영을 주관한 워너브라더스는 돈벼락을 맞았고, 포켓몬 완구 제작권을 따낸 하스브로(Hasbro)는 늘어나는 주문을 감당키 어려워 즐거운 비명을 질렀다.

한국의 경우, 영구아트무비의 〈용가리〉 역시 사전 마케팅에 성공한 사례로써 외국인 배우와 영어로 영화를 제작하여, 세계 진출에 무리가 없도록 했고, 초반 홍보 시 국내보다는 해외 Fair에 진출하여 해

일본 닌텐도 사의 포켓몬

한국 영구아트무비의 용가리

외는 물론 국내에도 홍보되는 일석이조의 효과를 얻었다. 하지만 그 콘텐츠나 마케팅이 좀더 우리의 문화를 동반한 것이었더라면 하는 점과 퀄리티의 승부가 조금 약했던 점이 아쉬움으로 남는다.

예전에, 한 학생이 '한국적인 것' 이 무엇인지에 대하여 질문한 적이 있다. 강의의 주제와는 상관 없는 도발적인 질문이었으나 우리는 시간을 할애하여 그 문제를 토론해 보았다. 우리는 흔히 한국적인 것을 말하자고 하면 댕기머리와 한복, 그리고 기와집 정도의 옛것들에 대한 비주얼을 먼저 떠올리곤 한다. 21세기의 오늘날 '한국적' 이라는 것은 어떤 것인지 다시 한 번 생각해 봐야 할 필요가 있을 듯싶다.

미국의 유명한 캐릭터 〈미키마우스〉는 그 컬러부터가 미국의 성조기를 닮았다. 컬러는 물론 그 동적인 선이나 디자인이 지극히 미국적이다. 그 내용을 봐도 헐리우드 영화를 통해 무수히 볼 수 있는 미국적 해학과 재치, 그리고 정의가 그 주제가 된다. 일본의 〈헬로 키티〉는 기모노를 입고 있지 않아도 절제되고 도형적인 디자인이 너무나 일본적이다. 처음, 키티가 해외 시장에 진입할 때는 서구의 문화에 어울리지 않는 낯설은 디자인이 거부되는 이유이기도 했으나 일본의 문화가 세계 속에서 인정받고 자리를 잡아가면서 점차적으로 지극히 일본적인 것이 오히려 차별화된 경쟁력으로 우위를 갖게 된 경우이다.

이제는 우리도 '한국적' 이라는 것을 더 이상 한복이나 기와집의 그 자체로 생각하지 말아야겠다. 한국의 역사와 문화는 물론 그 내면적인 것이 표현되는 '어떤 것' 이어야 한다. 그리고 현재의 21세기가 반영되고 또 세계적으로도 공감대를 형성할 수 있는 것이어야만 진정한 '한국적인 것' 이라고 할 수 있지 않을까 싶다. 독창적인 것이어야만 최고가 될 수 있는 것처럼 자국의 문화적인 산물이어야만 세계 시장에서 경쟁력을 가질 수 있다.

언뜻 보면 우리의 기호와 세계의 기호는 같을 수 없다. 하지만 그 속에서 공감대를 형성할 요소와 관심을 불러 일으킬 특별한 재미를 찾아낸다면 분명히 '우리 것' 이어서 더 큰 우위를 가질 수 있을 것이라고 기대된다.

❸ 좋은 제품과 만나야 빛을 발한다

캐릭터는 좋은 상품, 어울리는 상품과 연계되어야만 더 큰 힘을 갖게 된다. 캐릭터의 아이덴티티를 만들고 유지하려면 그 캐릭터에게만 맞는 새로운 상품 개발이 이루어져야 하는데 우리는 똑같은 제품, 똑같은 컬러 위에 다른 캐릭터를 대치하는 정도의 수준에 머무르고 있다. 또한 인쇄 기술도 캐릭터의 디자인을 받쳐주지 못한다. 업무상 자주 일본 시장을 가는데, 갈 때마다 새로운 캐릭터보다는 새로운 제품을 많이 보게 된다. "어! 새로운 키티 제품이 나왔네. 와! 스누피를 넣어서 이런 제품도 만들 수 있구나." 이렇게 감탄을 금치 못할 만큼의 다양하고 좋은 제품과 눈길을 끄는 디스플레이가 캐릭터를 더욱 사랑스럽고 가치 있게 하는 것이다. 이처럼 일본 캐릭터 시장의 발전은 무엇보다도 다양하고 질 좋은 캐릭터 제품의 개발에 있다고 할 수 있다. 또한 캐릭터의 컬러와 컨셉트를 철저하게 지켜주는 시장 관행과 제조 능력이 오늘날 일본에서 캐릭터 천국을 가능하게 하고 있다.

우리 나라의 경우, 위즈 엔터테인먼트의 〈칩칩스타 · 토마토〉 등의 다양한 캐릭터와 LG산전의 스티커 사진 자판기의 만남은 서로에게 큰 힘을 준 사례에 속한다. 첫째, 지향하는 타깃이 같았으며 둘째, 이미 개발되어 있는 다양한 캐릭터의 디자인으로 시장 진입의 시간을 단축시켜 빠른 시간 안에 시장 장악력을 높일 수 있었다. 질 나쁜 제품은 도리어 캐릭터 자체의 이미지를 손상시킬 수 있다. 캐릭터 라이센싱을 할 때는 이 점을 명심하여 제조회사의 생산 라인을 꼼꼼히 확인하고 점검하는 지혜가 필요하다.

헬로 키티가 들어간 독특한 제품들
헤어드라이기, 물통, 핸드백, 공기청정기

위즈 엔터테인먼트의 캐릭터가 들어간 LG산전의 즉석스티커 자판기

4 일관된 아이덴티티의 확립과 관리가 필요하다

캐릭터는 그저 디자인 요소가 아니라 하나의 브랜드다. 경쟁력 있는 디자인은 기본이고, 거기에 마케팅, 홍보, 제작, 상품화에 이르기까지 일관된 아이덴티티(Total Identification)가 유지되고 관리되어져야 한다. 그래야 브랜드의 자산 가치를 높일 수 있다. 캐릭터의 성공은 결코 캐릭터를 잘 디자인하고, 그 콘텐츠가 인기를 끌었다고만 해서 이루어지는 것이 아니다.

성공한 콘텐츠가 모두 캐릭터 사업에 성공하고 있지는 않으며, 좋은 디자인이라고 모두 각광받고 있지는 않다는 사실을 상기해 본다면 쉽게 알 수 있는 일이다. 디자인과 콘텐츠, 그리고 제품과 유통에 이르기까지 종합적인 Identification이 유지되고 관리되지 않으면 캐릭터 사업은 성공할 수 없다. 이처럼 아이덴티티의 관리에 있어서는 타협이 있을 수 없으며 디자인과 비즈니스에 있어서의 절제가 커다란 경쟁력이 될 수 있다.

아이덴티티가 살아 있는 스누피 제품들

우리 나라의 경우를 보면, 어떤 캐릭터 인형이 잘 팔릴 때 그 캐릭터 인형을 볼 수 없는 가게가 거의 없을 정도였다. 팬시점은 물론 노상이나 편의점, 공항 면세점, 화장품 가게나 식당에서도 매장의 컨셉트나 성격은 전혀 고려되지 않은 채 모두 같은 물건을 팔고 있는 가게들이 간판만 다르게 달고 줄을 서 있다.

일본을 보면, 디즈니 매장, 스누피 매장 등 캐릭터 숍마다 그 내용과 분위기가 모두 다르다. 그리고 캐릭터의 성격을 잘 나타내고 있는 특별한 제품들이 개발되어져서 고객을 감동시킨다. 하지만 우리 나라의 경우 모두 똑같은 제품에 그저 캐릭터만 갈아치우는 성의 없는 제품들이 너무 많다. 아이가 졸라서 이 캐릭터, 저 캐릭터를 사주긴 하지만 집에 도착하는 즉시 쓸모 없는 물건으로 전락하고 만다.

Character Identification, Brand Identification, Product Identification, Store Identification이 모두 한 맥락에서 Total Identification이 만들어져야만 제대로 캐릭터의 모습을 어필할 수 있고 그 사업 또한 성공할 수 있다.

일관된 아이덴티티가 살아 있는 일본의 캐릭터 전문 매장

일본에 뒤지지 않게 아이덴티티가 살아 있는 〈Merry&Sweet〉 매장

5 업체간의 시너지를 활용하라

캐릭터 관련 사업이란 혼자서 할 수 있는 일이 아니라 여러 전문 회사들이 함께해야만 가능하다. 라이센서인 애니메이션 회사나 출판사, 그리고 에이젠시(저작권 대행사), 여기에 각각의 많은 제조 회사들이 하나의 캐릭터를 가지고 그 컨셉트를 이해하며 함께 사업을 수행한다는 마음으로 일을 한다면 상당한 시너지를 가질 수 있을 것이다.

최근 5년여 동안 생겨난 캐릭터 전문회사들. 하지만 이 회사들은 전문회사라는 타이틀이 무색할 정도로 여러 가지 일을 한다. 캐릭터 개발 대행은 기본이고 경우에 따라서는 이벤트도 하고, 라이센싱도 하고 물건을 직접 만들기도 한다. 또 너도 나도 캐릭터를 만들어서 캐릭터 사업을 한다고 한다. 많은 기업은 물론, 관공서, 00시, 00도, 00구에서도 캐릭터를 개발한다. 만드는 것만이 캐릭터 사업은 아닐 텐데 그저 만들기에만 여념이 없다. 만들 때뿐이지 이런 식으로 만들어진 캐릭터는 어디에서건 다시 찾아보기가 쉽지 않다.

기획을 잘 하는 사람이 있으면, 잘 그리는 사람이 있다. 잘 그리는 사람이 있으면 스토리를 잘 쓰는 사람이 있고, 또 물건을 잘 만드는 사람이 있으면 잘 파는 사람이 있다. 진정한 전문회사가 자기만의 역할을 감당하며, 전문가와 전문회사 또 다른 전문회사가 함께 포괄적이고 전략적인 계획을 갖고 비즈니스를 수행할 때 진정한 시너지를 가질 수 있을 것이라고 생각한다.

6 장수하는 캐릭터의 가치는 무한하다

캐릭터 사업은 초기 투자와 오랜 시간이 전제가 되어야 하는 사업이라고 앞에서 이야기한 바 있다. 최근 들어 인터넷이니 게임이니 하는 새로운 매체의 등장으로 캐릭터가 알려져 수입을 얻기까지 다소 시간이 단축되는 경향을 보이고는 있으나, 그럼에도 이 방법은 요즘 캐릭터 사업을 한다는 업체들이 쉽게 사용하는 방법이다. 캐릭터를 만들어서 그저 팔고 빌려줘서 수익을 얻는다는 것은 어림없는 일이다. 캐릭터 사업은 어떤 사업보다도 초기 투자가 많이 필요한 사업으로서 애니메이션이나 출판 등의 1차적인 사업을 통해 캐릭터의 부가가치를 높여야만 진정한 캐릭터로서의 가치를 발휘할 수 있다.

월트디즈니 사는 새로운 애니메이션을 만들 때마다 기하학적인 액수의 투자를 하고 있으며 협력할 수 있는 회사에 출자를 하거나 직접 Post Production 같은 회사를 설립하는 등 공격적인 경영을 하고 있다. 일본의 애니메이션이 성공하는 이유 중의 하나는 자연스러운 동작이라고 하는데 이는 초당 Cell의 숫자가 다른 애니메이션 대비 3배 이상이 되기 때문이고 그 제작비는 상상을 초월한다고 한다.

그리고 캐릭터 사업은 시간이 필요한 사업이다. 산리오의 키티는 탄생한 지 30년이 되었다. 어렸을 때 사용했던 키티 학용품을 자신의 아이들에게도 사주고, 어린 시절 늘 사용하던 학용품 속의 캐릭터를 지금은 화장품이나 의류 속에서 볼 수 있다는 것을 큰 기쁨으로 생각한다.

월트디즈니의 미키마우스는 얼마 전 75회 생일(1928년에 탄생)을 맞았다. 바른손의 〈떠버기〉나 〈부부보이〉는 한국 최초의 캐릭터로서 18년이 지나면서 더욱 가치를 발휘하고 있다. 세계적으로 보면, 별처럼 많은 캐릭터들이 생기기도 하고 흔적 없이 사라지기도 했다. 모두 하나같이 정열과 노력과 투자로 만들어졌지만 참으로 아주 적은 수의 캐릭터만 남아서 그 가치를 평가받고 있다.

한국의 경우, 근래에 참 많은 사람들이 그리고 많은 업체들이 캐릭터를 만들고 있다. 하지만 만드는 것이 중요한 게 아니라는 사실을 다시 한 번 상기해야 한다. 캐릭터를 만들되 100년을, 그 이상을 계획하며 꾸준히 투자하고 가꾸어 갈 때만 정말 힘 있는 캐릭터가 될 것이기 때문이다.

7 새로운 것이어야만 성공할 수 있다

〈포켓몬스터〉의 열풍에 이어 일본에서는 제2의 포켓몬스터가 되기 위한 경쟁이 치열했다. 대표적인 예로 일본을 대표하는 도에이 애니메이션 사의 〈디지몬어드벤처〉는 디지털 몬스터를 기본으로 하는 2

백여 가지의 몬스터 캐릭터를 등장시켜 사용자가 이들을 키워 대전한다는 내용으로 구성되어 있다.

포켓몬스터와 내용 전개가 거의 흡사하다. 그렇다고 포켓몬스터처럼 성공대열에 들어서진 못했다. 이미 나온 아이디어를 갖고는 최고가 될 수 없다. 포켓몬스터가 성공한 것은 기존의 세계적인 캐릭터가 지니고 있지 않은 아이디어와 마케팅으로 출발했기 때문이다. 〈텔레토비〉 역시 캐릭터와 어린이 교육이라는 아이디어로 성공한 경우다. 그러나 그와 유사한 〈젤라비〉, 〈노디〉는 텔레토비와 비교해서 고전을 면치 못했다.

세계적으로 그 유례를 찾아보기 힘든 저예산으로 엄청난 성공을 거둔 〈마시마로〉는 온라인과 플래시 애니메이션이라는 새로운 매체로 성공했고, 그 뒤를 이어 많은 회사들이 플래시 애니메이션에 승부수를 냈으나 몇몇 회사를 제외하곤 대부분의 회사들이 마시마로의 아성에 미치지 못했다.

국내외 대표적인 캐릭터들의 이미지 맵(Image Map)을 만들어 보자. 그러면 어딘가 비어 있는 틈새 방법을 찾을 수 있다. 비어 있는 자리를 찾아서 보다 창의적인 접근으로 캐릭터를 만들고 홍보하고 마케팅을 한다면 한결, 성공률을 높힐 수 있을 것이다.

2

캐릭터 프로모션, 그 성공 사례

캐릭터의 생명을 오래 유지시키기 위해서는 지속적인 관리, 곧 지속적인 이벤트성 프로모션이 필요하다. 캐릭터에 로열티를 지불하고 있는 라이센시(Licensee)를 위해서나 캐릭터 그 자체의 발전을 위해서도 새롭고 기발한 아이디어들을 동원하여 캐릭터가 고객들에게 특별하게 각인되고 그 유대관계가 지속될 수 있도록 노력해야 한다. 라이센서(Licensor)가 자사의 캐릭터를 프로모션한 성공적인 국내외 사례들을 많이 찾아볼 수 있다.

1 스누피 의상전

1990년 프랑스 파리의 루브르 박물관에서 '스누피 패션전' 이 개최되었다. 같은 해 국내의 롯데백화점에서도 스누피 패션전이 열렸다. 또한 1999년 스누피 탄생 50주년 기념행사의 일환으로 미국 시카고 박물관에서 '샤넬', '니나리찌' 등의 유명 디자이너에 의해 '스누피 의상전' 이 전시되었으며 바로 뒤이어 국내에서도 현대백화점 등에서 '뉴 밀레니엄 스누피 패션전' 과 함께 각종 탄생 기념행사가 열리기도 했다. 유명 디자이너와 함께하는 캐릭터의 패션쇼는 대외적인 이슈가 되기에 충분한 아이디어였고, 특히 고급 브랜드와의 만남은 〈스누피〉의 가치와 명성을 다시 한 번 각인시켜 주었다.

2001년 2월에 제작된 '드림 익스프레스 21' 1호기 〈Friends〉

2001년 4월에 제작된 2호기 〈Sweet〉

2001년 7월에 제작된 3호기 〈Family〉

2001년 8월에 제작된 4호기 〈Tokyo Disney Sea〉

2001년 10월에 취항한 5호기 〈Dream Story〉

❷ 디즈니와 비행기의 이벤트

세계 어디를 가도 미키마우스를 볼 수 없는 곳이 없을 정도로 미키마우스의 명성은 대단하다. 그러나 그것은 거저 얻어지는 것이 아니다. 미키마우스를 향한 월트디즈니 사의 마케팅은 세계 각지의 사람들에게 끊임없이 기적에 가까운 감동을 선사하고 있다.

2001년, 사람들의 생각과 꿈을 태우고 세계 각지를 연결하여 온 JAL(Japan Air Lines)의 50주년과 세계인들에게 꿈과 감동을 전하여 온 월트 디즈니 씨의 탄생 100주년을 기념한다는 의미로 획기적인 이벤트가 준비되었다.

'꿈' 이라는 테마로 시작된 이 프로젝트명은 '드림 익스프레스 21' 로 비행기체에 디즈니 캐릭터를 적용한 것은 물론 기내 서비스, 선물 증정, 동경 디즈니랜드에서의 이벤트와의 연계까지 다양하게 전개되었다. 친구, 연인, 가족 등 다른 타깃을 대상으로 각각의 테마를 부여하여 비행기 다섯 대를 제작하였다.

그 첫 타자가 2001년 2월에 제작된 '드림 익스프레스 21' 1호기 〈Friends〉이다. 기체에 미키마우스와 그의 친구들의 우정어린 모습을 그려서 비행기의 테마를 명확하게 전달했다. 2호기는 2001년 4월에 제작된 〈Sweet〉호인데 미키마우스와 미니마우스의 모습과 디즈니 애니메이션에서 나온 수많은 사랑이야기의 남녀 주인공들이 사랑이라는 주제로 등장했다. 3호기는 2001년 7월에 제작된 〈Family〉인데 미키마우스를 비롯한 디즈니 영화의 패밀리들이 등장했다. 2001년 8월에 제작된 〈Tokyo Disney Sea〉는 바다를 배경으로 운항을 하고 있는 미키마우스와 미니마우스의 시원한 이미지로 여름을 장식했다. 마지막으로 2001년 10월에 취항한 〈Dream Story〉는 일본의 초등학생들을 대상으로 한 공모전에서 채택된 스토리를 기본으로 제작되었다.

❸ 미국을 순회하는 쎄서미 스트리트 라이브 쇼

일년 내내 미국 전역을 순회하는 쎄서미 스트리트 라이브 쇼는 지역 아이들에게는 연례 행사이다. 매년 도시마다 비슷한 시기에 순회를 하는데 아이들은 명절을 기다리듯 이 쇼를 기다린다. TV에서나 보던 〈쿠키몬스터〉와 〈빅버드〉가 무대는 물론 방청석에서도 불쑥불쑥 나타나 아이들에게 즐거운 비명을 지르게 한다. 춤과 노래로 줄기차게 이어지는 이 쇼는 아이들이 캐릭터와 더불어 한 공간에서 즐거운 시간을 갖는 잊지 못할 추억거리가 된다. 이 쇼는 그 기획 자체가 수익모델이기도 하면서 캐릭터를 아이들 가까이에 살아 숨쉬게 한다는 점에서 좋은 이벤트 전략이 아닐 수 없다.

오랫동안 미국 어린이들의 사랑을 받아온 쎄서미 스트리트 캐릭터

4 맥도날드와 디즈니의 전략적 제휴

우리가 잘 알고 있는 맥도날드와 디즈니의 프로모션 제휴는 양(兩)사에 커다란 시너지를 주고 있다. 월트디즈니 사의 새 영화가 나올 때마다 맥도날드에서는 어린이 세트메뉴를 만들어서 영화와 캐릭터를 홍보하고, 어린이 세트메뉴와 함께 제공되는 새 만화 주인공의 미니완구는 아이들로 하여금 꼭 맥도날드의 어린이 세트메뉴를 주문하게 하는 중요한 매개체가 된다.

맥도날드는 신작 영화를 홍보하기에 아주 효과적이다. 전세계적으로 가장 활발한 체인망을 가지고 있으며, 애니메이션을 활용하여 아주 적극적인 프로모션을 한다. 어린이 세트메뉴뿐만 아니라 맥도날드의 모든 TV광고, 포스터, 종업원들의 의상, 음식 용기에도 전격적으로 사용한다.

그 결과 디즈니의 영화 홍보와 캐릭터 홍보는 물론이고 맥도날드 역시 기업 이미지 측면과 제품 판촉에 큰 효과를 거두고 있다. 맥도날드와 디즈니의 전략적 제휴에서 가장 눈여겨볼 만한 점은 이러한 제휴가 단발적인 것이 아니라 장기적이고 전략적이라는 점이다. 고객에게 늘 새로운 즐거움을 제공해야 하는 패스트푸드점과 늘 새로운 것을 홍보해야 하는 만화영화사와의 만남은 서로에게 가장 확실한 시너지를 제공하고 있는 것이다. 미국에서 어린이들이 가장 선호하는 패스트푸드점이 맥도날드이며 월트디즈니의 만화영화에 대한 사랑이 끊이지 않는 것은 이 전략적인 프로모션과 무관하지 않은 것 같다.

월트디즈니와 맥도날드의 전략적 제휴는 양사에게 확실한 시너지를 제공한다는 측면과 장기적이라는 측면에서 눈여겨볼 만하다

5 국내 유일 캐릭터 컨셉트카

고정관념을 깨는 새로운 시도는 늘 주목을 받는다. 한국의 예로, 캐릭터 마케팅 전문회사 위즈 엔터테인먼트와 현대자동차의 만남은 특별한 관심을 받았다. 소프트웨어와 하드웨어의 적절한 만남으로 큰 시너지가 있었고, 고객들과 양업종의 경쟁사, 관계자들의 주목을 받았다. 더불어 캐릭터가 어린이들을 위한 전유물에서 주니어, 더 나아가 성인층에게도 어필할 수 있다는 가능성을 보여주었다는 점에서도 시사하는 바가 컸다.

이 캐릭터카는 현대자동차의 신차 '라비타' 에 〈얌, 아이미엔젤, 미스터무디, 부비, 로즈로라〉 총 다섯 캐릭터를 각각 적용하여 특별제작되었고 뒤이어, 소형차 '클릭' 도 몇 개의 캐릭터카가 선을 보였다. 각각의 캐릭터카에는 캐릭터에 맞는 컬러로의 전면 도색은 물론, 캐릭터 시트, 핸들커버 등 자동차 내부 액세서리 용품까지 동일 캐릭터를 적용하여 완벽한 패키지를 만들었다. 그리고 2001년 8월 서울캐릭터쇼에 전시된 것을 시작으로 9월의 부산모터쇼, 10월엔 춘천애니페스티발, 11월엔 인터넷경매 등 릴레이 프로모션을 기획하여 4개월 동안 언론의 주목을 받으며 좋은 성과를 거두었다.

위즈 엔터테인먼트와 현대자동차가 함께한 캐릭터카〈얌, 부비, 아이미, 로즈로라〉

6 PPL(Product in Place)

PPL은 TV, 영화, 인터넷 등의 미디어에 상품을 간접적으로 노출시켜 홍보하는 마케팅 전략 중 하나이다. 최근 캐릭터 상품을 드라마나 쇼 프로그램의 메인 소품으로 삽입하는 사례가 급격히 늘었다. 시청자들이 인식하지 못하는 사이에 여러 가지 캐릭터 상품들이 TV나, 영화 속에서 은근한 경쟁을 벌이고 있는 중이다.

MBC '일요일 일요일 밤에', 러브하우스 코너에 등장한 블루베어

MBC방송국의 장수 프로그램 '일요일 일요일 밤에'의 꼭지였던 '러브하우스'는 어려운 사람들의 집을 개조해 주던 프로였는데, 이곳에서 모닝글로리의 〈블루베어〉를 간혹 볼 수 있었다.

블루베어는 어린이 방을 개조하는 경우 단골 손님으로 자주 등장했었는데, 봉제 인형을 비롯해 방안을 꾸밀 수 있는 다양한 아이템들이 보기 좋게 조화를 이루어서 시청자들의 눈을 사로잡았었다. 요즘 드라마 속에서 자주 볼 수 있듯이 봉제 인형이 하나씩 난데없이 출현하는 것보다 하나의 캐릭터로 무리를 이룬 인테리어가 보기 좋았었다. 그런 점에서 러브하우스를 활용한 블루베어의 프로모션은 상당히 성공적이었다고 본다.

그 밖에도 PPL의 성공 사례는 많다. 드라마 속에 연예인이 착용한 액세서리나 의상이 폭발적인 주목을 받게 되기도 하고 극중에서 중요한 매개체로 작용되는 제품이 시중에서도 극중과 같은 의미를 갖으며 날개 돋힌 듯이 팔리기도 한다.

SBS 드라마 '아름다운 시절'에 PPL로 등장한 얍

예를 들어, 인기리에 방영되었던 드라마 '아름다운 시절'에서는 〈얍〉 핸드폰 액세서리가 여주인공과 두 남자의 삼각관계 속에서 사랑의 전달을 의미하고, 파경을 예고하는 암시적인 매개체로 사용되었었다. 그 결과 얍 핸드폰 액세서리의 판매는 급격히 상승했고 특히 그 드라마의 대상 타깃들에게 얍의 이미지는 확실히 각인되었다.

7 온 · 오프라인의 조화, 미스터케이잡지

주니어 잡지사나 여성지 등 전문 잡지사에서 그 발행 부수에 깜짝 놀라는 잡지가 있다. 바로 〈미스터케이〉다. 문구회사 미스터케이가 매월 발행하는 잡지 〈미스터케이〉는 자사 캐릭터 홍보 잡지로 출발하여 현재 월 40만 부 이상의 판매라는 놀라운 기록을 가지게 되었다. 미스터케이는 자체적으로 캐릭터를 개발하여 자사의 제품에 사용하고 유통하는 회사이다.

미스터케이는 여타 회사가 캐릭터 홍보를 위해 광고를 하고 애니메이션을 만들 때, 자사의 판매 촉진과 캐릭터 홍보를 위해 메인 타깃인 초 · 중등 학생을 대상으로 캐릭터 커뮤니티 사이트를 오픈했다. 이 사이트는 2000년 8월 회원수 100만, 2001년 7월에는 200만을 돌파하는 엄청난 호응을 얻어냈다. 곧 이어 미스터케이는 사이트와 같은 타깃을 지향하는 〈미스터케이〉라는 잡지를 창간했는데, 결과는 대성공이었다. 2001년 5월에 32만 부을 돌파하고, 10월에는 40만 부라는 국내잡지업계의 전무후무한 기록을 이루어냈다. 미스터케이는 온라인에서는 〈www.mrk.co.kr〉이라는 커뮤니티 사이트, 오프라인에서는 다양한 캐릭터 상품과 힘 있는 유통, 그리고 〈미스터케이〉라는 잡지를 통합 연계하여 캐릭터와 회사의 프로모션을 마음껏 하고 있다. 캐릭터와 상품의 홍보를 위해 온라인과 오프라인을 효과적으로 연계하여 고객의 적극적인 참여를 이끌어냈다는 점에서 극찬할 만하다.

미스터케이 잡지 표지

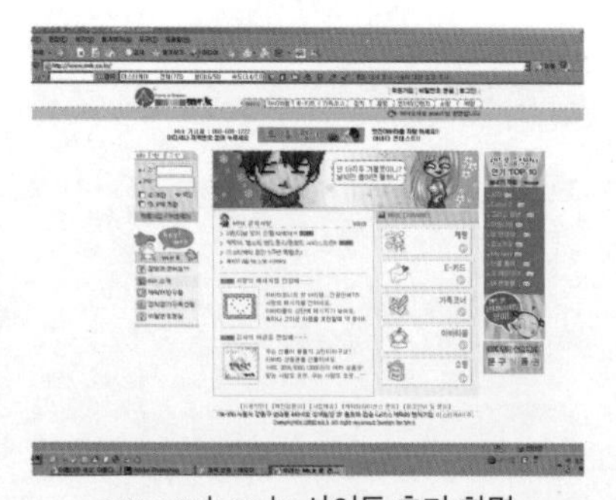
www.mrk.co.kr 사이트 초기 화면

3

캐릭터 전달 매체에 관한 몇 가지 생각

다양한 매체가 생기면서 캐릭터의 생성 루트도 그만큼 다양해지고 있다. 예전에는 애니메이션만이 효과적이고 성공적으로 캐릭터를 생성할 수 있는 매체라는 고정관념을 갖고 있었으나, 최근에 들어서는 애니메이션은 물론, TV의 교육 프로그램, 출판, PPL, 그 외에도 웹상에서의 웹애니메이션, 스크린 세이버, 아이콘, 아바타 등 다양한 방법이 제시되고 있다.

게임을 통해 알려진 포켓몬스터나 포트리스, 인터넷이라는 매체를 통해 폭발적인 인기몰이를 한 마시마로나 뿌까를 비추어 본다면 캐릭터마다 적절하고 새로운 매체를 찾아내는 것은 매우 중요한 일인 것 같다.

1999년에 모 캐릭터를 광고하는 CF가 제작되어 눈길을 끈 적이 있었다. 상품을 광고하는 캐릭터는 많이 본 적이 있지만 캐릭터 자체가 광고의 대상이 되기는 업계에서 전무후무한 일이었다. 마치 탤런트나 배우가 상품 광고를 위해 모델로 등장한 게 아니라 자기 자체를 광고한 거나 다름없는 것같아 조금은 아이러니컬한 발상이라고 여겨지기도 했지만, 어쨌든 초기에 캐릭터를 임팩트 있게 알릴 수 있는 계기가 되었다고 본다.

이렇듯 점점 다양해지는 매체에 점점 다양해지는 방법으로 캐릭터를 알리려는 노력들을 하고 있다. 하지만 노출 그 자체만이 캐릭터를 살아 있게 하는 힘이 될 수는 없다는 사실을 간과해서는 안 될 것이다.

1 폭발적인 매체, TV

Illustrations Dick Bruna © copyright Mercis bv, 1953-2003

딕브루너 사의 캐릭터 미피

TV는 누가 뭐라고 해도 가장 영향력 있는 전달 매체임에 틀림없다. 특히 우리 나라와 일본의 경우에 TV가 소비경제에 미치는 영향이 타국에 비교해 훨씬 크다고 한다. TV를 통한 캐릭터들의 성공 사례는 수없이 많다.

그런데 TV면 무조건 가능하다는 생각은 금물이다. 우리가 알고 있는 것처럼 TV속의 수많은 캐릭터가 모두 성공하고 있지는 않으며 때로는 빨리 알려져서 더 빨리 사그러지는 오류를 범할 수도 있기 때문이다.

〈미피〉(Miffy)는 출판을 시작으로 전세계에 잘 알려진 캐릭터로 애니메이션이 제작되기도 했다. 그렇지만 처음 한국에 런칭될 적에 TV로 먼저 시작하지 않았다.

미피의 관계자들은 급하게 먹는 밥이 체할 수 있다는 사실을 잘 알고 있었던 것이다. 그들에게는 애초에 미피가 탄생할 때처럼 한국 시장에서도 출판을 시작으로 천천히, 그리고 탄탄하게 시장을 확보한 다음, TV라는 매체를 통해 인지도와 선호도를 가속화시키고 그 효과를 배가시키겠다는 전략이 있었기 때문이다.

여러 애니메이션 회사들이 TV 방영을 앞두고 라이센스 사업을 의뢰해 오지만 이미 늦었다는 결론을 내리게 되는 경우가 많다. 라이센스를 해도 보통 방영 기간이 3~6개월로 제품을 만들어 놓으면 이미 종영이 되어 버리기 때문이다.

이렇듯 텔레비전이 폭발적인 매체임에도 불구하고, 많은 캐릭터들이 성공하지 못하는 이유는 타이밍을 잘 맞추지 못하는 점에 있다. 적당한 시기의 방영과 라이센스 사업으로 인한 적정한 시기의 제품 출시는 TV라는 매체를 통해 캐릭터를 불후의 스타로 만들 수 있을 것이다.

2 캐릭터 이야기의 기초가 되는 출판

유럽에서는 유난히 출판물을 시작으로 생성되어지는 캐릭터들이 많다. 〈브램블리 햇지〉, 〈피터래빗〉, 〈미피〉, 〈푸우〉…… 그리고 최근의 〈해리포터〉도 동화책을 기초로 애니메이션 제작, 캐릭터 사업에 이르기까지 성공한 사례가 되었다.

이렇듯 출판을 통해 캐릭터가 발전할 수 있는 것은 동화책 속의 캐릭터들은 하나같이 감동적이고 아름다운 이야기들을 갖고 있기 때문에 아이들이 캐릭터를 눈으로만 인지하는 것이 아니라 가슴과 마음으로 기억할 수 있기 때문이다.

그리고 동화책이란 TV와는 다르게 주로 엄마가 아이에게 사주는 것으로, 때로는 엄마가 아이를 위해 읽어 주기도 하면서 엄마도 함께 캐릭터와 캐릭터의 이야기를 인지하게 된다. 우리가 어린 시절에 읽었던 동화의 감동을 평생 기억하는 것처럼 출판물 속의 캐릭터는 아이와 엄마의 가슴에 동시에 영향을 주는 좋은 매체가 될 수 있다.

1980년 영국의 대표적인 자연주의 작가 질 바클렘에 의해 탄생한 일러스트 캐릭터 브램블리 햇지

3 상품으로 내가 소유하는 캐릭터

우리가 잘 알고 있는 〈헬로 키티〉는 상품을 매체로 일약 스타덤에 오른 캐릭터이다. TV처럼 폭발적일 수도 없고 출판물처럼 이야기가 기초가 되는 것도 아니지만 헬로 키티의 캐릭터 제품은 헬로 키티를 30년 간 꾸준히 사랑받게 했을 뿐 아니라, 세계적인 캐릭터로 만들었다. 캐릭터 상품이란 캐릭터를 보고 즐기는 것이 아니라 실제로 소유한다는 감동과 기쁨을 준다.

2000년 영국에서 동화책으로 처음 선보여 영화와 캐릭터 사업에까지 이어진 해리포터 시리즈

헬로 키티의 다양한 캐릭터 상품

우비소년 사이트
(www.woobiboy.com)

캐릭터 인큐베이팅으로 주목받는
포스트넛 닷컴(www.postnut.com)

마시마로 플래시 애니메이션

〈바비〉도 수십 년 간 완구로 사랑을 받아온 캐릭터로 최근에는 라이센싱에 의해 다양한 상품으로 전이되고 있다. 상품은 캐릭터를 더 가까이 느끼게 해 주는 좋은 매체가 된다.

덧붙여 헬로 키티의 위력으로 말미암아 최근 캐릭터 개발과 동시에 상품을 매체로 캐릭터를 알리는 사례들이 부쩍 늘고 있다. 〈타레팬더〉나 〈고겟빵〉 등이 좋은 예가 될 수 있다.

하지만 상품으로 캐릭터를 알려 나가려면 캐릭터의 브랜드 관리를 잘 하여야 한다. 캐릭터에 맞는 타깃에 대한 인식은 기본이고, 어느 정도 규모의 제품이 유통되어져야 긍정적인 영향을 미치는가에 대한 전략 또한 필요하다. 캐릭터 상품의 노출 규모나 방법은 캐릭터 생명력에 아주 중요한 영향을 미친다. 지나치게 많은 상품이 유통을 구분하지 않고 마구 시장에 풀려 나가게 되면 캐릭터의 생명력에 치명적인 악영향을 미치기도 한다.

4 새롭게 뜨는 매체 온라인

최근 캐릭터의 홍보 매체로 각광을 받고 있는 웹은 빠른 시간에 시각적인 노출을 이용하여 캐릭터를 인지시키는데 참으로 탁월한 매체로 부각되었다. 자신이 만든 캐릭터의 웹사이트를 제작하여 캐릭터를 알리거나 포털 사이트를 통해 플래시(Flash)를 사용한 웹애니메이션을 올려서 독자들에게 캐릭터의 시각적 노출은 물론 재미있는 스토리에 관심을 갖도록 하고 있다.

온라인 매체는 타 매체 대비 비교적 저렴한 비용으로 큰 효과를 거둘 수 있기 때문에 경제적이며 무엇보다도 인터넷 매체의 가장 큰 매력은 인터넷 유저들 스스로가 캐릭터의 홍보자가 된다는 것이다. 젊은 층의 구미에 맞는 재미있고 획기적인 내용과 캐릭터 디자인이 갖추어진다면 캐릭터가 알려지는 것은 시간 문제이다. 〈마시마로, 우비소년, 졸라맨, 뿌까〉 등 소위 인터넷 캐릭터들의 성공은 업계에 새로운 도전이 되었으며 보다 다양한 매체에 대한 예고가 되었다.

4

계약이 가능한 제조업체의 제품과 시장의 이해

라이센서는 자사의 캐릭터로 제품화가 가능한 많은 제품의 시장 현황과 생산 공정은 물론 계약하게 될 회사의 자세한 현황도 파악해 두어야 한다. 계약 시에는 제품군에 따라 업체의 볼륨이나 유통 등을 고려하여 우선 순위를 정하는 것이 좋다. 좋은 회사의 좋은 제품과 만나는 것이 중요하기 때문이다. 보통 캐릭터 라이센싱 계약은 독점적으로 진행하기 때문에 업체와 업체 사이에 아이템이 중복되지 않도록 주의해야 하며, 계약 후에 업체끼리의 문제가 발생하지 않도록 세심한 배려가 필요하다. 그리고 유통에서 제품군이 통합적으로 보일 수 있도록 계약을 진행하는 것이 바람직하다. 보다 많은 매출을 위해 제품군을 세분화하여 계약을 할 수 있으나, 지나치게 나누다 보면 유통에서 포괄적으로 어필하지 못하는 위험부담을 갖게 된다. 다음은 계약이 가능한 제품군별로 특성이나 주의점, 시장상황에 대해 간략히 정리했는데, 계약을 시도하기 위해 제품군을 나누거나, 어떤 업체를 어느 시기에 만나는 것이 좋을지를 결정할 때 도움이 될 것이다.

1 완구

봉제 인형 — 계절에 따라 소재를 차별화하기도 하며, 최근에는 완구 봉제 인형, 팬시 봉제 인형 등의 용어를 사용해 유통이나, 타깃을 차별화하기도 한다. 완구 봉제 인형의 경우는 주로 아동을 타깃으로 하며 완구성 요소가 많이 가미되고, 팬시 봉제 인형의 경우는 액세서리

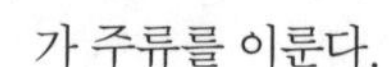

가 주류를 이룬다.

보통 3~6개월 정도의 개발 기간이 소요되며 최근에는 중국제 제품이 주류를 이루고 있다. 몇몇 업체의 경우에는 그 캐릭터에 맞는 원단을 개발, 발주해 제품을 만들기도 하지만 많은 회사가 원가 절감을 위해 기존의 원단이나 컬러를 사용할 수밖에 없는 한계를 갖고 있다.

캐릭터 사업에서 봉제 완구는 절대적으로 중요한 역할을 하므로 매우 심혈을 기울여서 업체를 선정하고 진행해야 한다. 봉제 완구의 승패가 캐릭터의 생명력을 좌우하는 경우가 많기 때문이다. 그리고 완구의 경우 성수기와 비수기가 명확해서 어린이날과 크리스마스에 연간 매출의 50% 이상이 판매되므로 시기를 잘 고려하여 선택하고 진행하는 것이 중요하다.

1000만 개 이상이란 경이로운 판매고를 올린 마시마로 봉제 인형. 2D 캐릭터 이미지를 효과적으로 살려 캐릭터 성공의 구심점이 됐다

완구 봉제 인형은 아동을 타깃으로 하며 음악이나 동작의 기능을 첨가하여 구분을 세분화하기도 한다. 세계적으로는 다양한 로봇 인형들이 매년 새롭게 개발되고 있는 추세이나 우리 나라의 경우는 몇몇의 대형 회사를 제외하고는 기능성을 갖은 신제품을 공격적으로 진행하기에는 아직 시장이 열악하다.

큰 인형보다는 핸드폰용 봉제 인형이 캐릭터의 깜찍한 이미지와 어울려 좋은 반응을 얻고 있는 뿌까

최근에는 완구점뿐만 아니라 할인점을 통해 다양한 완구들이 출시되고 있어 경쟁도 치열하다. 팬시 봉제 인형은 초등학교 고학년 이상을 타깃으로 하여 액세서리성 인형이 주를 이루며 보통의 쿠션이나 가방과는 별개로 인형 쿠션이나 인형 가방 등을 묶어서 팬시점 등을 통해 생산 · 유통되고 있다.

2002년 1월, 맥도날드에서 판촉용으로 사용한 몬스터주식회사 플라스틱 완구

플라스틱 완구 — 금형 제작 때문에 초기 투자 비용이 커서 신제품 개발이 활성화되고 있지는 못하다. 외국 캐릭터의 경우, 이미 외국에서 개발된 금형을 사용하기도 하고 제조 회사에서 생산된 제품을 직접 구매하는 것도 가능해 캐릭터별로 다양한 제품군을 이루기가 유용하나, 신규 캐릭터의 경우는 금형 개발비 부담 때문에 캐릭터 라이센스 자체를 기피하는 경우가 많고, 신제품이라도 기존의 제품에 새로운 스티커를 붙이는 정도의 소극적인 방법으로 대처하는 경우가 많다.

물놀이 용품(Inflatable Toy) — 공기를 주입하여 부풀린 완구류로 주로 물놀이 용품이라고 말한다. 일반 완구와는 별도로 Inflatable Toy만 생산하는 회사가 있으므로 완구와는 별도로 계약을 진행하는 것이 상례이며, 여름에만 매출이 발생하는 아이템이므로 특별히 컨택 시기를 고려하여야 한다.

2 문구, 필기구

지제(편선지, 노트) — 지(紙)제품은 특히 사양에 민감한 제품으로 대중적인 판매를 원할 때에는 이미 자리 잡고 있는 기본 사양을 따르는 것이 안전하므로 표지의 두께나 절수, 매수, 객단가 등을 기본적으로 맞추는 것이 보통이다. 지제품에 있어서 디자인은 시장의 형성이나 판매에 있어서 90% 이상의 영향을 미치는 아주 중요한 요소이다. 또한 이 제품군은 다양한 디자인의 시도도 가능하기 때문에 새로운 캐릭터의 적용이 용이하다.

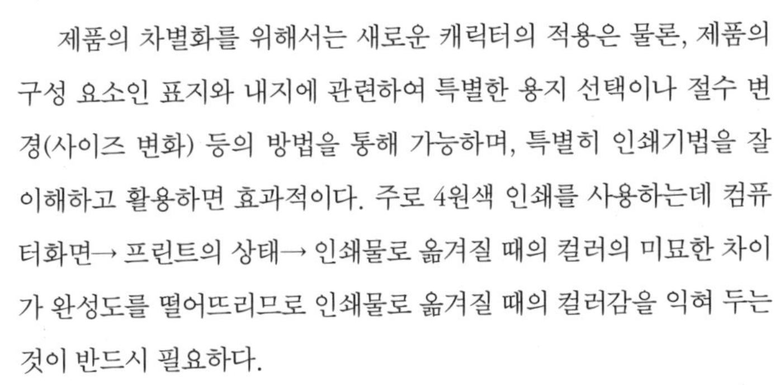

제품의 차별화를 위해서는 새로운 캐릭터의 적용은 물론, 제품의 구성 요소인 표지와 내지에 관련하여 특별한 용지 선택이나 절수 변경(사이즈 변화) 등의 방법을 통해 가능하며, 특별히 인쇄기법을 잘 이해하고 활용하면 효과적이다. 주로 4원색 인쇄를 사용하는데 컴퓨터화면→ 프린트의 상태→ 인쇄물로 옮겨질 때의 컬러의 미묘한 차이가 완성도를 떨어뜨리므로 인쇄물로 옮겨질 때의 컬러감을 익혀 두는 것이 반드시 필요하다.

캐릭터가 들어간 물놀이 용품

선택되는 종이나 디자인의 표현 방법에 따라 별색인쇄, 박인쇄, 형압 등의 후가공을 이용하여 제품의 부가가치를 높이기도 한다.

노트는 크게 일반 노트와 신학기 노트가 있으며 신학기 노트의 경우 7월부터는 준비를 시작하는 것이 보통이다. 출시 시기가 언제인가에 따라 대리점에 입점률이 달라지고 판매 기회를 놓칠 수 있기 때문에 시기를 잘 맞추는 것이 중요하다. 신학기 노트의 후속으로는 연습장, 스프링 노트, 수첩 등이 출시된다.

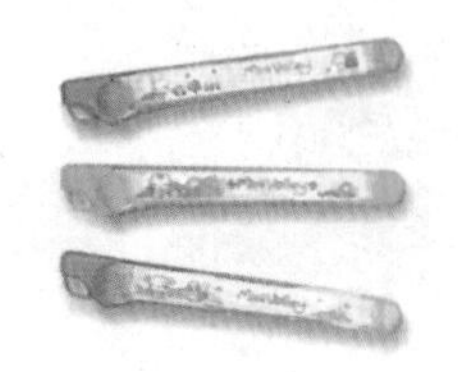

캐릭터가 들어간 칼 용품

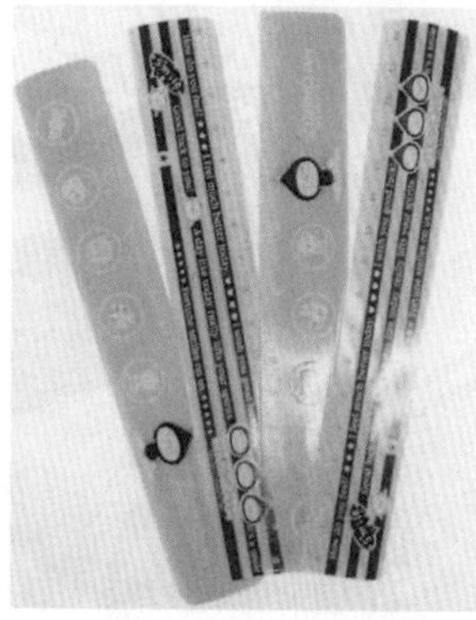

캐릭터가 들어간 자 용품

학용 공산품(칼, 자) — 문구의 기본 제품이며 재고 걱정 없이 꾸준히 판매되는 아이템이다. 디자인으로 볼 때 사무용과 팬시 문구로 구분되며 디자인을 표현하는 요소 중 비중이 큰 부분은 사출 자체로써 RESIN(플라스틱)의 종류, 컬러의 변화로 제품을 새롭게 보이게 할 수 있고 그 위에 전사, 실크, 박으로 다양한 디자인을 표현할 수 있다.

RESIN의 종류에는 ABS, AS, PS, PP, 하인백 등이 있으며 이들은 각각 장단점을 갖고 있어서 어떤 아이템을 생산하느냐에 따라 다른 종류의 RESIN이 사용된다. 이런 RESIN의 사출 과정을 간단히 말하면, RESIN에 열을 가하여 가소화시킨 후, 유압으로 수지를 틀(금형)에 쏘아 넣어 제품을 만들어내는 것이다.

사출성형이 제대로 나오려면 성형온도, 수지온도 그리고 RESIN을 쏘는 속도가 잘 맞아야 하며 금형을 도는 유동거리와 채우는 시간이 짧을수록 좋고, 금형온도와 수지온도가 커지면 제품 두께가 클수록, 사출 압력이 높을수록 수축이 커지는데 수축이 생기면 불량이 되는 경우가 많으므로 유의하여야 한다.

*ABS — 견고하고 광택이 좋지만 가격이 비싸고 투명의 표현이 불가능하다. 색 자체에 약간의 노란빛이 돌아서 맑은 컬러(특히 마젠타)가 잘 표현되지 않는다. 전자 제품, 자동차 부품, 사무기기 등의 사출이 주로 ABS이다.

*AS — 투명하고 강도가 높으며, 전기기구, 문구 잡화에 주로 사용되고 있다.

*PS — 무색투명하며 잡화, 완구 등에 많이 사용되고 있다.

*PP — 환경 친화적인 소재로 재활용이 가능하며 소각 시에 환경호르몬이 검출되지 않는다. 잡화, 팬시 용품, 화장품 용기로 많이 사용되고 있다.

*하인백 — 견고하나 광택이 적으며, RESIN이 백색이므로 색의 표현이 자유롭다.

필기구 — 필기구 역시 금형을 개발해야 하는 제품으로써 새로운 금형을 개발하는 것은 많은 경비가 들어가므로 이미 사용하고 있는 금형들을 사용하여 약간의 코디로 신제품을 만드는 경우가 일반적이다. 예를 들면 샤프의 경우 크게 선축, 후축, 노크, 클립으로 이루어져 있는데 이것들을 요리조리 코디한 후에 사출 컬러의 변화, 디자인의 변화, 액세서리까지 첨부하면 정말 다른 제품으로 만들어지게 된다. 요즘 시장에서는 아주 작은 부조, 환조의 캐릭터 액세서리를 노크나 클립 같은 곳에 붙여서 차별화된 제품을 많이 선보이고 있다.

캐릭터가 들어간 다양한 필기구 용품

필기구는 샤프, 볼펜, 중성펜, 연필류, 형광펜, 마카펜 등으로 크게 구분된다. 필기구도 문구성이 강한 필수 아이템으로 재고 부담이 없긴 하지만 공급의 과다로 포화 상태이기 때문에 경쟁이 치열하다. 또 제품을 구성하고 있는 요소들이 많고, 정교한 아이템이므로 기술력이 중요하며 발주 후에 생산 기간을 넉넉하게 5개월 정도는 가져야 안전하게 진행할 수 있는 아이템이다.

필기구도 문구와 거의 비슷하나 크게 다른 점은 압출로 된 사출이 많다는 것이다(샤프, 볼펜 등). 디자인은 사출물의 경우에는 전사, 실크, 박으로 표현할 수 있으며 연필이나 색연필 같은 나무에는 먼저 디핑으로 연필의 바디에 컬러를 준 다음, 전사인쇄를 많이 사용하고 있다. 특히 색연필의 경우는 디핑으로 색 구분을 한 후에 박이나 전사지로 디자인을 표현한다.

*전사인쇄 — 그라비어(Gravure)인쇄 방법 중의 하나이며 판박이처럼 후가공에서 인쇄물이 사출물에 옮겨 붙는 방법이다. 데이터가 컴퓨터에서 색 분해가 된 뒤에 인쇄적성에 맞도록 맞추어지고, 동 실린더에서 자동으로 조각되어 그라비어 인쇄기계에서 전사지가 제작되는 것이며, 색상을 부드럽게 재현시켜 주는 인쇄방식으로 정교하게 표현이 된다. 이렇게 완성된 전사지에 그림이 잘 떨어지도록 이형제를 발라 사출물과 전사지를 놓고 고무 롤로 열을 가하여 사출물에 옮기면 완성이 된다.

*실크인쇄 — 비단, 나이론, 테드론의 섬유나 스텐레스 스틸 등으로 짜여진 망사를 틀에 펼쳐 놓고 네 모서리를 팽팽하게 고정시킨 다음에 판막을 만들어서 틀을 완성한다. 그 다음에 필요한 화상 이외의 부분을 막고 틀 안에 인쇄 잉크를 부은 다음 스퀴지로 스크린면에 압을 주면서 움직이면 잉크는 판막이 없는 부분의 망사를 통과하여 판 밑에 놓여 있는 종이나 인쇄물에 찍혀 나와 인쇄가 되는 것이다. 평평한 인쇄 대상물뿐 아니라, 병이나 컵 등의 원통이나 원뿔체의 측면에도 인쇄가 가능하다.

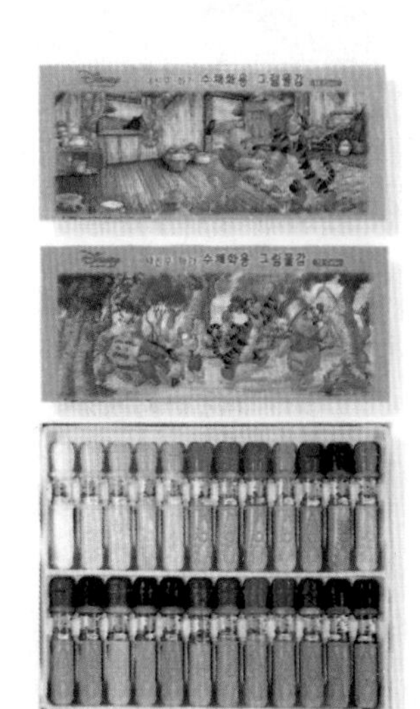
캐릭터가 들어간 다양한 화구 용품

화구류 — 전문가용과 일반용이 있는데 일반용의 수요층은 취학 전 아동부터 초등학교 3,4학년이며 이 소비층의 상품 선택은 캐릭터의 인지도나 케이스의 화려한 디자인이다. 신학기가 최고 성수기이며 어린이날 같은 행사도 큰 판매 시기이다. 제품을 구성하고 있는 안료 외에는 케이스 제작을 위해 지제 생산 과정을 이해하고 사출물의 성형을 알면 제작이 가능하다.

기타(앨범, 스티커, 지함) — 앨범의 종류는 베이비 앨범, 웨딩 앨범, 일반 앨범 등으로 분류되어 출시되며 제작 사양으로는 접착식과 포켓식으로 분류된다. 앨범의 표지는 위의 지제품과 마찬가지로 표지를 4원색으로 인쇄하는 경우, 원단으로 표지를 싸는 경우, 박 인쇄를 하는 경우 등 디자인에 따라 사양을 선택하여 진행할 수 있다.

스티커는 계절에 따라 원단과 인쇄기법을 바꾸어 가며 꾸준히 출시, 판매되는 수집성 아이템으로 다양하게 시장을 자리잡고 있다. 스티커는 인쇄를 스티커 접착이 있는 스티커지에 인쇄하여 원하는 칼선을 주어 떼어 쓸 수 있게 하는 것이다.

지함은 수납함, 기프트 박스가 있으며 인쇄하여 골판지, 마닐라지 등에 합지하여 칼로 딴 후 조립하여 판매하고 있으며 가을부터 5월까지를 판매 시기로 보고 있다. 하지만 최근 들어 축하카드나 포장지 같은 아이템과 함께 일년 내내 꾸준히 판매되는 아이템으로 자리 잡아가고 있다. 보통 지(紙)제품에서 합지를 할 경우에는 종이결이 반대로 되어야 휘거나 뒤집어지는 현상을 막을 수 있다.

캐릭터가 들어간 틴류

틴류 — 철판의 종류는 다양하나 문구 팬시 용품에는 특히 BP판과 실버판을 많이 활용하고 있다. BP판의 경우 보통 백색 도장을 한 후에 철판인쇄를 하며, 실버판의 경우 재질 자체를 살리기 위해 부분적으로만 백색인쇄를 하여 불투명과 투명의 효과로 디자인을 다양하게 할 수 있다.

철판의 경우는 주로 옵셋인쇄를 하며 선수는 133선 정도로 지제류보다는 낮게 주고 있다. 인쇄 후 충분히 건조 과정을 거치게 되는데 이때 열이 가해지므로 컬러의 변화가 생기기 때문에 이것을 감안하여 작업을 하여야 한다. 철판에 인쇄를 한 후에 프레스로 형태를 따고 각 형태에 맞추어 말이를 만들어 제품이 완성된다. 최근 들어 특히 틴류로 제작되는 아이템들이 다양화되고 있다.

3 봉제 잡화류

다양한 원단을 사용하여 선택과 사양에 따라 전혀 새로운 아이템을 만들 수 있다. 원단은 짜임새로 보아 트윌(Tweel)과 옥스퍼드(Oxford)로 크게 나뉘는데 트윌은 사선으로, 옥스퍼드는 수직과 수평으로 짜여 있으며 트윌이 옥스퍼드보다 견고하다. 봉제 제품을 만들 때 특별한 원단을 개발하여 발주하는 경우도 있으나 대부분이 기존의 원단을 사용하여 컬러의 매치, 자수, 라벨, 와펜 등으로 다양성을 주는 것이 보통이다. 요즘에는 인형 같은 입체물을 붙여서 차별화하기도 한다.

캐릭터가 들어간 봉제 필통

봉제 필통 — 필통의 경우 2~4월 신학기와 8~9월 후학기가 성수기라고 할 수 있다. 봉제 필통의 경우는 디자인도 중요하지만 연필이 들어갈 수 있는 사이즈의 고려와 쉽게 넣고 뺄 수 있는 구조 등 용도에 충실한 것이 중요하며, 필통의 재료로는 거의 모든 종류의 원단이 가능하나 성글게 올이 있는 니트 계통의 원단은 적당치 않다. 제작 기간은 60일 정도 소요되므로 이를 고려하여야 한다.

깜찍한 캐릭터 인형이 부착된 봉제 가방

봉제 지갑, 케이스, 보조 가방 — 봉제 제품은 용도와 사이즈를 명확하게 정하여 제작하는 것이 중요하며 수납의 배려는 판매에 있어서 매우 중요한 역할을 한다.

예전에는 나일론 계통의 합성 섬유를 많이 사용했으나 내추럴(Natural) 이미지나 퀼트의 유행으로 인해 봉제 소품들도 면 소재의 원단을 많이 사용하고 있는 추세이다. 봉제 소품류는 크게 판매 시기를 타지 않아 계절과 트렌드(Trend)에 맞는 원단을 사용해 진행하면 꾸준히 잘 팔 수 있는 아이템이다. 최근 들어 비닐 소재의 원단이나 반짝이를 가미한 소재 등 다양한 재료들도 많이 사용되고 있으며 인형, 스팽글(Spangle), 구슬, 리본 등의 부속물도 많이 이용되고 있다.

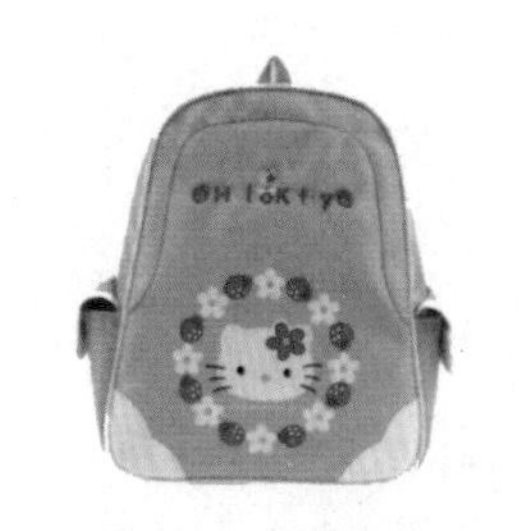

캐릭터가 들어간 초등학생용 가방

학생 가방(신학기 가방, 신발 주머니) — 학생(초등학교) 가방의 경우 가벼운 소재를 선호하는 추세로 과거에는 나일론 트윌 원단에 발포코팅을 하여 형태가 항상 잡혀 있는 하드케이스 스타일을 선호했으나 이제는 발포코팅보다는 PVC코팅을 하여 견고함을 유지하면서 가볍고 편안한 스타일로 제작하는 경우가 많아지고 있다.

저학년생을 위한 가방의 경우 캐릭터는 필수이며 가방의 컬러나 디자인이 선명한 스타일을 선호한다. 또 중 · 고등학생들의 경우 가방을 패션몰 등에서 의류와 함께 구매하는 경우도 많으므로 어떤 아이템과 묶어 어떤 유통에 계약하는 게 좋을지를 신중히 결정해야 한다.

신학기 가방의 준비는 120일 정도를 잡고 진행하는 것이 보통이며 출시 시기는 1~2월 사이가 적당하다. 이점을 고려하여 컨택해야 하며 남녀가 확연히 구분되는 아이템으로 디자인을 차별화해야 판매에 유리하고, 신학기 가방과 함께 보조가방, 도시락가방, 신발주머니 등을 함께 세트로 기획하는 것이 판매 기회를 높일 수 있다.

4 팬시류

액자(봉제, 일반, 나무), 거울 — 무난한 선물이나 실용품으로 메탈, MDF, 원목, 초자 등의 다양한 소재로 만들어지고 있으며 소재에 따라 제조 업체가 다른 경우가 일반적이므로 분리하여 계약할 수도 있다.

캐릭터가 들어간 액자와 거울

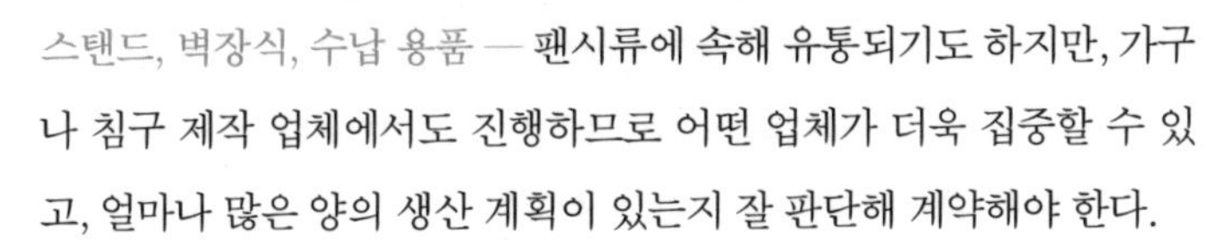

스탠드, 벽장식, 수납 용품 — 팬시류에 속해 유통되기도 하지만, 가구나 침구 제작 업체에서도 진행하므로 어떤 업체가 더욱 집중할 수 있고, 얼마나 많은 양의 생산 계획이 있는지 잘 판단해 계약해야 한다.

메모판 — 재료에 따라 코르크(Cork), 철판, 종이의 세 종류가 있다.

다양한 앨범과 수납함

쇼핑백 — 쇼핑백은 계절과 시즌에 따라 민감하게 사양이 변화하는 아이템 중의 하나이다. 여름에는 PP소재의 쇼핑백이 선호되며, 가을과 겨울에는 크라프트 같은 투박한 소재의 쇼핑백이 주류를 이룬다. 시즌에 따라 디자인뿐 아니라 사이즈도 변화하는데, 발렌타인데이와 화이트데이 그리고 가족선물이 많은 5월에는 작은 사이즈와 와인을 담을 수 있는 좁고 긴 사이즈가 많이 판매된다.

종이 재질의 쇼핑백은 종이의 선택이나 인쇄 기법을 통해 다양한 디자인을 구사할 수 있으며, PP소재의 경우 소재의 안쪽을 사용하느냐 바깥쪽을 사용하느냐에 따라 광택이 있기도 하고 투명하고 시원한 느낌을 살릴 수도 있다. 또한 인쇄될 원단이 투명 소재일 경우 백색을 이용하여 투명과 불투명의 효과를 구사할 수도 있다.

캐릭터가 들어간 메모판

여행 용품(치약, 칫솔, 빗, 거울, 티슈) — 여행용 세트라는 아이템으로도 판매되며 판매시기는 4~9월 정도로 수학여행 시즌이 성수기이다. 단품으로 볼 때 치약의 경우는 생산 최소 수량이 너무 많은 관계로 팬시 쪽에서는 유행이 없고 꾸준할 수 있는 디자인을 주로 사용하며 UV인쇄방법이다. 칫솔, 빗, 거울은 모두 사출과 그에 적합한 인쇄방법을 활용하면 되고, 티슈케이스의 경우는 그라비어인쇄를 한다.

캐릭터가 들어간 쇼핑백

캐릭터가 들어간 시계

시계(벽, 탁상, 손목) — 모든 종류의 시계를 한 회사에서 하는 경우도 있으나 주로 사업부로 나뉘어 있거나 품목별 전문 제조 회사가 있기 때문에 나누어서 계약을 하는 것이 가능하다. 시계의 경우 판매가 꾸준히 이루어지는 아이템이며, 디자인에 있어서 새로운 금형을 만들거나 특별한 사양을 제작할 수도 있으나 주로 시계판의 디자인을 바꾸어서 새로운 이미지를 만든다. 시계판의 디자인을 종이 인쇄로 할 경우에는 오랫동안 사용이 가능하고 견고하도록 라미네이팅코팅하며, 경우에 따라서는 유포지나 철판을 사용하기도 한다. 시계판은 주로 실크인쇄를 사용하여 깔끔함과 선명함을 강조한다.

캐릭터가 들어간 우산, 우의

우산, 우의, 장화 — 외국의 경우 의류 아이템과 함께 유통되는 게 상례이나 국내의 경우는 팬시 관련 회사에서 제조 · 유통되고 있다. 물론 전문 제조 회사나 도매점은 있으나 소매의 경우 보통 팬시점에서 구입할 수 있다. 우산, 우의, 장화는 대부분 대구에 생산업체와 공장들이 많은데, 최근에는 중국 제품의 질적 향상과 가격 경쟁력으로 많은 양이 중국에서 생산되고 있다. 중국에서 생산해 오는 경우, 상당한 시간이 걸리는 것을 감안해야 한다. 이 상품들은 장마 때보다는 봄비가 내리는 봄이 제품 출시 시기이며 판매는 가을까지 이뤄진다.

캐릭터가 들어간 핸드폰 액세서리

5 액세서리

핸드폰 액세서리 — 핸드폰의 급속한 보급과 함께 다양한 사양과 디자인으로 자리를 잡게 된 아이템이다. 액세서리의 경우 인건비가 제품의 70% 이상을 차지하고 있으므로 대부분 중국에서 생산이 이루어지고 있다. 핸드폰 액세서리라는 품목으로 전체를 묶어서 계약을 하기도 하지만 기능에 따라 세분화하기도 한다.

캐릭터가 들어간 헤어 액세서리

헤어 액세서리 — 헤어 액세서리도 인건비의 비율이 높은 아이템이긴 하지만 많은 양이 한국에서 생산되고 있으며 디자인 부분의 탁월한 경쟁력으로 일본 등에 수출도 많이 하고 있다. 헤어 액세서리 역시 여러 가지 부속품으로 코디를 자유롭게 하여 신제품을 만들며, 다양한 신소재를 개발하기도 한다.

자동차 용품 — 자동차 용품도 패션 소품처럼 자리잡게 되면서 다양한 기능과 소재로 개발되고 있고, 최근에는 할인마트를 통해 다양한 디자인이 선보이고 있다. 핸즈프리의 사용 강화로 인해 핸즈프리를 자동차 용품에 묶어서 진행하기를 원하는 업체도 있으나 이 아이템은 독립적으로 보는 것이 좋을 것 같다. 시리즈로 한 유통을 통해 출시되는 것이 효과적이므로 많은 종류를 묶어서 계약을 하기도 하지만 사출 자동차 용품과 봉제 자동차 용품으로 크게 구분할 수도 있겠다.

키홀더 — 다양한 재료(봉제, 사출, 목재, 철판 등)와 다양한 창구를 통해 유통되는 아이템이므로 계약 시 특별히 유의해서 품목을 허가해야 한다.

6 의류

내의류 — 유아(3~5세), 소아(5~13세), 주니어, 성인으로 분리할 수 있다. 유아나 소아의 경우는 내의와 외의가 확실히 구분되나 주니어나 성인의 경우는 내복 착용이 줄어들고 원마일 웨어 등의 신개념 의류가 출시되면서 구분이 모호하기도 하다. 특히 유아와 소아 내의의 시장이 크며 최근에는 브랜드와 제품 질의 경쟁이라기보다 캐릭터 경쟁이 치열하므로 쉽게 접근할 수 있는 아이템이다. SS제품의 경우는 전년도 9~10월에 기획해 생산을 준비하며, FW제품의 경우는 당해년도 5~6월에 기획한다. 내의의 경우는 주로 나염으로 디자인을 표현한다.

*나염을 간단히 설명하면 원단의 생지에 실크스크린을 하는 것과 유사한 방법이며, 생지에 그냥 실크스크린을 할 경우에는 번지게 되므로 생지에 풀을 발라가며 작업한다. 실크스크린을 한 후에

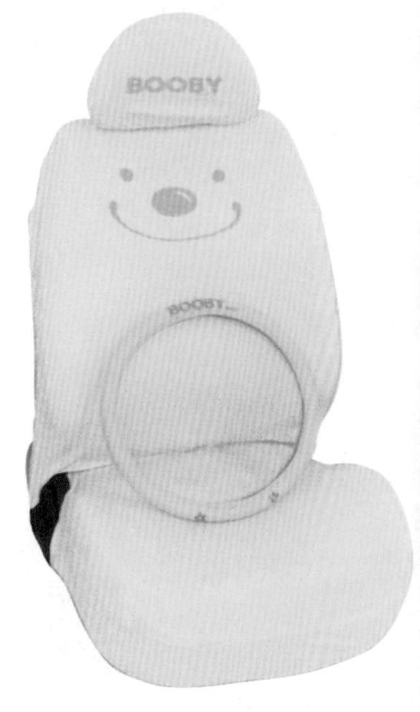

캐릭터가 들어간 자동차 용품들

풀을 없애고(수세) 염료가 섬유에 착색되도록 건조시킨 후에 고온에서 찌면 된다.

* 프린트의 방법으로는 롤러 프린트(roller print) 와 오토 스크린 프린트(Auto Screen Print)가 있는데, 롤러 프린트(roller print)에서는 색의 수가 많을수록 나염 상태가 좋지 않으므로 일반적으로 4~6색을 표현하는 것이 보통이다. 롤러 프린트의 경우 자동 스크린 나염보다 색상의 질이 떨어지며, 무늬맞춤이 어렵고 원단에 있어서 투과성도 좋지 않은 단점이 있다. 큰 롤러는 비용이 많이 들기 때문에 큰 패턴보다는 작은 무늬, 그라데이션(Gradation) 등의 표현에 적합하며 넓은 면의 표현은 불가능하다. 평행하는 체크, 사선 등 그림 전체가 복잡한 것은 핀이 잘 맞지 않아 끊기거나 불량이 생기기 쉽고, 색과 색이 겹치는 부분이 어두워지거나 선명도도 떨어지기 때문에 주의하여야 한다.

*생지는 표면이 매끈한 게 나염이 잘 된다. 오토 스크린 프린트(Auto Screen Print)는 넓은 면의 나염도 균일하게 염색되며 컬러가 선명하고, 롤러 프린트보다 다양한 색의 표현이 가능하다. 형틀의 무늬맞춤이 곤란해 색과 색을 맞춰 나염해야 하며 젖은 상태에서 바로 다음 색을 나염하기 때문에 색이 오염되기 쉬우므로 주의해야 한다.

고급스런 느낌의 캐릭터 사용으로 유명한 흑인 개그맨을 캐릭터화시키는 데에 성공한 후부

외의류 — 내의와 마찬가지로 SS, FW로 기획되며 최근에는 아동 의류뿐 아니라 주니어나 어른 의류도 캐릭터를 사용하고 있는 것을 많이 볼 수 있다. 카스텔바작이나 아이스버그 등 유명 브랜드도 캐릭터를 적용한 상품을 출시하고 있으며 힙합 의류의 경우 FUBU나 사우스폴 그리고 국내 힙합 브랜드인 MF도 캐릭터를 사용하고 있다. 최근 들어 골프웨어에는 보다 다양한 캐릭터의 접목을 볼 수 있다. 사용 방법은 프린트나 자수, 와펜 등을 이용한다.

니트류(모자, 목도리, 귀마개, 장갑) — 전문 제조 업체도 있으나 큰 브랜드의 경우 의류의 액세서리로써 함께 출시되기도 한다. 수익적인 부분을 보면 전문업체와의 계약이 좋으나 잘 판단해 결정해야 한다.

수영복, 스키복 — 수영복은 전년도 가을, 스키복은 봄에 기획을 한다. 아동 타깃의 경우 캐릭터의 사용은 일반적이며 수경, 수모, 오리발 등의 제품과 세트로 출시되는 경우가 많다

신발, 양말 — 아동 신발은 제품의 질보다는 캐릭터 경쟁이 치열하며, 다양한 캐릭터를 접목시켜 캐릭터별로 브랜드와 유통을 차별화하기도 한다. 주로 애니메이션 캐릭터를 사용하나 최근에는 폭발적이진 않지만 안전한 캐릭터들의 사용도 돋보인다. 신발의 경우 여아용보다 남아용의 매출이 현저히 크므로 남아용의 디자인이나 중성용 디자인이 선호된다. 신학기와 어린이날이 성수기로 매출의 성수기와 비수기가 뚜렷하다. 디자인의 표현 방법은 프린트나 와펜(Wappen)을 활용한다. 양말은 자가드로 캐릭터를 직접 양말 모양으로 짜기도 하며 와펜이나 라벨 등을 부착해 표현하기도 하고 발바닥에 발포 나염을 캐릭터 모양으로 하여 미끄럼 방지는 물론 깜찍한 디자인을 구사한다.

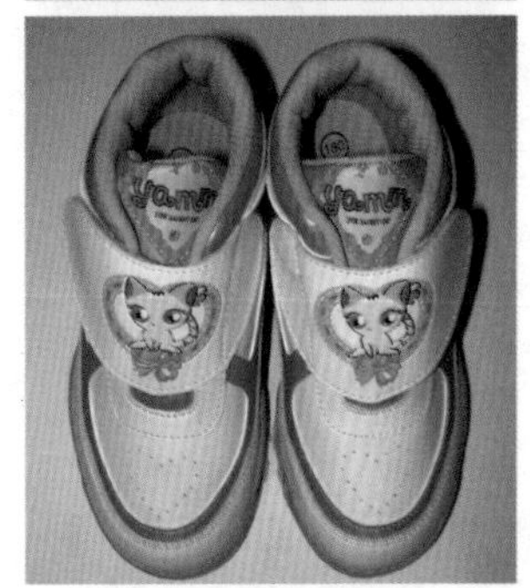

캐릭터가 들어간 신발

7 주방, 욕실 용품

주방 용품(식기, 소품) — 최근 들어 캐릭터의 사용이 급속하게 늘고 있는 아이템 중의 하나다. 주로 사출물에 전사지를 활용한 디자인이 주류를 이루며 주방 용품의 경우, 플라스틱 제품은 물론 자기나 도기, 주방 툴에도 캐릭터나 새로운 디자인을 도입하고 있다. 식기류도 디자인이나 몰드의 유행을 많이 타는 아이템으로 늘 신선한 아이디어가 요구된다. 머그류는 여름이 비수기이며 가을부터 6월까지가 성수기로 성수기가 긴 아이템 중의 하나이다. 머그류의 비수기에는 유리로 대체하여 진행할 수 있으나 제조업체가 다른 경우가 일반적이다.

고급스런 느낌의 캐릭터 도자기 세트

캐릭터가 들어간 욕실 용품

*도기의 생산공정

성형→ 정형→ 본소(유약을 바르지 않은 상태에서 1150~1200℃ 골격잡기)→ 유약(스프레이)→ 800℃에서 구워 완성이 된다. 이는 낮은 온도에서 유액이 녹아 광택이 발생하며, 전사가 잘되는 장점은 있으나 비위생적(본소에 흙이 완전히 익지 않으므로)이므로 음식물용으로 사용하지 않고 화병등 장식품에 주로 사용한다.

*자기의 생산공정

성형→ 정형→ 초벌(유기물이 완전히 제거되지 않으면 유약과 유기물이 문제를 일으켜 유면이 거칠어 지거나 파이는 결점이 발생하므로 유기물을 제거하기 위해)→ 시유(유약을 발라주는 것)→ 1250℃에서 본소(재벌구이)로 완성한다. 높은 온도에서는 색깔이 잘 나오지 않으므로 특별히 고온 처리된 전사지가 필요하다. 수분 등을 흡수하지 않고 위생적이므로 주로 머그나 찻잔 등으로 사용한다.

욕실 용품(청소도구, 소품) — 욕실 용품도 주방 용품과 마찬가지로 주로 사출의 컬러와 전사디자인으로 변화를 주고 있으며 최근 들어 Vivid한 컬러와 다양한 소재의 디자인이 많이 생산되고 있다.

8 화장품, Bath 용품

스킨케어(스킨, 로션, 오일) — 요즘 유아용, 주니어용 등 타깃을 세분화하여 다양한 아이템이 출시되면서 지향하는 타깃에 맞추어 캐릭터 도입과 디자인 차별화가 시도되고 있다.

캐릭터가 들어간 목욕 용품

Bath 용품(삼푸, 린스, Bath 용품), 비누 — 스킨케어 용품과 마찬가지라 할 수 있고, 캐릭터를 이용한 용기의 차별화로 사람을 공략하고 있다. 비누의 경우는 캐릭터를 몰드한 성형비누도 각광을 받고 있다.

9 유아 용품

유아 용품의 컬러가 전에는 핑크와 블루가 주류를 이루었으나 최근 들어서는 브랜드마다 특색을 가진 다양한 디자인이 선보이고 있다. 캐릭터를 사용한 Vivid한 컬러나, 채도가 아주 낮은 무채색 계열의 제품도 선호되고 있다. 브랜드의 컨셉트를 미리 파악한 후에 거기에 맞는 캐릭터를 제안하는 것이 바람직하다.

유아복 — 소재는 면 100%가 기본이며 나염, 와펜, 자수, 라벨 등으로 다양한 디자인을 표현한다. 유아복에 있어서는 디자인의 차별화보다는 원단의 질과 브랜드의 가치에 더 중점을 두는 경향이 있으므로 특히, 이 아이템은 좋은 브랜드와 만나서 일을 하는 것이 중요하다.

캐릭터가 들어간 출산 준비물

출산 준비물 — 의류를 제외한 젖병, 컵, 보행기, 목욕통 등의 사출 용품 일체를 말한다. 브랜드마다 같은 사출을 사용하는 게 보통이며, 사출 컬러나 약간의 디자인으로 차별화하고 있다. 큰 회사의 경우 의류와 용품 모두를 한 브랜드로 출시하나, 작은 업체의 경우는 용품과 의류를 분리해 한 가지만 전문적으로 생산하고 유통하는 경우도 있다.

유아 침장 — 보통 의류와 함께 출시되는 것이 상례이나 침장 회사에서도 종종 유아 침장류의 생산을 원하므로 계약서에 반드시 구분하여 명기해야 한다.

10 침장, 인테리어, 가구

침장 — 아동침구 전문업체가 생길 만큼 시장이 성숙되고 있으며 특히 캐릭터의 사용이 가속화되고 있다. 주로 FW와 SS로 기획, 생산되고 있으며 간간히 단품들이 출시되기도 한다. 통판이라는 커다란 그림에 어울리는 패턴 원단을 코디하여 디자인하는 것이 보통이며 자수나 아플리케를 사용하기도 한다.

캐릭터가 들어간 침장류

쿠션, 방석, 매트, 카펫 — 쿠션이나 방석의 경우 침장구와 같이 묶어지기도 하고 때로는 팬시 유통에서 생산·유통되기도 하므로 아이템의 특성을 고려하여 유통을 잘 나누어 활용하면 좋다. 매트, 카펫 등은 생산업체가 다르므로 당연히 분리하여 계약할 수 있다.

벽지, 바닥재 — 벽지와 바닥재는 보통 생산 회사가 다르며 큰 회사의 경우 두 아이템을 모두 생산하기도 하지만 부서가 다르므로 각각 계약을 하는 것이 보통이다. 벽지의 경우 어린이 벽지는 상대적으로 아주 적은 양이 출시되며 구색으로서의 의미 외에는 갖지 못하기 때문에 아직은 그다지 활성화되고 있지는 못하다. 주로 일 년에 한 번 제품 기획을 하므로 시기를 잘 맞추어 컨택하는 것이 중요하고 심혈을 기울여서 진행을 도와주면 좋을 것 같다.

커튼, 블라인드 — 침구와 함께 유통되는 경우도 있으나 보통은 별도의 회사가 있으므로 개별적으로 계약하는 것이 좋다. 하지만 관련 업체와의 연계를 통해 매출이나 홍보에 시너지를 갖도록 도움이 되면 좋을 것이다. 아이들 방의 커튼이나 블라인드의 경우 가격이 비싼 고급 제품보다는 싸고 실용적인 것을 선호하므로 로만쉐이드보다는 롤 블라인드 같은 제품이 적당하다.

캐릭터가 들어간 소가구

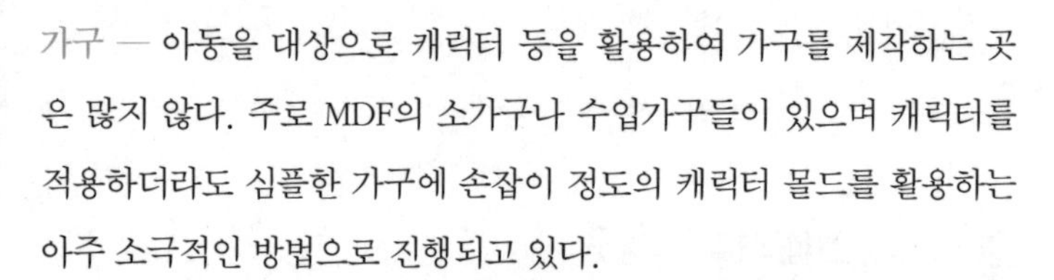

가구 — 아동을 대상으로 캐릭터 등을 활용하여 가구를 제작하는 곳은 많지 않다. 주로 MDF의 소가구나 수입가구들이 있으며 캐릭터를 적용하더라도 심플한 가구에 손잡이 정도의 캐릭터 몰드를 활용하는 아주 소극적인 방법으로 진행되고 있다.

11 식음료

최근 들어 적극적으로 캐릭터를 사용하고 있는 아이템 중의 하나이며, 대부분 수량이 엄청나므로 로열티율을 일반 제품과 다르게 적용하기도 한다. 외국 캐릭터의 경우는 안전 사고 등의 이유로 식품에 특별히 캐릭터의 적용을 기피하는 경우도 있다.

*제품의 포장방법은 연포장이라고 하며, 연포장재는 대부분 그라비어인쇄(인쇄 품질이 정교하고 대량 인쇄에 적합함)를 한 필름이나 종이에다가 용도에 맞게 차단성 필름을 접합하거나 PP, PE, EVA등 특수 수지 등을 코팅하여 열 접착을 하여 원하는 규격으로 만드는 공정이다. 예를 들어 스낵봉지, 라면봉지, 사탕봉지, 빙과봉지 등이 있다.

캐릭터 모양으로 따서 먹는 재미, 친구와 나누어 먹는 재미로 인기를 모은 해태제과의 얌 화이트 엔젤 초콜릿

제과류(스낵, 껌, 초콜릿) — 사탕, 초콜릿, 껌 등에 주로 캐릭터를 많이 사용하며, 최근 들어 먹는 즐거움보다 보는 즐거움, 모으는 즐거움 등으로 제품의 부가가치를 창출하고 있으며 특히 토이 캔디의 경우는 제과보다는 토이성이 짙어서 캐릭터를 사용하는 예가 많다.

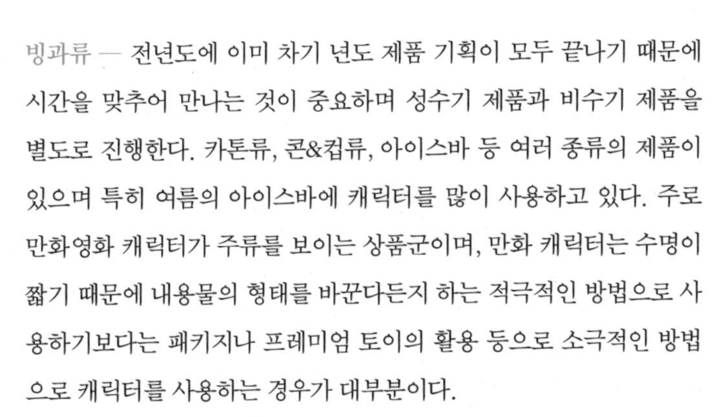

빙과류 — 전년도에 이미 차기 년도 제품 기획이 모두 끝나기 때문에 시간을 맞추어 만나는 것이 중요하며 성수기 제품과 비수기 제품을 별도로 진행한다. 카톤류, 콘&컵류, 아이스바 등 여러 종류의 제품이 있으며 특히 여름의 아이스바에 캐릭터를 많이 사용하고 있다. 주로 만화영화 캐릭터가 주류를 보이는 상품군이며, 만화 캐릭터는 수명이 짧기 때문에 내용물의 형태를 바꾼다든지 하는 적극적인 방법으로 사용하기보다는 패키지나 프레미엄 토이의 활용 등으로 소극적인 방법으로 캐릭터를 사용하는 경우가 대부분이다.

따조 수집 열풍을 창조한 오리온의 장수 브랜드 치토스

제빵류 — 삼립의 〈국찐이〉 빵을 시발점으로 〈포켓몬스터〉 빵, 〈핑클〉 빵 등 다양한 캐릭터 빵이 선보였다. 일본의 경우 〈도라에몽〉 빵이나 〈키티〉 빵을 보면 그 제품에까지 캐릭터가 새겨지거나 캐릭터 모양을 한 제품인데 비하여 우리 나라의 경우 캐릭터 사용은 포장재 정도에 미치고 있다.

캐릭터 도입으로 월 매출 50억 원의 효자상품으로 군림한 포켓몬 빵

유제품(치즈, 우유, 요쿠르트) — 타깃을 세분화하는 정책으로 캐릭터를 도입하는 사례가 많으며 이미 판매되고 있는 제품에의 적용보다는 신제품의 기획에 캐릭터를 제안하는 것이 용이하다. 유제품의 경우 브랜드 충성도가 아주 높은 제품이므로 새로운 디자인이나 캐릭터의 도입이 쉽지 않은 아이템이다.

오랫동안 꾸준한 사랑을 받고 있는 둘리 소시지

육가공품(햄, 소시지) — 육가공품의 경우도 타깃을 세분화하여 지향하는 타깃에게 쉽게 다가가기 위해 캐릭터를 사용하는 경우가 많다. 우리 나라의 경우 둘리가 장기적으로 소시지의 브랜드에 활용되어서 좋은 효과를 보고 있다.

탄산음료 — 타깃층이 세분화되면서 차별화된 디자인을 추구하고 있으므로 캐릭터의 적용이 활발해지고 있다. 캐릭터를 라이센스하기도 하지만 자체적으로 개발하는 추세도 활발한 편이다.

12 기타

기타 의약외품이나 소비재는 가격 경쟁력이나 제품 이미지가 강조되어 캐릭터 사용이 소극적이었지만 최근에 유통의 확장과 타깃의 세분화를 지향하면서 활발한 양상을 띠고 있다.

캐릭터가 적용된 소비재 제품

밴드 등 의약외품 — 밴드나 비타민, 영양 캔디 등이 앞다투어 캐릭터를 사용하고 있으며 캐릭터의 사용으로 인해 의약품의 이미지를 벗고 새로운 제품의 이미지를 기대하고 있다.

소비재 제품(휴지, 생리대) — 생활 필수품이지만 고객의 요구가 다양해지면서 디자인 차별화를 꾀하고 있고, 브랜드의 다각화와 고부가가치를 창출하기 위해 캐릭터를 도입하고 있다.

⑬ 엔터테인먼트

음반 — 위즈의 캐릭터 〈토마토〉는 3인의 힙합전사 캐릭터로 실제 음반을 발매한 적이 있다. 가수에 활용하는 프로모션 비용을 대신해서 이미 알려진 캐릭터를 내세움으로써 비용을 절감하고 또 다른 이슈를 기대했던 기획이었다.

음반을 내어서 화제가 된 바 있는 캐릭터 토마토

게임 — 온라인 게임의 경우 〈리니지〉가 대표적인 사례로 저작권자로부터 사용 허가를 받아 게임을 만들었고 게임은 상당한 성공을 거두었으나 저작권 소송 등의 문제가 대두되었다. 캐릭터를 사용할 경우 제작사에서는 2차 저작물에 대한 권리를 주장하는 경향이 있으므로 그 관리를 어떻게 할지를 명확하게 정해야 한다. CD게임(패키지게임)의 경우는 〈짱구〉 등 성공 사례가 있으나 온라인 게임 시장의 확대로 점차 줄어드는 추세이며 아케이드 게임은 2001년 DDR 이후로 아직 차기 인기 상품이 없는 상태다.

리니지 게임 사이트
(www.lineage.co.kr)

모바일 — 최근 2~3년 사이에 등장한 디지털 상품의 한 분류로써 핸드폰 캐릭터 다운로딩을 시작으로 점차 다양한 방법으로 캐릭터가 사용되고 있다. 또한 응용되고 있는 기술이 점차 세분화되어 가고 있으므로 가급적 품목을 상세히 정해서 계약을 하는 것이 바람직하다.

다이노웁스 CD게임

웹 — 캐릭터 아바타, 캐릭터 e-card, 캐릭터 e-card 게임, 플래시 애니메이션 등 캐릭터의 활용이 괄목할 만하다. 마시마로의 플래시 애니메이션 성공 이후로 수많은 캐릭터들이 플래시를 통해서 등장하고 있으며 캐릭터 라이센스라기보다는 캐릭터의 프로모션 툴로써 많이 활용되고 있다. 최근에는 포털 사이트를 비롯해서 대표 커뮤니티 사이트에서 아바타에 캐릭터의 도입이 많아지고 있으며 상당한 수입이 되기도 한다. 그리고 몇몇 캐릭터들은 웹상에서 광고 모델의 역할을 하여 자칫 딱딱하게 느껴지는 컴퓨터와 웹의 세계를 한층 소비자들로 하여금 친숙하게 여기도록 하고 있다.

3장 캐릭터 디자인 Character Design

1. 성공하는 캐릭터를 만드는 네 가지 비결
2. 캐릭터 디자이너는?
3. 캐릭터 개발과 전개
4. 캐릭터 이미지 관리

1
성공하는 캐릭터를 만드는 네 가지 비결

캐릭터 사업의 대명사 같은 월트디즈니 사에도 많은 캐릭터와 애니메이션이 있지만 그 캐릭터들이 모두 성공하고 있지는 않다. 최근 우리나라에도 수많은 애니메이션과 캐릭터가 만들어지고 있지만 그 중에 우리가 기억할 수 있고, 성공하고 있는 캐릭터는 몇 되지 않는다.

그렇다면 성공하고 있는 캐릭터들과 그렇지 않은 캐릭터들과는 어떤 차이가 있을까? 참으로 가늠하기 어려운 일인 것 같다. 엄청난 투자에도 불구하고 많은 사람들의 기대에 부응하지 못하고 빛을 보지 못하는 캐릭터가 있는가 하면, 기대 이상의 폭발적인 결과를 얻는 캐릭터들이 있다. 굳이 분석을 한다면 여러 가지 이유를 찾을 수 있겠지만, 특별히 이 장에서는 디자인의 문제를 이야기하기로 한다.

미디어를 통해 인기를 얻게 되는 캐릭터도 그 디자인이 상품으로 만들기가 불가능하다면 Multi use의 꿈은 실현되지 않을 것이다.

1 상품을 생각하는 디자인이어야 한다 — 상품화가 쉬운 캐릭터 디자인이 좋은 것이다

월트디즈니 사의 대표 캐릭터인 〈미키마우스〉를 보면, 캐릭터의 기획 당시 다양한 상품화를 전제로 했다고 보기는 어렵다. 다만, 상품화가 용이한 단순한 컬러와 디자인이 애니메이션만이 아닌 상품에서도 중요한 성공 요인이 된 것은 분명하다. 우리 나라 애니메이션 중에 거의 유일하게 캐릭터 사업에 성공하고 있는 〈둘리〉도 특별한 마케팅

단순명료한 디자인의 아기 공룡 둘리

복잡한 만화 캐릭터의 한계를 SD 디자인으로 극복한 언플러그드 보이

전략이나 폭발적인 애니메이션의 성공보다는 단순 명료한 캐릭터 디자인이 상품화 시장에서 경쟁력을 갖게 했으며, 더욱이 꾸준히 확산되고 있는 상품이 둘리를 더 오래 살아 있게 하는 큰 힘이 되고 있다. 〈언플러그드 보이〉 역시 복잡한 만화 캐릭터의 상품성 한계를 극복하기 위해 SD(Small Design)사이즈의 디자인이 개발되면서 캐릭터 사업에 차별화된 경쟁력을 확보하게 되었다.

캐릭터 디자인에 있어서 좋은 디자인은 기본이고, 캐릭터로 다양한 제품의 활용이 가능한지, 그리고 제품이 되었을 때 과연 경쟁력이 있을지 등을 고려해야만 한다. 우리 모두가 알고 있는 것처럼 상품이란 캐릭터에 있어서 아주 특별한 의미가 있다.

캐릭터가 애니메이션 속에만 있다면 그저 만화 속의 주인공일 뿐 우리와 무관하게 여겨지지만 내가 갖고 있는 상품 속의 캐릭터는 만화의 세계와 나를 이어주는 매개체의 역할을 한다. 그리고 아무리 인기가 있는 애니메이션의 캐릭터도 애니메이션의 종영과 함께 빛을 잃어버리기 쉽지만 캐릭터가 제품화되어 있다면 좀더 오래 애니메이션을 기억할 수 있다. 이처럼 캐릭터의 제품화란 부가적인 수익의 창출은 물론 캐릭터의 가치를 높이고 수명을 연장하는 Tool이 되기도 한다. 수십 억을 투자하여 만드는 애니메이션이 상영 수익만으로는 이익을 기대하기 어렵다. 캐릭터의 상품화라는 전제가 없이는 무모한 투자라고 감히 말할 수 있겠다. 그런데 애니메이션이나 게임 제작에 있어서 캐릭터 기획이나 개발비라는 항목의 예산은 아예 없거나 빈약하기 이를 데 없고 전문가도 부재하니 참으로 아쉬운 일이다.

❷ 디자이너의 감성이 담긴 캐릭터가 성공한다 — 캐릭터는 감성 커뮤니케이션

바라보기만 해도 절로 웃음이 나오고 마음이 따뜻해지며 흐뭇해지는 그런 캐릭터들이 있다. 이렇듯 캐릭터란 단순한 그림이 아니라 살아 있는 생명체로 소비자와의 감성적인 교감이 가능해야 한다.

디자인적인 기교와 재치도 순간적인 감동을 줄 수는 있겠지만 캐릭터에 있어서 감성적인 접근은 매우 중요하다. 일차적으로 디자이너와 캐릭터 사이에 감성적인 커뮤니케이션이 만들어져야 하고, 이차적으로는 제품을 만드는 제조업자를 통해 소비자에게 이르기까지 개발자의 의도하는 바가 전달될 수 있도록 세심한 배려와 노력을 해야 한다. 어떠한 제품이건 소비자로 하여금 제품을 사는 것이 아니라 캐릭터를 사도록 하고 그 캐릭터의 가치를 인정하도록 해야 한다. 개발자의 개발 의도와 철학, 그리고 캐릭터의 감성에 관심을 갖도록 하는 것이 캐릭터 사업에 있어서 매우 중요한 문제다.

나 같고 내 친구 같은 친근한 이미지로 어필한 미스터케이의 콩콩이

우리가 잘 알고 있는 〈스누피〉의 저작자인 챨스 M. 슐츠는 만화를 그릴 때면 자신의 어린 시절을 되새겨, 어린이의 마음을 이해해 주지 못하는 어른들에 대한 불만을 표현했는데 이는 동서고금을 막론하고 누구에게나 있을 수 있는 일로 커다란 공감대를 형성했음이 분명하다. 또 슐츠의 만화에 있어서 중심 인물인 〈챨리브라운〉은 그의 친구를 모델로 했다고 한다. 이는 우리 주위에서 흔히 볼 수 있는 평범한 인물의 이야기를 다룸으로써 마치 자신과 자신의 이웃 이야기 같은 친근감을 갖도록 했던 것 같다.

BOOBY ©1997 WIZ Eentertainment

개나리를 닮은 노란 강아지 부비

Mr.k(미스터케이)의 〈콩콩이〉는 평범하고 못생긴 것이 마치 나 자신 같고 내 친구 같은 이미지로 10대들의 마음을 사로잡았다. 그리고 위즈의 대표적인 캐릭터 〈부비〉 역시 '개나리를 닮은 노란 강아지' 라는 감성적인 타이틀과 함께 친구와 함께 별을 바라보는 따뜻하고 아름다운 컷으로 대중들과 교감을 이루었다. 다시 말하지만, 좋은 캐릭터는 디자인적인 기교와 독창성만으로는 만들어질 수 없다. 추상적인 이야기로 여겨질지는 모르나 개발자의 감성과 철학이 담겨 있어야만이 그것을 보는 대중들과의 교감이 가능하다.

따라서 디자이너들은 어떤 캐릭터를 그리기에 앞서, 자신의 감성과 철학을 캐릭터를 통해 형상화시키려는 것에 노력해야 할 것이다. 뿐만 아니라 캐릭터를 대하는 대중들 역시 캐릭터를 디자인의 하나로만 여기지 말고 그 의미와 뜻에 관심을 가지고 오래오래 지켜 나가는 마음가짐을 가져야 할 것이다.

❸ 예쁘고 즐거워야 한다? — 'Nonstop Fun', 즐거움을 제공하라

주로 팬시 제품에 활용되는 몇몇 캐릭터들은 요즘 유행하는 엽기 캐릭터들 속에 예쁘기만 하다는 악평(?)을 듣곤 한다. 하지만 예쁘고 귀엽기만 한 것이 캐릭터 제품을 오랫동안 팔리게 하는 큰 힘이 되고 있는 건 사실이다.

일본의 헬로 키티도 '예쁘고 귀여운' 고양이로 소비자의 마음을 사로잡고 있다. 헬로 키티를 좋아하는 많은 사람들은 헬로 키티의 성격이나 스토리는 모르지만 '예쁘고 귀여운' 디자인 이미지만으로도 충분한 의미 부여를 하며 엄청난 관심과 사랑을 쏟고 있다.

세상이 복잡해질수록 사람들은 단순하고 즐거운 것을 원한다. 'Nonstop Fun!' 은 사실 디즈니 캐릭터의 행동강령(?)이다. 그러나 이 말은 디즈니 캐릭터에게만 해당되는 내용은 아닐 것이다. 어떤 캐릭터도 마찬가지이다. 캐릭터가 수학문제처럼 복잡하고 어렵다면 아무도 그것을 선택하지 않는다. 따라서 캐릭터를 만드는 디자이너들은 쉽고 편안하고 재미있는 캐릭터를 대중에게 선사해야 한다.

펩시콜라의 〈펩시맨〉은 총 7편의 시리즈 광고에 등장하면서 폭발적인 인기를 얻었다. 광고뿐만 아니라 열쇠고리, 인형 등 관련 제품들이 생산되면서 마니아들도 생겨났다. 펩시맨은 슈퍼맨이나 베트맨을 모델로 한 초인간적 캐릭터로 단순하고 강한 시각적 이미지를 갖고 있으면서도 의외의 실수와 우스꽝스러운 막판 반전을 통해 소비자로 하여금 격의 없는 친근감을 갖게 했다. 펩시맨의 광고가 성공하면서 국내의 펩시콜라 상표 인지도는 1년 만에 3배로 올랐고 판매 역시 괄목할 만한 성과를 거두었다.

요즘, 인터넷이나 광고를 통해 줄을 이어 나오는 캐릭터들 — 〈쿠우, 마시마로, 졸라맨, 카이홀맨〉 등 — 이 모두 기상천외한 재미와 즐거움을 그 주제로 하고 있다.

막판 반전으로 소비자에게 강한 재미와 임팩트(impact)를 선사한 펩시콜라의 펩시맨

HOLEMAN © 2001 ANIMANIA

귀여운 코스튬(costume)과 따뜻하고 친근한 광고 스토리 주인공 LG 텔레콤의 홀맨

단순한 디자인과 스토리로 사랑을 받는 코카콜라의 쿠우

4 기존에 없는 것을 찾아라

닌텐도 사의 포켓몬스터

최근, 캐릭터 사업을 한다는 많은 회사들이 '한국의 디즈니' 라는 캐치프레이즈를 걸고 있으나 정말 디즈니와 같은 캐릭터가 다시 탄생될 수 있을지는 의심스럽다.

이렇다 할 캐릭터도 매체도 없던 시절에 비하면 지금은 수많은 매체와, 알아도 알아도 다 알 수 없는 수많은 캐릭터들이 있다. 이토록 치열한 경쟁과, 눈만 감았다 떠도 달라지고 변하는 유행속에서 정말 사랑받고 기억되는 캐릭터가 되려면 '제2의 OO' 가 아니라 특별하고 독창적인 것이어야 한다는 점을 명심해야 한다.

최근 마시마로의 성공으로 너도 나도 캐릭터에 관련된 사람이면 모두가 인터넷과 플래시의 열풍에 몸살을 앓고 있다. 하지만 처음이 아닌 것은 집중받기 어려울 뿐더러 영원한 2등일 수밖에 없다. 마시마로는 인터넷이라는 신선한 매체와 플래시라는 툴(Tool)을 이용하여 세계의 어느 곳에서도 찾기 어려운 새로운 모델을 만들었기 때문에 성공할 수 있었다.

도에이 사의 디지몬스터

BBC 사의 텔레토비

2

캐릭터 디자이너는?

❶ 만들고 그리기 전에 생각을 정리하고 기획한다

캐릭터를 개발할 때 막연히 책상 앞이나 컴퓨터 앞에 앉아서 머리를 싸매다 보면 시장과 소비자를 무시한 작품(?)을 만들게 되는 경우가 허다하다.

무엇보다도 먼저 기획자의 의도나 개발의 이유, 타깃의 연령, 성별, 시장환경, 트렌드 등을 상세하게 파악하여야 한다. 개발하려는 캐릭터가 어디에 쓰여지나, 타깃이 누구인가, 요즘의 경쟁 캐릭터가 어떤 것이냐에 따라서 컬러나 모양, 표정 등 다양한 아이디어를 갖게 될 것이기 때문이다. 다양한 아이디어를 가지고 아주 구체적인 디자인안을 결정한 다음 시장조사나 자료를 통해 머리속의 생각이나 계획을 보다 구체화시키고 검증해 나간다.

❷ 다양한 정보를 가져야 한다

우리는 다양한 정보와 매체의 홍수시대에 살고 있다. One Source Multi Use라는 캐릭터 사업의 목표를 달성하기 위해서는 그야말로 Multi한 정보를 읽어내고 소화하지 않으면 안 된다.

캐릭터를 알리고 홍보해야 할 다양한 매체의 채널을 이해하는 것은 물론, 캐릭터가 수많은 종류의 제품으로 만들어질 것을 대비하여 그 모든 제품의 디자인과 생산 등에 대해서도 알아야만 그에 맞는 캐릭터를 개발할 수 있다.

요즘 인터넷을 이용하는 인구가 급증하면서 인터넷이라는 매체의 역할이 커지고 있다. 인터넷을 잘 활용하면 다양한 정보를 얻는 것은 물론 캐릭터를 홍보하는 장으로도 활용할 수 있다.

3 안목을 높이고 질을 추구해야 한다

디자이너가 좋은 것을 분별할 수 있는 눈을 갖지 못하면 좋은 것을 만들어낼 수도 없다. 그런데 안목이란 하루 아침에 만들어지는 것이 아니다. 그렇다고 태어났을 때부터 타고 나는 것만도 아니다. 꾸준히 좋은 것을 많이 보고, 느끼고, 관심을 갖으면, 여러 방면의 안목을 높일 수 있다. 자신의 재주만 신뢰하는 것보다 많은 경험을 통해 다양한 사고와 시각을 갖는 것이 중요하다.

그리고 디자인에 있어서는 무엇보다도 최고의 수준, 최고의 질을 추구해야 한다. 누가 요구하는 대로 만들고, 그려주는 디자이너가 아니라 확실한 이유와 논리를 가지고 상황을 리드하는 디자이너가 되어야 한다. 하지만 질을 추구하기 위한 주장이 강한 만큼 그 결과에 대해 책임을 지겠다는 생각이 더 중요하다는 사실도 잊어서는 안 된다.

세상이 하루가 다르게 달라지는 만큼, 디자이너의 역할도 많이 달라지고 있다. 이제는 디자인이라는 것이 그저 완성 단계의 제품 포장 정도에 불과한 것이 아니라, 제품이라는 매개체를 통해서 '디자인 그 자체를 판다' 는 적극적인 사고가 필요한 때인 것 같다.

4 캐릭터 디자이너는 만능 엔터테이너가 돼야 한다

캐릭터 디자이너는 그야말로 만능 재주꾼이어야 한다. 캐릭터에 어울리는 이야기를 만들 줄 알아야 하고, 하다못해 남이 만들어 놓은 이야기를 잘 이해하고 해석해야 좋은 캐릭터를 만들 수 있다. 요즘처럼 매체가 다양한 시대에 그 모든 매체를 이해하지 못한다면 캐릭터를 만들어도 생명과 가치를 부여해 주기가 어렵다.

캐릭터의 동작을 자유자재로 그려낼 수 있도록 데생이나 컬러에 대한 감각은 기본이고, 컴퓨터도 필수다. 내가 만든 캐릭터가 애니메이션의 주인공이 될 때, 여러 가지의 제품에 입혀질 때, 인쇄는 어떨지, 재질은 어떨지 등에 관한 내용들에도 무심할 수 없다. 캐릭터 사업에 있어서는 캐릭터가 곧 상품이기 때문에 그 상품에 혼과 감성을 불어 넣는 디자이너는 상품의 기획자가 되고 마케터가 되기도 해야 한다.

3

캐릭터 개발과 전개

캐릭터 개발은 일반적으로 3단계로 진행된다. 컨셉트(Concept)를 설정하고 아이디어 스케치 과정을 거쳐 기본형을 만들어내는 단계, 그리고 이것을 바탕으로 응용(Application)형을 다양하게 전개하는 단계, 그리고 완성된 데이터를 User가 손쉽게 찾아보고 사용할 수 있도록 스타일 가이드 북을 제작하는 단계이다. 하지만 캐릭터를 개발하는 일을 디자인적인 과정의 완성만으로 끝났다고는 결코 이야기할 수 없다. 생명과 가치를 부여하는 일이 반드시 동행되어져야 한다. 다음은 이해를 돕기 위해 위즈 엔터테인먼트의 캐릭터 〈다이노웁스〉의 예를 통해 통상적인 디자인 개발 과정을 보기로 한다.

1 캐릭터 기획 — '어떤 캐릭터를 개발할 것인가' 컨셉트 구상 단계

캐릭터 개발 단계 중 가장 기초적인 단계로 타깃 조사나 여러 차례의 검증 단계를 거쳐, 개발될 캐릭터에 대한 기본적인 컨셉트와 방향을 결정하고 캐릭터의 성격 및 기본적인 아이덴티티를 설정한다.

▶ 개발하고자 하는 캐릭터 메인 타깃 설정

개발될 캐릭터의 소구 타깃을 잠정적으로 설정하고 소비자들이 원하는 캐릭터의 성격을 파악하기 위해 시장 조사와 분석을 통해 캐릭터 개발의 기초를 형성한다. 현장에 직접 나가 시장 조사를 하거나 인터넷, 잡지 등을 통해 가능한 한 많은 자료를 수집한다.

— 타깃은 초등학생 저학년 남학생으로 정한다.

— 초등학생들의 기호와 감각, 그리고 트렌드를 현장 조사를 통해 파악하기로 한다.

▶ 초등학생 저학년 남학생의 메인 타깃 성격 분석

조사된 자료를 바탕으로 여러 차례 아이디어 회의를 한다. 각자 조사한 자료를 공개하고, 아이디어를 내고, 어떠한 컨셉트의 캐릭터를 개발할 것인지를 자유롭게 토론한다. 일종의 브레인 스토밍 단계라 할 수 있다.

— 아이들은 모범형을 좋아하기보다는 엉뚱하고 희귀한 재미에 관심을 갖는다.

— 원색을 선호한다.

— 하나보다는 무리를 좋아한다.

— 사람보다는 동물을 선호한다.

▶ 캐릭터 다이노웁스의 기본 컨셉트 확정

자료조사와 아이디어 회의를 바탕으로 기본적인 컨셉트를 설정한다. 캐릭터의 소재와 기본적인 성격 등이 확정되는 단계이다.

— 많은 동물 중 초등학생들이 특별히 좋아하는 공룡이라는 소재를 선택하기로 한다.

— 머리가 나쁘고, 못생기고, 친근한 성격으로 결정한다.

— 한 마리를 주인공으로 하지만 그를 돕는 무리를 함께 개발하기로 한다.

— 원색 컬러를 메인으로 한다.

❷ 기본형 개발

본격적인 캐릭터 디자인이 이루어지는 단계로써, 기획 단계에서 도출된 기본 컨셉트를 바탕으로 캐릭터 제작이 시작된다. 캐릭터 개발의 기본 방향과 아이템이 확정되면 아이디어 스케치 작업에 들어간다. 아이디어 스케치를 할 때에는 연필, 펜, 마커 등의 일반적인 도구들과 함께 다양한 Tool이 사용되는데 스타일러스 펜(Stylus Pen)을 이용하거나 타블렛 등을 사용하는 경우도 있다.

최근의 경향은 디테일 스케치 작업은 거의 이뤄지지 않으며, 러프 스케치(Rough Sketch) 작업을 거친 후 바로 컴퓨터로 데이터를 옮겨 작업하는 것이 일반적이다. 다양한 캐릭터 스케치들을 통해 성격과 특징을 부여하고 생명을 불어 넣는 작업으로 디자인에서 가장 많은 시간과 정렬을 쏟는 시간이다. 최종 선택된 몇 가지의 대안들은 Line-Art작업을 거쳐 선별하여 최종 안을 결정하는 프리젠테이션 과정까지 올라가 경합을 벌이게 된다. 아이디어 스케치의 데이터들은 스캐닝(Scanning) 과정을 거쳐 보관하게 되며 일러스트레이터(Illustrator)와 기타 호환 가능한 데이터로 변환하여 저장한다.

아이디어 스케치
아이디어를 바탕으로 다양한 스케치 작업이 이루어진다. 스케치는 회의 때마다 시안으로 제출되면서 캐릭터의 구체적인 모습이 점점 드러난다.

▶ 라인 작업

— 아이디어 스케치 작업 후에는 컴퓨터 상에서 캐릭터 라인에 대한 다양한 연구가 수반된다. 캐릭터 라인에 따라 캐릭터의 느낌이 많이 달라지기 때문이다. 컴퓨터(Computer) 상에서 손으로 그린 느낌, 펜화로 그린 느낌, 붓으로 그린 느낌 등 다양한 선의 효과를 위해 브러쉬 툴을 사용한다. 여러 가지 기능들을 활용하여 다양한 느낌의 캐릭터를 완성하여 최종적으로 어떠한 방향으로 갈지를 결정한다.

다양한 라인 작업을 시도해 본 다이노웁스
캐릭터의 라인은 캐릭터 맛의 가장 중요한 요소이다
어떤 라인을 사용하느냐에 따라 다양한 느낌이 연출된다

▶ 컬러 작업

— 본격적인 컴퓨터 작업이 이루어지는 단계로 컬러 작업이 수반된다.

— 캐릭터의 컬러(Color)를 결정할 때는 다양한 매핑(Mapping) 과정을 거쳐 컬러 시뮬레이션(Color Simulation)을 진행한 후 여러 가지 의견을 수렴해 결정한다. 정확한 타깃층(Targeting)을 바탕으로 다른 캐릭터와 차별화되고 독특한 컬러를 개발하기 위하여 컬러의 채도, 명도, 색온도를 조정하여 새로운 색감을 만들어 낸다. 최종 확정된 컬러는 데이터(Data)값을 정확히 유지하고 관리하기 위하여 인쇄물의 기본이 되는 CMYK값과 팬톤 번호(Pantone Number)를 지정한다. 한편 기본형이 개발됨과 동시에 캐릭터 네이밍(Naming) 작업이 이루어진다.

다양한 컬러 작업을 시도해 본 다이노옵스
컬러에 따라 캐릭터가 주는 느낌이 사뭇 다르다

최종 결정된 다이노옵스 메인 캐릭터의 컬러

❸ 응용형 개발 및 스타일 가이드 북 제작

캐릭터의 기본형과 네이밍이 확정되면 캐릭터의 스타일 가이드 북을 제작한다. 캐릭터의 스타일 가이드 북은 제3자가 캐릭터의 성격을 이해하고 캐릭터를 편리하게 사용할 수 있도록 하는 가장 중요한 자료이다. 캐릭터의 스타일 가이드 북 구성은 기본적으로 다음과 같으며, 캐릭터와 스타일 가이드 북 성격에 따라 얼마든지 새로운 항목이 더해질 수 있다. 캐릭터 스타일 가이드 북을 국내에선 통상 캐릭터 매뉴얼이라 부른다.

▶ Image Concept

이미지 컨셉트(Image Concept)는 캐릭터에 대한 성격, 프로필, 스토리를 소개하여 캐릭터에 대한 이해를 돕는 역할을 한다. 쉽게 말해 이 캐릭터가 어떻게 태어났고, 어떤 성격을 지니고 있고, 어떤 스토리속에서 움직이는지 등에 대해 그 캐릭터와 그 캐릭터가 사는 세상에 대한 이미지 정의를 말한다. 캐릭터의 이미지 컨셉트가 없으면 향후에 캐릭터 활용과 관리에 있어서 일관성을 갖기가 어렵다. 다이노웁스의 이미지 컨셉트는 다음과 같다.

① 기본 발상 _ BASIC CONCEPT

엉뚱, COMIC, 좌충우돌, VIVID

② 다이노웁스 _ DINOOPS란?

공룡이라는 의미의 영어 단어 'Dinosaurs' 와 아뿔사, 앗차차라는 뜻으로 실수할 때 나오는 감탄사인 'Oops' 가 합성되어 탄생된 이름이다.

③ 성격 _ CHARACTER

별난 공룡, 별난 친구들~, 다이노웁스!

다이노웁스는 공룡 마을에 사는 좀 별난 공룡 무리들을 부르는 이름이다. 하는 행동마다 어설프고 실수가 많은 것은 물론, 티라노사우르스이면서도 고기를 싫어하는 등 제각각 별난 성향을 가지고 있는 친구들이다. 다이노웁스가 가는 곳에는 언제나 사건과 사고가 뒤따른다. 그리고 웃음이 그 뒤를 잇는다. 시끌벅적, 좌충우돌한 다이노웁스의 황당한 행동들은 결국 모든 친구들을 즐겁게 한다. 물론 가끔 피곤하게도 하지만…….

④ 프로필 _ PROFILE

MOOBA

이름: 무바(Mooba)

학명: 티라노사우루스(TYRANNOSAURUS)

성격: 고기를 싫어하는 티라노, 무바! 무바는 고기를 싫어하는 채식주의자이다.

엉뚱한 행동으로 다른 공룡들의 뒤통수를 잘 친다. 별 생각 없이 살며, 항상 기분이 좋은 편이다. 본의 아니게 정의를 구현하는 영웅이 되기도 하지만, 주로 사고를 많이 친다. 당황하면 몸 전체가 빨개지는 특성이 있다.

자랑거리: 머리에 있는 노란 풀(채식주의자의 상징이라고 스스로 만족해 함)

세상에서 가장 무서운 공룡: 여자 친구 우바

무바(Mooba)

WOOBA

이름: 우바(Wooba)

학명: 티라노사우루스(TYRANNOSAURUS)

성격: 다혈질 스토커, 우바! 한번 찍히면 죽음이다. 뭐든지 자기 맘대로 해버리는 막가파.

먹는 것을 좀 밝히며, 그래서인지 뱃심이 장난이 아니다.

기분에 따라 헤어스타일을 바꾸는 재주가 있다.

자랑거리: 상당한 뱃심과 멋진 헤어스타일

세상에서 가장 좋아하는 공룡: 남자 친구 무바

우바(Wooba)

스피디(Speedy)

SPEEDY

이름: 스피디(Speedy)

학명: 스피노사우르스(SPINOSAURUS)

성격: 엄청 빠른 공룡, 스피디! 달리는 속도가 장난이 아니다. 호기심이 많고 똑똑하며, 무엇이든 일단 먹어보는 적극적인 성격의 소유자. 무바의 가장 든든한 친구이다.

웃긴 말을 잘하고, 웃긴 표정을 잘 짓는다. 장래 넌자 공룡이 되는 것이 꿈이다.

자랑거리: 엄청 빨리 달리기

보로로(Bororo)

BORORO

이름: 보로로(Bororo)

학명: 브라키오사우르스(BRACHIOSAURUS)

성격: 순둥이 보라공룡, 보로로! 순하고 착해서 친구들에게 인기 만점이다. 가끔은 너무 순해서 무시당하기도 한다. 몸무게가 많이 나가는 게 가장 큰 자랑거리이고, 걸을 때 '뿌지근' 하고 소리나는 순간이 가장 행복하다고 한다.

자랑거리: 걸을 때 뿌지근 소리나기, 꽈배기처럼 목 꼬기

탱코(Tankco)

TANKCO

이름: 탱코(Tankco)

학명: 안킬로사우르스(ANKYLOSAURUS)

성격: 공룡마을의 떠오르는 반항아, 탱코! 암호명 베트 콩(Bet Kong) 무엇이든 싫고, 없고, 안 하고, 못하는 극히 부정적인 좌파공룡! 그러나 어르고 달래면 하긴 한다. 콧구멍 힘이 장난 아니다.

자랑거리: 콧구멍 파워

아끼는 물건: 쥐라식 선글라스

TRARA

이름: 트라라(Trara)

학명: 트리케라톱스(TRICERATOPS)

성격: 눈뜨고도 자는 공룡, 트라라! 한번 잠들면 업어가도 모를 정도이다. 행동이 느린 편이라 친구들끼리 어디를 가면 항상 뒤쳐진다. 졸리면 '쩡쩡 울리는' 방귀를 끼는 습성이 있다.

자랑거리: '쩡쩡 울리는' 방귀소리

트라라(Trara)

CHEESE COO

이름: 치즈쿠(Cheese Coo)

학명: 프테라노돈(PTERANODON)

성격: 노란 익룡, 치즈쿠! 알 껍데기를 몸에 달고 다닌다. 깜박 졸다가 잘 떨어진다.

자랑거리: 날기(늘 나는 게 다행이라고 생각함)

치즈쿠(Cheese Coo)

⑤ 배경 / 소품 _ BACKGROUND / ARTICLE

다이노웁스가 사는 곳은 쥐라기 공룡 마을(Jurassic Dinosaurs Town). 화산이 있는 순수 원시 공룡 마을이 배경이다.
현대의 소품들이 원시적인 느낌으로 변형되어 등장한다. 상상을 초월하는 쥐라기 우주 배경이 등장하기도 한다. 생각만 해도 즐거운 상상의 세계이다.

⑥ 기본 줄거리 _ BASIC STORY LINE

옛날옛날 아주아주~ 옛날에 공룡들이 있었다. 그들은 일명 쥐라기 공룡 마을(Jurassic Dinosaurs Town)이라는 곳에서 어마어마한 덩치를 자랑하며, 비슷하게 생긴 공룡들끼리 모여 살았다. 그러나 비슷하다고 해서 모두 하나가 될 수는 없는 법! 무리에 섞이지 못하는 별난 공룡들이 있었으니, 그들을 일컬어 다른 공룡들은 'Dinoops' 라 불렀다. 왜? 하는 행동마다 뭔가 모자라고 실수가 많았으니까!

그렇지만 우리의 다이노웁스는 너무도 당당했다. 항상 '음홧하하하' 하는 자신감 있는 웃음으로 상대를 제압하려 했으니까…… 물론 쉽지는 않았다.
다이노웁스가 가는 곳에는 언제나 사건과 사고가 뒤따랐다. 그리고 웃음이 그 뒤를 이었다. 시끌벅적, 좌충우돌~ 다이노웁스의 황당한 행동들은 결국 모든 친구들을 즐겁게 했다. 물론 가끔 피곤하게도 했지만…….

⑦ CHARACTER

A Queer Dinosaur, Unusual Friends, DINOOPS!!
Dinoops is the name for unusual group of dinosaurs. They are friends of a queer individual character causing many troubles with awkward movement as tyrannosaur, but not favoring meets. Some events and troubles always happen everywhere Dinoops goes. And…… a laugh follows with. A noisy, unorganized and unexpected behavior of Dinoops makes all friends happy eventually. Although sometimes very annoying…….

⑧ 기본 카피 _ BASIC COPY

1. 기본 카피(내용에 따라 문장간 합쳐서 사용할 수 있다)

   Dinoops — Fun and Adventure with Oops-Dinosaurs!

   〈뜻〉다이노웁스 — 아뿔사! 공룡들과 함께하는 재미와 모험

   A Queer Dinosaur, Unusual Friends, DINOOPS!!

   Dinoops is the name for unusual group of dinosaurs.

   〈뜻〉별난 공룡, 별난 친구들~, 다이노웁스!!

   '다이노웁스' 는 공룡 마을에 사는 좀 별난 공룡 무리들을 부르는 이름!!

   Noisy friends being along with, Dinoops!

   〈뜻〉함께 있으면 시끌벅적한 친구들이 있다, The Dinoops!

2. 의성어 copy(다이노웁스는 의성어를 카피로 자주 사용한다)

WHAM! 쾅!(부딪힐 때 나는 소리)

AAUGH! 어이쿠! 앗!(놀라움, 공포)

YAWN(하품하는 소리)

CHOMP CHOMP CHOMP 어적어적 씹다(뭔가 먹을 때 나는 소리).

KLUNK! 쿵!탕!(머리 따위를 부딪쳤을 때)

CRUNCH!! 우두둑 깨물다(우두둑우두둑 깨물어 먹을 때 나는 소리).

▶ View (보임새)

뷰(View)는 각기 다른 각도에서 캐릭터를 보았을 때의 이미지를 표시한다. 통상적으로 정면(Front View)에서 보았을 때의 이미지, 측면(Side View)에서 보았을 때의 이미지, 후면(Back View)에서 보았을 때의 이미지를 기본으로 하며, 경우에 따라서는 위 · 아래에서 보았을 때의 이미지를 포함하기도 한다. 2D 캐릭터의 뷰는 3D 모형이나 인형 제작 시, 기초 자료가 되므로 반드시 캐릭터 스타일 가이드에 포함시켜야 한다. 또한 캐릭터의 뷰가 있어야 다양한 동작 개발 시 본연의 이미지에서 벗어나지 않을 수 있다.

다이노웁스의 메인 캐릭터 무바(Mooba)의 View

▶ Proportion (비율)

프로포션(Proportion)은 말 그대로 캐릭터의 비율을 말한다. 몸을 구성하고 있는 신체 부위별 비율은 물론이고 복수 캐릭터들로 구성된 캐릭터의 경우에는 등장하는 캐릭터들 간의 몸의 비율을 비교하는 자료로써의 기능을 한다. 각각의 캐릭터 프로포션이 스타일 가이드에 명시되어 있어야 캐릭터들이 같이 등장할 경우 몸의 크기를 혼동하지 않고 사용할 수 있다. 프로포션은 되도록 명확한 수치를 기준으로 하는 것이 좋다.

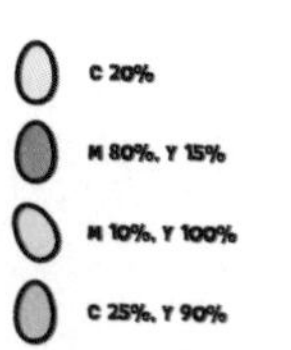

다이노웁스 메인 캐릭터 무바의 CMYK값

캐릭터 프로포션을 통해 다이노웁스 일곱 공룡들의 몸의 크기를 한눈에 비교할 수 있다

▶ Color (컬러)

캐릭터의 컬러를 지정하여 표시해야 한다. 인쇄물의 기본이 되는 CMYK값과 Pantone Number를 지정하여 표시하는 것이 일반적이나 경우에 따라서는 CMYK값만 명시해 주는 경우도 있다.

다이노웁스의 공룡 캐릭터들의 눈 모양을 응용해 개발한 재미있는 로고 타입

▶ Logo Type (로고)

흔히들 로고 디자인이라고 말하는데 캐릭터 이름의 디자인 타입을 말한다. 캐릭터의 로고는 캐릭터의 이미지를 결정짓는 중요한 요소이므로 캐릭터의 성격과 이미지에 맞는 로고를 개발하는 데 노력을 기울여야 한다. 예전엔 캐릭터마다 여러 가지 로고를 가져 다양성을 추구했는데, 최근에는 최상의 로고 한 가지만을 개발하여 집중적으로 그 로고만 사용하자는 추세이다. 일관성 있는 이미지를 전개하자는 발로에서 일 것이다.

다이노웁스 공룡들이 모두 등장하는 엠블럼
뒷면의 회오리 무늬를 통해 강렬하면서도 산만한 캐릭터의 컨셉트를 효과적으로 전달하고 있다

▶ Emblem (엠블럼)

캐릭터의 이미지를 압축해서 보여줄 수 있는 상징 또는 심볼 같은 개념의 디자인을 말한다. 캐릭터 엠블럼은 캐릭터와 로고의 이미지를 조합하여 디자인하는 것이 일반적이며, 통상 3종 이상을 개발한다.

▶ Pattern (패턴)

패턴은 캐릭터의 아트워크(Artwork)를 활용한 무늬 디자인을 말한다. 통상적으로 캐릭터 아트 또는 아이콘, 로고 등을 기초 소스로 하여 패턴 디자인을 개발한다. 패턴의 경우 향후에 그 캐릭터를 이용하여 상품디자인 개발 시 좋은 디자인 소스가 되며, 통상 4종 이상을 개발하여 다양성을 높인다.

다이노웁스의 패턴
사건과 사고를 일으키는 캐릭터의 이미지가 스파크 모양과 강렬한 색의 조화를 통해 잘 살아났다

▶ Character Art (캐릭터의 응용 동작)

캐릭터의 다양한 동작을 말한다. 흔히들 어플리케이션 또는 동작 어플리케이션 또는 동작 응용형이라고 부르기도 한다. 캐릭터 아트는 다다익선이라는 말이 있을 정도로 수량에 제한을 두지 않고 다양하게, 꾸준히 개발한다.

다이노웁스의 캐릭터 아트

▶ Background (배경)

캐릭터의 이미지에 맞는 배경 디자인을 말한다. 컨셉트와 스토리에 따라 다양한 배경이 개발될 수 있다.

다이노웁스의 배경

▶ Icon (소품)

캐릭터에 맞는 소품을 말한다. 이 역시 캐릭터의 스토리와 컨셉트에 맞는 다양한 소품이 개발될 수 있다.

다이노웁스의 아이콘들

▶ Product (제품)

위에 나온 캐릭터의 모든 디자인 소스를 토대로 활용한 제품 디자인을 말한다. 캐릭터의 모든 아트워크를 제품에 적용했을 때 스타일을 보여주는 자료로써 캐릭터의 상품적 가치를 한눈에 판단할 수 있는 좋은 자료가 된다.

다이노웁스의 제품

4
캐릭터 이미지 관리

요즘은 제품의 질이나 가격의 경쟁보다는 브랜드의 가치를 높이는 일이 더 중요하다는 인식을 많이 하고 있다. 상대적으로 우위에 서는 브랜드가 되기만 하면 그 제품의 시장 장악은 물론이거니와 동일 브랜드를 사용한 새로운 사업의 확장도 모색할 수 있기 때문이다. 캐릭터를 관리해 나가는 것도 마치 브랜드의 가치를 키워 나가는 일과 같다. 최근 문화콘텐츠 사업의 비전이라는 미명하에 수많은 캐릭터들이 개발되고 있지만 캐릭터로서 제대로의 역할을 하기까지 잘 관리되고 있는 캐릭터는 그리 많지 않다.

캐릭터란 단순한 디자인이 아니라 하나의 생명체로 각인되어야 하기 때문에 개발 그 자체보다는 소비자와 더불어 어떠한 모습으로 포지셔닝(Positioning)이 되고 어떠한 역할을 하는가가 훨씬 중요하다. 그리고 그것은 캐릭터의 관리를 통해 이루어나갈 수 있다.

1 관리는 절제다

유럽 등 선진국의 Road Shop을 보면 그 Shop에 들어서는 순간부터 주인이 무엇을 팔고자 하는지 그리고 손님들에게 무슨 말을 하고 싶은지 등을 확실하게 알 수가 있다.

Teddy Bear Shop에 가면 곰이 들어가지 않은 제품은 볼 수가 없고, 그 옆의 가게는 화려한 장식과 레이스의 로맨틱한 귀족적인 제품들만 모아놓고 있다. 그리고 그 옆집은 아주 모던하고 심플한 잡화들을 팔고 있다. 이 다양한 가게들의 하루하루의 매출이 다 같지는 않을 텐데 매출과 컨셉트를 유지하고자 하는 목표 사이에 갈등은 없을지 궁금해진다. 어떤 곰 인형이 히트가 되서 너도 나도 곰 인형을 찾는다면 상대적으로 매출이 떨어지는 가게들은 어떤 생각을 하게 될까? 얼른 곰인형을 갖다 팔고 싶지는 않을까? 궁금하다.

그들에게는 매출이라는 실리적인 개념 이상의 중요한 것이 있는데, 바로 정해진 컨셉트의 유지이다. 그들은 아주 당연히 그리고 습관적으로 10년씩 20년씩 똑같은 간판 아래, 똑같은 컨셉트를 유지하며 고객을 맞고 있다. 바로 그런 절제가 그들이 성공하는 방법인지도 모르겠다.

온라인 교육 프로그램을 만드는 일본의 한 회사가 아이들의 흥미를 유발시키기 위해 수학교육 프로그램의 아이콘으로 〈미키마우스〉를 사용하고 싶어서 월트디즈니에 라이센스 신청을 했는데 거절되었다고 한다. 미키마우스는 아이들과 더불어 Fun을 추구하는 캐릭터이기 때문에 지루한 수학 프로그램에 적합하지 않다는 것이 그 이유였다. 월트디즈니의 〈토이스토리〉는 3D애니메이션이라는 확실한 포지셔닝을 위해 3D로 표현되지 않는 디자인은 지양하고 모든 아이템이 3D인쇄 기법을 활용하여 제작되었었다.

청소년 제품의 라이센스를 거절한 BBC 사의 텔레토비

얼마 전에 우리 나라에서 선풍적인 인기를 누렸던 영국 BBC 사의 〈텔레토비〉는 아이들은 물론 청소년들에게도 인기가 있어, 아시아시장에서는 청소년 제품의 라이센스 상담이 쇄도했다고 한다. 그러나 아이덴티티 관리를 위해 3세 미만으로 타깃을 한정했다고 한다.

이처럼 아이덴티티의 관리에 있어서는 절대 타협이 있을 수 없다는 사실을 명심해야 한다. 캐릭터의 디자인이나 사업에 있어서의 절제가 도리어 커다란 경쟁력이 될 수 있다는 사실을 잊지 말아야 할 것이다.

2 지속적인 디자인 업그레이드(Upgrade)

키티 지갑

캐릭터는 시간을 더할수록 그 가치가 더해 간다. 하지만 변하는 유행과 요구에 맞춰가지 않으면 곧 사장돼 버리기도 쉽다. 75년 전 미키마우스의 디자인과 지금의 디자인을 비교해 보면 75년 동안 얼마나 많이 그 모습이 달라졌는지 잘 알 수 있다.

1974년 탄생해서 25년 동안 한결같이 사랑을 받아온 〈헬로 키티〉도 그 인기의 비결은 뭐니뭐니 해도 늘 새롭게 변화하는 디자인에 있다. 헬로 키티는 1974년 개발 이후 꾸준히 변화, 발전해 왔다. 그 과정을 살펴보면 1974년의 키티는 옆을 보고 앉아 있는 자세가 기본형이었는데, 3년 후 키티는 서 있는 자세로 발전을 했고, 얼굴의 형태도 좀 더 둥글게 수정하여 친근성과 활용성을 높였고, 심심했던 키티에게 하나 둘 친구들과 가족들도 생기기 시작하면서 좀 더 다양한 스토리가 연출될 수 있는 기틀을 마련해 온 것이다.

또한, 산리오 사는 기본형 디자인의 업그레이드 작업은 물론이거니와 시즌별, 테마별 다양한 매뉴얼로 소비자들의 관심을 끌고 꾸준한 인기를 모으고 있다. 소비자들이 헬로 키티의 단순한 형태와 원색적인 컬러 대비에 대해 조금씩 싫증을 느끼기 시작할 때, 이미 20대로 자라난 헬로 키티의 옛날 소비층에게 향수를 불러 일으켜 구매를 유도하는 전략으로 어른에게도 어필될 수 있는 디자인과 제품을 다량으로 개발하였고 이는 엄청난 성공을 거두었다. 차후 소프트한 이미지의 포토샵 기법이 도입되면서 헬로 키티는 10대는 물론 20~30대 여성들의 마음을 사로잡는 최고의 캐릭터가 되었다.

만약 산리오 사가 소비자의 변화와 Needs(요구, 수요, 취향)에 민감하지 못하고 캐릭터의 고정된 이미지만 주장했다면 오늘날의 헬로 키티 붐은 없었을 것이다. 그 후로도 헬로 키티의 테마 매뉴얼은 꾸준히 개발되고 있다. 간호사, 전통의상, 웨딩, 벌, 무궁화, 호피무늬, 최근에 나온 페어리 등에 이르기까지 다양한 소품, 주제, 컬러의 변경을 통해 소비자들에게 늘 새로운 디자인으로 다가서고 있고 이는 캐릭터의 생명과 인기를 연장시키는데 중요한 역할을 하고 있다.

❸ 특징에 대한 지속적인 연구

캐릭터가 인기가 없으면 즉시 그 아이디어와 캐릭터가 사장돼 버리는 경우가 많다. 하지만 저작자의 끈기 있는 노력과 투자로 좋은 캐릭터가 만들어지는 사례도 있다. 스누피도 처음부터 선풍적 인기를 얻은 캐릭터는 아니었다. 하지만 저작자의 집념과 연구로 변화를 거듭하며 세계를 감동시키는 따뜻한 이미지를 만들어 갈 수 있었던 것이다.

1997년 노란 강아지 〈부비〉는 여러 차례의 조사와 검증 끝에 아이들이 좋아하는 컬러와 가장 친근한 동물인 강아지로 만들어졌다. 부비는 다양한 제품을 통해 선을 보였지만 처음엔 인기를 얻지 못했다. 하지만 꾸준한 노력과 디자인 업그레이드를 통해 점점 다듬어지면서 동화책은 물론 다양한 제품에 적용되며 사랑받는 캐릭터가 되었다.

노란색과 강아지라는 아이템이 많은 사람들이 좋아할 거라는 믿음과 신념을 가지고 디자인에 대한 확신과 특징에 대한 지속적인 연구를 통해 더 좋은 이미지를 만들어 냄으로써 좋은 결실을 얻을 수 있었던 것이다.

BOOBY

1997년 개발 당시의 부비

2000년대 들어 업그레이드된 부비

❹ 철저한 아트컨펌(Art Confirm)

캐릭터는 여러 창구를 통해 많은 콘텐츠와 제품에 사용되기 때문에 매번 그 모습이 달라지지 않도록 철저한 관리를 하여야 한다. 제조 업체는 가끔씩 인쇄가 곤란하다거나 원가가 상승한다는 이유로 디자인이나 컬러를 변경하자는 난감한 요구를 해 오기도 하는데, 그때마다 타협이 불가하다는 확실한 의지를 표명하지 않으면 안 된다.

예로, 얼마 전 노랑 강아지 부비를 여타한 이유로 흰 강아지로 만들자는 제조 업체의 요구는 참으로 웃지 못할 에피소드였다. 해외 캐릭터의 경우, 아트컨펌 과정이 아무리 불편하고 문제가 있어도 라이센시가 개발한 모든 디자인을 본사로 송부하여 해당 부서로부터 직접 받도록 하고 있는데, 이것은 아트컨펌이라는 것이 얼마나 중요한지를 잘 시사하고 있는 경우이다.

4장 캐릭터 마케팅 II Character for Marketing;[as a tool]

1. 캐릭터에 대한 편견버리기: 캐릭터, 어디까지 사용할 수 있나?
2. 마케팅 툴로써 캐릭터의 역할: AIDMA
3. 왜 캐릭터가 필요한가?
4. 어떤 캐릭터를 선택해야 하나?
5. 어떻게 사용해야 하나?
6. 캐릭터와 광고의 만남
7. 캐릭터 사용 성공 사례

1

캐릭터에 대한 편견 버리기: 캐릭터, 어디까지 사용할 수 있나?

요즘 많은 회사들이 자사의 제품이나 홍보에 캐릭터를 사용하는 사례가 부쩍 늘고 있다. 질이나 가격 등의 본연의 문제를 초월한 새로운 재미나 의외성을 기대하는 소비자가 중심 고객으로 대두되고, 하이 브랜드를 지향하기보다는 나만의 것을 추구하는 소비 형태가 생겨나는 등 고객의 요구가 다양해지면서 캐릭터는 새로운 대안으로 제시되고 있는 것이다.

최근, '캐릭터 마케팅(Character for Marketing;[as a tool])' 이라는 새로운 장르를 형성하면서 캐릭터가 기업의 마케팅 활동에 적극 활용되고 있다. 물론 괄목할 만한 성공 사례도 있지만 그렇지 못한 경우도 많다. 감성적인 캐릭터, 유명한 캐릭터를 사용하는 것만으로 성공이 보장되고, 추구하는 결과를 얻을 수 있는 것은 아니기 때문이다.

사실 캐릭터 마케팅에는 보다 파격적인 용기와 새로운 시도가 필요하다. 기존의 제품에 캐릭터만 접목시키는 방법이 아니라 캐릭터의 성격과 컨셉트에 맞는 새로운 제품의 기획이 필요하고 유통과 디스플레이의 차별화도 필요하며 홍보나 광고도 병행되어져야 한다.

'캐릭터' 하면 쉽게 머리에 떠오르는 편견들을 버리고 성공적인 결과를 위해 복합적인 노력을 하지 않는다면 유명한 캐릭터도 무용지물이기 쉽다. 문구나 잡화 액세서리 정도에 사용 가능할 것 같다거나 유아나 아이들이 사용하는 제품에나 어울린다는 편견이 더 이상 유용하지 않다. 예로, 여성뿐만 아니라 남성의 핸드폰에도 너나할것없이 작은 액세서리가 걸려 있는 것이 보통이며 최근에는 주방 용품, 욕실

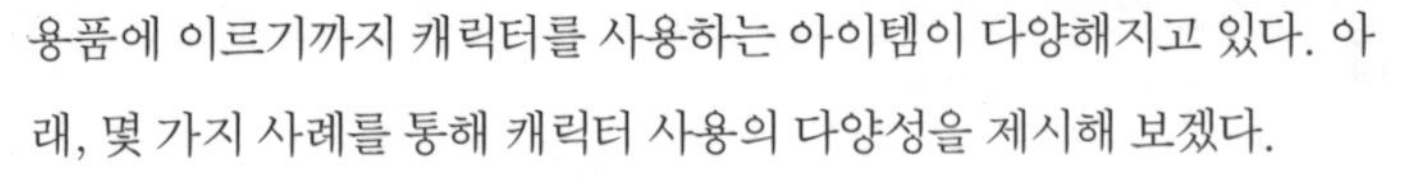
용품에 이르기까지 캐릭터를 사용하는 아이템이 다양해지고 있다. 아래, 몇 가지 사례를 통해 캐릭터 사용의 다양성을 제시해 보겠다.

열선에 헬로 키티 모양이 찍혀 나오는 헬로 키티 토스터기

캐릭터로 예쁘게 디자인된 토스터기가 있다. 겉으로만 캐릭터가 디자인된 게 아니라 토스터기 안에 있는 열판에 캐릭터의 모양대로 열선이 장치되어 있어서 빵을 구우면 캐릭터 모양이 식빵에 찍혀 나오게 된다. 단순히 먹기 위한 도구가 아니라 그 이상의 즐거움으로 소비자들의 욕구를 만족시켜주고 있는 것이다.

일본의 경우 TV, 냉장고, 전자렌지, 노트북, 청소기, 핸드폰 등 각종 고가의 전기 · 전자 제품에도 캐릭터는 중요한 디자인 요소가 되고 있다. 이 제품의 사용자를 고려해 본다면 캐릭터 제품은 더이상 어린이와 청소년만의 전유물이 아니다.

토마토 앨범

일본의 미노다(MINODA) 건설회사는 캐릭터를 이용한 색다른 마케팅으로 성공을 거둔 바 있다. 일반적으로 아파트 분양시 입주자들에게 냉장고나 식기세척기를 서비스해 주는 기존의 관례를 뒤엎고, 캐릭터로 꾸민 어린이방을 서비스해 준 것이다. 그 결과 광고 하루 만에 100%가 분양되는 신기록을 세우기도 했다.

국내 최초의 사이버 가수, 아담

90년대 후반, 사이버 가수 〈아담〉과 팬시 캐릭터 〈토마토〉가 음반을 낸 것도 주목할 만한 마케팅이었다. 사람이 아닌 캐릭터가 가수라는 자리에 서는 국내 최초의 예가 됐으며 캐릭터 시장과 엔터테인먼트 산업에 획기적인 제시가 되었다.

이태리의 유명 브랜드인 카스텔바작은 매년 유명 캐릭터를 최고급 니트 제품에 접목한 작품을 패션쇼에 출품하고 있다. 외국의 경우 티셔츠나 잠바 등 캐주얼 웨어는 물론 넥타이나 셔츠 등에도 캐릭터가 적용되는 사례는 이미 특이한 일이 아니다.

2001년, 캐릭터 쇼를 통해 캐릭터로 도색된 자동차 5대가 선보였고 현대자동차는 이 캐릭터 자동차를 경매에 부쳐 상당한 호응을 거두었다. 이는 캐릭터 사용의 무한한 한계를 보여준 좋은 예가 되었다.

2001년 서울 캐릭터 쇼에 전시되었던 캐릭터 자동차

일본은 각종 캐릭터가 가장 다양한 분야에 적극적으로 이용되고 있는 그야말로 '캐릭터의 천국' 이라 할 수 있는 나라이다. 일반기업, 스포츠, 관청, 지방자치단체 등 캐릭터는 생활 깊숙이 자리하고 있다. 그 중 은행은 단일업계에서 가장 다양한 캐릭터를 사용하고 있는 곳이다. 은행들이 앞을 다투어 캐릭터를 무기로 치열한 캐릭터 전을 펼치고 있는 것은 1993년 3월 은행광고 규제 완화에 따른 경쟁 심화와 1994년 7월의 은행 경품 규정 완화가 그 배경이 되었다.

은행 캐릭터의 활동무대는 통장, 캐쉬카드, 인터넷 홈페이지, 각 지점의 디스플레이, 현금자동인출기, 경품, 광고, 지점의 셔터에 이르기까지 다양하다. 캐쉬카드의 경우 몇 년 전까지만 해도 은행명이 들어간 딱딱한 그림이나 이미지가 대부분이었으나, 귀엽고 사랑스러운 캐릭터를 인쇄한 캐쉬카드를 사용하는 은행이 급격히 늘고 있어 젊은 층과 여성을 중심으로 인기를 모으고 있다. 최근에는 각 은행이 신규 예금의 절반 이상을 캐릭터카드로 만드는 추세이다.

도쿄 미츠비시 은행의 경우, 세 종류의 캐릭터 캐쉬카드와 한 종류의 일반카드를 준비하여 고객의 취향대로 선택할 수 있게 하고 있으며, 아사히 은행은 보통예금의 경우 〈미피〉를 등장시킨 통장과 캐쉬카드를 포함하여 여러 종류를 준비해 선택할 수 있게 하고 있다. 1985년 말부터 디즈니 캐릭터를 비롯한 해외 캐릭터를 사용하고 있는 상와 은행은 1993년도 상반기의 경우, 신규 구좌 개설자의 60%가 〈스누피〉카드를 채택했다고 한다.

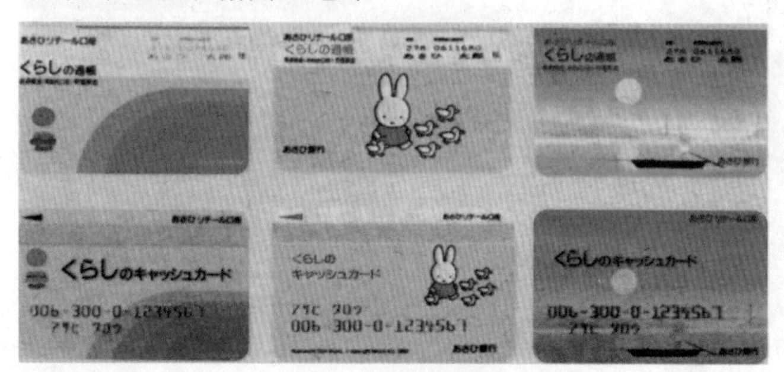

아사히 은행에서 미피를 사용한 사례

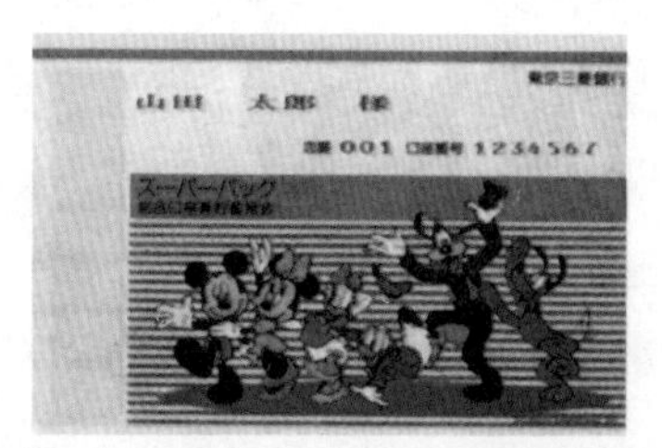

도쿄 미츠비시 은행에서 디즈니 캐릭터를 사용한 사례

지방 은행인 百十四 은행은 1995년 3월부터 이미지 캐릭터로 프랑스 출신 도깨비 〈바바파파〉를 사용하고 있는데, 현금자동인출기 화면에도 바바파파를 등장시켜 눈길을 끌고 있다. 현금인출할 때나 예금할 때 자동인출기 화면에 캐릭터가 등장해 기다리는 시간을 즐겁게 해 준다. 자동인출기외에도 쇼윈도우나 셔터에도 캐릭터를 그려넣은 지점도 있다. 또한 이 바바파파는 은행 홈페이지에서도 주역을 맡고 있다. 다른 큰 은행들의 홈페이지가 딱딱하게 정보만을 제공해 주는 반면 캐릭터가 등장하는 이 홈페이지에서는 상품 소개, 은행 소개 등의 정보는 간단히 게재하고 바바파파와 함께 누구라도 즐길 수 있는 페이지로 만들고 있다. 바바파파는 1995년 4월부터 종합통장, 보통예금, 저축예금, 자동적립정기예금의 네 종류의 통장과 종합구좌, 저축예금의 두 종류의 캐쉬카드에 사용되어, 1995년 4월 중의 신규 구좌 개설수는 약 만 2천 구좌, 구 통장에서 바바파파를 적용한 통장으로 바꾼 구좌는 약 7천 9백 구좌에 이르는 등 신규 구좌수가 전년도 같은 시기에 비해 천 구좌 이상 늘어나는 효과를 거두었다고 한다.

百十四 은행의 홈페이지 사례

또한 1994년 7월부터는 은행의 경품 규정이 완화되어 이들 경품에 유명 캐릭터를 접목시키거나, 캐릭터가 경품을 PR하고 안내하는 케이스가 급격하게 늘었다. 구 미츠비시 은행(현재는 도쿄 미츠비시 은행으로 변경)의 경우 규제 완화와 때를 같이 해 적립정기예금의 구좌를 개설할 경우 〈미키마우스〉를 비롯한 디즈니의 캐릭터 인형을 경품으로 주는 캠페인을 실시했다. 1997년 아사히 은행은 캐릭터 미피가 인쇄된 컵과 접시를 신규구좌 개설 시에 선착순 6만 명에게 선물하는 캠페인을 실시하기도 했다. 이 같은 캐릭터 프로모션을 통한 은행들의 전략은 '딱딱한 금융기관' 의 이미지를 탈피해 '친근감 있고 편안한 은행' 의 이미지를 만드는 데 큰 효과를 거둔 것으로 평가되고 있다. 특히 젊은 층과 여성들의 개인예금의 중요성이 높아지고 있는 지금, 캐릭터를 무기로 한 고객 획득 경쟁은 앞으로 점점 더 치열해질 것으로 보인다.

2

마케팅 툴로써 캐릭터의 역할: AIDMA_고객의 구매 행동법칙

Principle of AIDMA: 소비자의 구매심리 과정을 요약한 것으로, 광고 제작의 기본원칙. 아이드마(AIDMA)의 A는 주의(Attention), I는 흥미(Interesting), D는 욕구(Desire), M은 기억(Memory), A는 행위(Action)를 뜻한다. "주의를 끌고, 흥미를 느끼게 하고, 욕구를 일게 하고, 마음에 새겨 두었다가 결국은 사게 만든다"는 의도하에서의 광고제작이 가장 유효한 광고물을 탄생시킨다는 것이다.

AIDMA

Attention → Iteresting → Desire → Memory → Action

1 ATTENTION

캐릭터를 통해 고객의 시선을 사로잡고 주목도를 높임으로써 소비자에게 인지도를 높일 수 있는 단계이다. 일반적인 포장 디자인 제품보다는 캐릭터로 디자인된 제품, 더욱이 내가 알고 있는 캐릭터로 디자인된 새로운 제품은 당연히 주목을 받게 된다. 국찐이 빵은 제품의 질이나 특이성이 아니라 캐릭터를 사용한 포장으로 단숨에 고객들로부터 반응을 얻었다. 특히 아이들의 완구 제품의 경우, 인지도 없는 디자인의 제품보다는 TV에서 봄직한 캐릭터 디자인이 단연 주목을 끈다.

❷ INTERESTING

요즘은 소비자들이 제품의 실제적인 용도보다도 부가적인 재미를 기대하는 경우가 많다. 그리고 이런 흥미 유발이 실제적인 구매를 결정하는데 중요한 요인이 된다.

국찐이 빵의 경우, 친근한 캐릭터인 국찐이를 이용한 포장 디자인과 연예인을 상품화한다는 이슈로 주목을 끈 다음, 그 연예인이 재미있는 광고를 하도록 한다거나 캐릭터 제품을 판촉물로 삽입하는 등 흥미를 유발할 수 있는 아이디어를 부가했다.

몇 년 전 일회용 밴드에 캐릭터를 도입한 사례가 있었는데 상당히 좋은 반응을 얻었다. 캐릭터의 도입으로 인해 일회용 밴드는 더 이상 의약품이 아니라 팬시 제품이 된 것이다. 예쁜 밴드를 모으기도 하고, 서로 다른 디자인을 사서 친구들과 나누기도 한다. 어린 아이들은 본인이 좋아하는 캐릭터가 들어 있는 밴드를 붙이는 걸 흥미로운 일로 여겼다. 캐릭터 사용으로 고객의 흥미를 유발해 시장 규모를 더 확보하는 것은 물론, 없는 새로운 시장을 만들어 낸 좋은 사례가 되었다.

국내 최초로 일회용 밴드에 캐릭터를
도입한 신신제약의 디즈니 컬러 밴드

❸ DESIRE

내가 좋아하는 캐릭터가 들어간 제품을 갖고 싶다는 바람은 누구에게나 있는 일이며 당연한 일이다. 일본의 캐릭터 마케팅은 그 캐릭터의 마니아 집단을 만드는 일부터 시작한다. 일단 마니아가 되면 그 캐릭터 제품의 용도와는 무관하게 좋아하는 캐릭터의 제품은 모두 사고 싶고 머리부터 발끝까지 그 캐릭터 제품으로 치장하고 싶은 욕구를 갖게 된다. 아이들은 집에 아무리 많은 인형을 갖고 있어도 좋아하는 캐릭터 인형이 나오면 또 사야 한다. 이렇듯 캐릭터란 반복적이고 지속적인 구매 욕구에 결정적인 역할을 수행한다.

4 MEMORY

캐릭터는 일정한 제품을 기억하게 하는 좋은 수단이 되기도 한다. 포켓몬스터 만화가 끝나자마자 보여 주는 포켓몬스터 제품 광고는 왠만해선 그 제품을 잊어 버릴 수 없게 한다. 아이들이 만화로 인한 감동으로 흥분되어져 있을 때 보게 되는 광고는 그 제품을 사고야 말게 하는 중요한 작용을 하게 되는 것이다. 그리고 때로는 캐릭터 이름이 그 제품의 고유 브랜드가 되기도 하는데 이는 새로운 브랜드를 만들어서 기억시키는 것보다 훨씬 효과적이다.

국찐이 빵의 경우가 '국찐이' 라는 캐릭터와 브랜드로 인해 아주 빠른 시간 안에 소비자에게 어필되었으며 두고두고 기억될 수 있는 아이템으로 자리잡게 된 것이다.

5 ACTION

캐릭터의 인기는 그 캐릭터가 들어간 제품의 인기로까지 이어지는 경우가 대부분이다. 그래서 소비자의 구매에 결정적인 ACTION의 역할을 하게 된다. 때로는 별로 필요하지 않은 제품이라도 내가 좋아하는 캐릭터가 들어간 제품은 그저 사고 싶고, 갖고 싶은 것이다.

아이들의 경우, 좋아하는 캐릭터가 들어 있는 제품은 부모를 졸라서라도 결국은 손에 쥐게 마련이다. 그 캐릭터와 더불어 함께할 수 있는 기쁨을 더불어 얻게 되는 것이기 때문이다.

3

왜 캐릭터가 필요한가?

얼마 전 '유통업계에 캐릭터 전쟁' 이라는 타이틀 기사가 나왔다. 이제는 제품 그 자체의 경쟁이 아니라 캐릭터의 경쟁이라는 것이었다. '먹는다', '입는다', '사용한다' 등의 일차적인 문제만으로는 사고파는 일이 그만큼 어려워진 것이다.

소비자들의 요구는 점점 다양해지고 있다. 디자인의 요소, 재미의 요소, 친근감의 요소, 그 이상의 것들까지도 요구하고 있다. 캐릭터의 사용은 주목, 인지, 이해, 기억 등 인지적 효과와 친근감 등을 불러일으키는 정서적 효과, 그리고 캐릭터의 개성을 통해 기업, 제품에 특정한 이미지를 부여하거나 부각시키는 이미지 효과 등 커뮤니케이션의 수단으로 다양한 효용성을 갖는다.

언어를 사용할 경우 불명확하고 장황하게 설명할 수밖에 없는 제품의 기능이나 특성도 캐릭터의 시각적 기호를 사용하여 보다 신속하고 정확하게 전달할 수 있다.

캐릭터 상품에 대해 소비자는 제품의 기능이나 특성보다는 캐릭터의 개성이나 이미지에 일차적으로 주목하여 구매하게 되는 경우가 많다. 이러한 구매 형태는 연속적인 수집성 구매를 유도하며 새로운 형태의 구매 패턴을 만들어내기도 한다. 또한, 이러한 구매 변화는 매출에 큰 영향을 미칠 수 있기 때문에 기업은 캐릭터를 하나의 마케팅 수단으로 사용할 수 있다. 캐릭터가 주는 부드럽고 친근한 이미지, 재미있는 이미지가 소비자에게 강하게 어필하기 때문이다. 이러한 캐릭터는 특히,

① 신제품 출시 시 신제품을 빨리 인지시키거나 새로운 이미지를 형성하고자 할 때

② 유사한 경쟁 제품들이 시장에 존재하여 경쟁 제품과 차별화가 필요한 경우

③ 경직된 이미지를 갖고 있는 기업, 단체가 부드럽고 친근한 이미지를 전달하고자 할 때, 별도의 프로모션을 통하지 않고 시장 진입을 꾀하고자 할 때

효과적인 기능을 발휘한다.

4

어떤 캐릭터를 선택해야 하나?

❶ 타깃의 눈높이를 읽어야 한다

엄마가 아는 캐릭터와 아이가 좋아하는 캐릭터가 다른 경우가 많고, 제품을 만드는 사람들 또한 아이들을 겨냥한 제품을 만들면서도 실제적으로 그 아이들의 눈높이를 맞추지 못하는 경우가 많다. 캐릭터도 그 타깃과 가치가 모두 달라서 사용할 캐릭터를 선택하기 전에 자사의 제품이 시장에서 어떻게 포지셔닝되기를 원하고, 어떤 타깃을 지향하는지를 분명히 하고 그것에 맞는 캐릭터를 선정해야 한다.

아이들은 어른들이 알고 있는 유명하고 오래된 캐릭터보다 어제 만화영화에서 본 캐릭터를 더 원하고 있는지도 모르기 때문이다.

❷ 제품과 어울리는 캐릭터를 사용해라

제품 속에서 캐릭터를 그대로 표현하는 데는 상당한 한계가 많다. 진행을 하다 보면 재질과 인쇄 때문에 부득이하게 사양을 바꾸거나 색깔을 변경하는 경우도 있고 심지어는 캐릭터의 표현이 불가능해서 생산을 중단하는 경우도 있다. 만들고자 하는 제품 안에서 캐릭터가 잘 표현될 것인지, 그리고 캐릭터와 제품이 잘 어울려서 시너지가 날 것인지를 고려해야만 한다.

3D로 금형을 만들어야 하는 경우, 모양이 복잡한 캐릭터보다는 단순한 모양의 캐릭터가 적합하며, 자수 제품이나 니트의 경우 다양한 색상은 원가를 올리는 치명적인 부분이므로 색깔을 단순하게 할

수 있는 캐릭터를 골라야만 한다. 이런 물리적인 부분의 적합성도 물론 고려해야 하지만 정서적인 부분에서도 고려해야 할 사항이 많다.

교육용 콘텐츠를 만드는 데 너무 폭력적인 이미지를 갖고 있는 캐릭터의 사용은 지양하는 것이 바람직할 것이다. 제품이 교육적이냐 오락적이냐 여성적이냐 등을 고려해 적합한 캐릭터를 선택해야 한다.

❸ 생명력이 있는 캐릭터가 안정적이다

요즘 캐릭터가 많다 보니 반짝하고 마는 캐릭터들도 상당히 많다. 캐릭터로 제품을 만든다는 것은 캐릭터가 그 제품의 브랜드가 된다는 의미와 같다. 한번 포지셔닝된 브랜드가 캐릭터의 인지도와 인기로 말미암아 너무 쉽게 영향을 받거나 실패한다면 그것은 참으로 아쉬운 일이다. 오래오래 가치를 만들어 갈 수 있는 캐릭터와 제품의 만남이라면 좋을 것 같다.

얼마 전 '둘리'가 20회 생일을 맞이하는 행사를 했다. 70년, 50년이 넘었다는 외국의 캐릭터들에 비하면 아직은 부족하지만 우리도 100년, 200년을 기약했으면 한다.

❹ 애니메이션 캐릭터의 경우는 타이밍이 중요하다

애니메이션 캐릭터를 제품에 적용하려면 제품을 기획하고 제조해서 유통하기까지의 시간을 고려해야 한다. 타이밍을 잘 맞추지 못해서 실패하는 경우가 종종 있다. 지금 뜨고 있는 애니메이션이 제품 출시 이후까지 어떠할 것인지를 판단해 보지 않으면 안 된다. 텔레토비가 한창 인기가 있을 때 모회사는 많은 돈을 주고 유아용 샴푸 등 생활용품 세트에 사용 계약을 했다. 제품을 만드는 시간은 물론 용기를 만드는 것만도 상당한 시간이 걸렸고, 이미 텔레토비의 인기가 사양에 접어들 때 제품이 출시되어 영락없는 실패를 거두었다.

5 수출을 생각한다면 우리의 캐릭터를 사용해라

보통 캐릭터 라이센스 계약을 보면 지역적인 한계를 명시한다. 어떤 한 지역에 관한 독점적인 권한을 받는 것이 보통인데 외국 캐릭터의 경우 대부분 한국이라는 나라 안에서의 독점적인 권한만을 갖게 된다. 아울러 해외 수출 등에 있어서는 같은 캐릭터의 라이센스를 갖고 있는 업자에게만 수출이 가능하다든지, 라이센서의 동의를 구해야 한다든지의 상당한 한계를 가질 수밖에 없다. 당당히 우리의 제품으로 수출을 하려면 반드시 우리의 캐릭터여야 한다는 점을 명심하지 않으면 안 된다.

5

어떻게 사용해야 하나?

❶ 캐릭터다운 캐릭터 제품을 만들어라

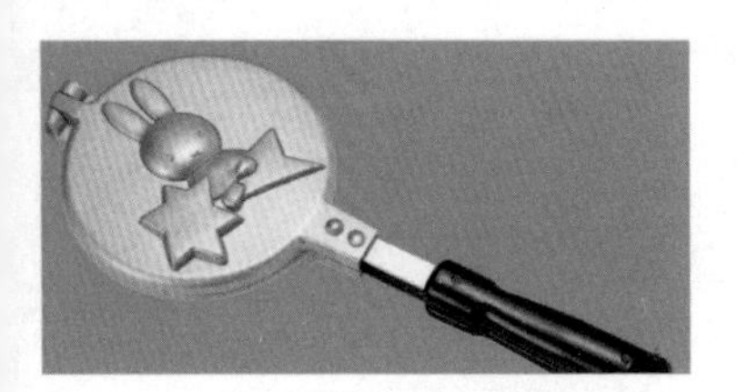

미피 모양으로 된 빵 틀

일본의 캐릭터 제품에는 늘 감격을 금할 수가 없다. 스누피 숍, 키티 숍, 디즈니 숍……. 그런 숍의 모습도 그렇고, 그 안의 제품의 다양성과 변화는 더 놀랍다.

스누피의 피크닉 모습을 그려 넣은 피크닉 세트 제품, 헬로 키티의 깜찍한 모습을 부각하여 만든 액세서리, 전기 제품. 미키마우스를 형상화한 도자기컵, 아이들 모자, 시계 등 이처럼 예쁜 캐릭터가 좋은 제품에 더 큰 힘을 실어 주고 있다.

우리 나라의 경우 캐릭터는 참 많은데 캐릭터다운 제품 개발에는 상당히 인색하다. 어제는 텔레토비, 그리고 오늘은 마시마로…… 똑같은 제품에 캐릭터만 달라져서 캐릭터가 좋아도 실제 제품에 대한 구매욕구가 생기지 않는 경우도 많다. 캐릭터가 다양해지고 캐릭터 제품의 경쟁이 심화되고 있는 시장에서 단순한 캐릭터만의 경쟁이 아니라 진정한 캐릭터 제품의 경쟁이 되어야겠다.

❷ 먼저 사용하고, 새로운 것에 사용하라

최근 들어, 완구나 문구는 물론 주방 용품, 레저, 골프 용품에 이르기까지 점점 다양한 제품에 캐릭터를 사용하고 있다. 그러나 그 제품들 중에는 상당한 호응을 받고 있는 것이 있는가 하면 그렇지 못한 제품도 많다. 여기에는 캐릭터 그 자체의 문제도 크겠지만 히트 제품을 만들고 마켓 Share를 확보하기 위해서는 캐릭터를 사용한다는 것 이상의 아이디어와 마케팅이 필요하다.

요즘 아이들의 내복에는 너나할것없이 캐릭터를 사용하고 있으나 90년대 말만 해도 캐릭터 경쟁이 아니라 쌍방울, BYC 등 브랜드 경쟁이었다. 이 시장에 캐릭터라는 무기를 가지고 단번에 브랜드 가치를 높인 회사가 있는데, 미키마우스를 계약하여 아동 시장의 점유율을 상당히 확보할 수 있었다. 그 뒤에 앞다투어 큰 회사들이 캐릭터를 도입하였으나 먼저 캐릭터를 사용한 회사의 입지를 극복할 수 없었다. 동일한 예로, 신신제약의 캐릭터 밴드에 이어 제2, 제3의 회사가 캐릭터 밴드를 생산하였으나 신신제약의 매출에 미치지 못했다. 이미 캐릭터 밴드는 신신제약이라는 소비자의 인식이 굳어진 이유이다. 지금도 캐릭터를 사용하여 새로운 시장을 만들 수 있는 아이템은 많이 있다. 새로운 아이디어로 새로운 아이템에 먼저 사용하여 시장을 선점하는 것이 중요하다.

3 하드웨어(Hardware)일수록 효과적이다

현대 자동차의 〈라비타〉에 〈부비〉와 〈얌〉을 도색하여 프로모션을 한 것은 이례적인 아이디어로 주목을 받았다. 요즘 각광받고 있는 한국의 캐릭터와 새로운 브랜드인 라비타와의 만남은 소프트웨어와 하드웨어의 적절한 매치로 그 효과가 배가되었다.

경찰의 이미지를 좀더 친근하게 어필하는 데에 성공한 포돌이

미국의 생명보험 회사인 〈메트라이프〉는 회사의 경직된 이미지를 좀더 고객과 친근한 이미지로 변신하기 위하여 캐릭터 〈스누피〉를 선택하였다. 그 결과 메트라이프는 보다 고객에게 가까이 다가갈 수 있는 계기를 마련하게 되었다.

한국의 경찰청이 얼마 전 〈포돌이〉와 〈포순이〉라는 캐릭터를 개발하여 경찰이 시민을 대변하고 도와주는 존재라는 포지셔닝에 성공하였다. 이처럼 캐릭터는 하드한 이미지를 순화시키는데 결정적인 역할을 할 수 있다.

4 기획, 마케팅, 제조, 유통에 이르기까지 토털적인 마케팅을 구사하라

유명하고 인기 있는 캐릭터를 많은 돈을 주고 사용하는 것으로 큰 효과를 거둘 수도 있지만 실패를 할 경우, 그 부담은 생각 외로 크다. 캐릭터를 사용하여 제품을 만들기로 했다면 앞에서도 언급했던 것처럼 캐릭터다운 제품기획과 생산은 물론, 캐릭터 제품을 한 브랜드 제품처럼 보여 줄 수 있는 유통과 차별화된 홍보에 이르기까지 포괄적인 계획이 있어야 한다.

제품에 캐릭터를 사용한다는 의미는 제품의 디자인을 차별화한다는 의미만을 갖는 것이 아니라 지향하는 고객을 세분화하고 새로운 브랜드를 런칭하는 의미가 있다. 물론 그에 맞는 홍보와 광고도 필요하다.

6

캐릭터와 광고의 만남

캐릭터는 광고나 마케팅의 수단으로도 주목을 받고 있다. 한때 어린이를 대상으로 하는 제품 광고에 주로 애용되어졌던 캐릭터가 제품과 대상에 관계없이 점점 광범위하게 적용되어지고 있다.

이는 차별성이나 친근감 유발 등의 이유 외에도 캐릭터 자체의 경제적인 가치가 인정되고 있기 때문이다. 광고의 목적이 차별화된 이미지 전달을 통한 제품 판매에 있다면, 가장 손쉽고 간단한 접근으로 캐릭터를 활용한 광고를 생각하게 되는 것은 당연한 결과가 아닐 수 없다.

빅 모델 전략에 비해 제작비도 경제적이며, 일단 성공하기만 하면 추가비용 없이도 시리즈 제작이나 패키지 상품 개발 등 다양하고 광범위하게 적용하여 일관성 있는 이미지를 손쉽게 전달할 수 있기 때문이다. 무엇보다도 사람모델과는 달리 무한한 상상력을 가지고 접근할 수 있다는 점이 캐릭터 광고가 갖는 가장 큰 매력이다.

한편 이미 TV나 영화, 만화잡지 등에 등장한 캐릭터를 사용할 경우는 특히 캐릭터 고유의 높은 지명도를 업고 가기 때문에 자사 제품의 브랜드 가치를 올리고, 고정 이미지를 변화시키는데 더 큰 힘을 발휘할 수도 있다.

1 제품을 위한 새로운 캐릭터 개발

치토스의 체스터

제품의 컨셉트와 동일한 캐릭터를 개발하여 순간적인 전략이 아닌 장기적인 관점에서 '캐릭터 = 제품' 이라는 강력한 브랜드 자산(Brand Equity)을 구축해 나간다. 예로, 해태음료의 〈깜찍이〉, 코카콜라의 〈쿠우〉, 펩시콜라의 〈펩시맨〉, 유한 킴벌리의 〈뽀삐〉, LG텔레콤의 〈카이홀맨〉, 옥시의 물먹는 〈하마〉, 치토스의 〈체스터〉, 미쉐린타이어의 〈무슈비벤덤〉 등이 있다.

1974년 탄생한 유한 킴벌리의 〈뽀삐〉는 일관된 캐릭터 캠페인으로 아주 오랫동안 시장을 석권하는 개가를 올렸다. 한편 강아지 캐릭터 뽀삐는 '우리집 강아지 뽀삐, 우리집 화장지 뽀삐' 라는 CM송까지 히트시킬 정도로 광고 자체의 인지도를 높인 것은 물론, 크리넥스 화장지와는 별도로 '화장실용 화장지' 라는 포지셔닝을 하는데 큰 공을 세웠다.

뽀삐의 나이가 어느새 29세이다. 미키마우스의 나이가 75세인 점을 고려한다면, 그리 대단치도 않은 나이이긴 하지만 앞으로도 꽤 오래도록 우리는 뽀삐를 볼 수 있을 것 같다.

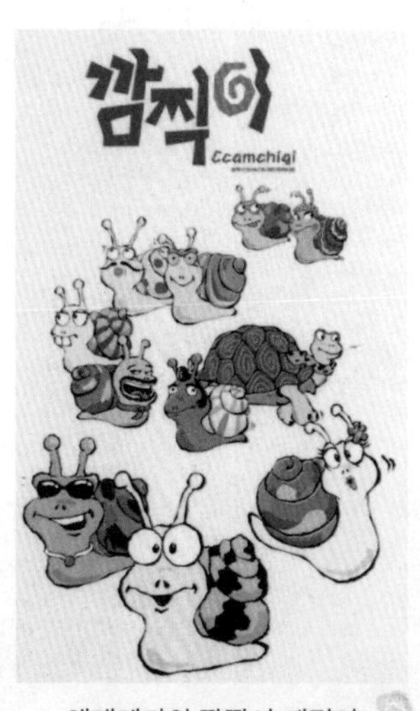

해태제과의 깜찍이 캐릭터

해태음료의 깜찍한 전략으로 탄생한 〈깜찍이〉는 신세대층에 유행하는 유머시리즈에 달팽이 캐릭터를 비주얼화하여 탄생한 캐릭터다. 깜찍이의 탄생으로 어린이 음료라는 새로운 시장이 형성되었으며, 동시에 제품의 판매성공은 물론, 캐릭터 자체의 폭발적인 인기는 더욱 대단했다. 유치원, 초등학생은 기본이고 중 · 고등학생, 심지어 대학생에 이르기까지 '깜찍이, 깜찍이, 깜찍이~' 라는 CM송을 읊조리게 하였으니 말이다.

결과적으로 깜찍이는 제작자의 의도대로, 아니 그 이상의 속도로 소비자의 감성과 제품을 밀착시키는 역할을 아주 확실하게 해내었다. 깜찍이 이후로 많은 음료가 캐릭터를 앞세우며 출시되고 있어서 이제 음료 시장도 캐릭터 경쟁이 심화되고 있다.

❷ 인지도가 있는 기존의 캐릭터 라이센싱

이 방법은 기존 유명 캐릭터의 브랜드 파워를 활용하여 보다 빠르고 쉽게 친근감을 유발시켜 소비자에게 자사의 제품이나 브랜드를 인식시킬 수 있다. 메트라이프(Met Life)의 〈스누피〉(Peanuts), 일본 ANA 항공의 〈Peanuts〉, JAL의 〈뽀빠이〉, Butterfinger의 〈심슨〉, 대우자동차 마티즈의 〈광수생각〉, 기아 자동차 카렌스2의 〈둘리〉 등의 예가 있다.

대우자동차 마티즈 광고에서는 광수생각의 〈신뽀리〉를 인용하여 '자동차 = 권위, 고상함' 이라는 고정관념을 깨고 소비자들에게 가까이 다가서는데 성공했다.

미국의 생명 보험회사인 Met Life는 〈Peanuts〉 캐릭터를 브랜드와 함께 지속적으로 광고하여 전형적인 생명보험 회사의 이미지를 부드럽고 밝게 차별화시키는데 대성공을 거두었다. 광고는 물론 회사 소개 사이트에도 스누피를 적극 사용하고 있다.

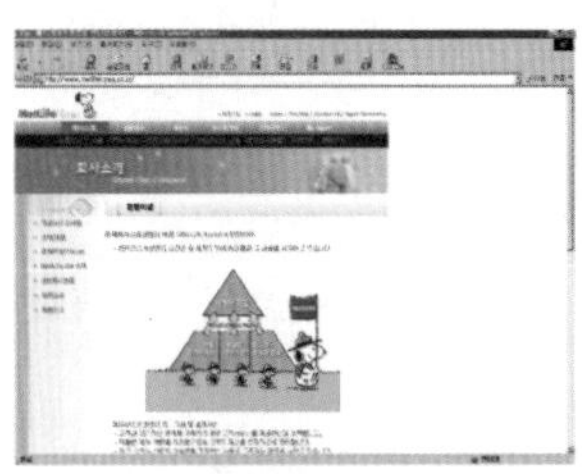
스누피를 기업 캐릭터로 사용하고 있는 메트라이프의 사이트

당시 별로 정착하지 못했던 일본의 홋카이도 스키 캠페인을 위해 JAL은 뽀빠이를, ANA는 Peanuts를 사용했다. 그 결과 젊은 여성들에게 예약이 쇄도하는 등 즉각적인 반응을 얻었다. ANA는 이에 힘입어 Peanuts를 캠페인뿐만 아니라 컵, 과자류 등 기내용 물품에도 적극 사용하게 되었고, 홋카이도 스키 버스를 비롯한 Furano 스키장의 애드벌룬과 오두막에도 사용하였다. 더 나아가 비행기의 외장에도 도색하는 등 획기적인 시도를 실행하여 큰 반응을 얻었는데, 이는 통일된 일련의 친근한 이미지를 주는 전략에 성공을 거둔 것이다.

7

캐릭터 사용 성공 사례

캐릭터를 사용하여 제품 경쟁력과 마케팅 경쟁력을 가진 업체들의 실제 사례들을 들어 보기로 한다.

1 맥도날드의 25개국 공통 캐릭터 완구 전략의 위력

맥도날드는 판촉용 캐릭터 완구를 마케팅에 잘 활용하여 많은 경쟁업체 중 우위를 점하고 있다. 다른 패스트푸드점도 물론 판촉용 완구를 제공하고는 있으나 맥도날드는 차별화된 전략을 가지고 있다. 영화 캠페인과 연계하여 폭발적인 시너지를 기대하는 점이다. 그리고 전세계 25개국에서 공동으로 사용하기 때문에 그 수량이 어머어마하여 질이나 가격경쟁력에서 확실한 메리트를 가질 수 있다.

맥도날드가 가장 많이 사용하고 있는 캐릭터는 디즈니의 애니메이션 캐릭터들인데, 가장 안정적이고 지명도가 높기 때문이라고 한다. 맥도날드는 자사의 캐릭터를 가지고 있지만 자사의 캐릭터인 피에로는 브랜드의 상징으로만 사용하고, 유행에 민감하며 폭발력을 갖고 있는 애니메이션 캐릭터를 활용하여 판촉용 완구를 만든다.

어린이들이 좋아하는 맥도날드의 판촉용 완구 시리즈

아이들에게 이 완구는 먹는 것보다 더 흥미로운 요소이며, 맥도날드를 안 가면 입수가 불가능하므로 많은 아이들이 다른 어떤 곳보다 맥도날드를 선호하게 된다. 맥도날드는 가족 단위 고객이 주된 대상 고객이지만 핵심 타깃층(Core Target)은 바로 3~9세의 아이들이다. 다른 패스트푸드점에 비해서 단연 맥도날드가 우위를 깃는 것은 바로

이 아이들 고객의 선택에 있다. 이런 점을 비추어 본다면, 맥도날드의 인기가 바로 판촉용 완구 덕분이라고 해도 과언은 아닌 것 같다. '맥도날드에 가면 즐거움이 있다'는 캐치프레이즈와 함께 흥미로운 판촉용 완구로 맥도날드는 확실한 캐릭터 마케팅을 구사하고 있다.

2 포켓몬스터 빵

2000년 출시되었던 샤니의 포켓몬스터 빵은 제빵업계의 신화로 기억될 만큼 엄청난 결과를 만들었다. '먹는다'라는 본연의 의미로 맛이나 질을 추구하는 마케팅이 아니라 '즐거움'이라는 새로운 감각을 추구하는 마케팅 전략을 내세웠다.

당시 최고의 인기를 구사하던 캐릭터로의 포장은 물론 스티커를 수집하는 재미를 부가한 것이다. 즉, 매월 20개의 캐릭터 Seal을 빵 안에 삽입하여 어떤 캐릭터가 들어 있는지 모르는 상태에서 아이들의 수집 욕구를 자극했던 것이다.

빵은 버리고, 스티커만 모은다 하여 대중 언론으로부터 약간의 비판을 받기는 했지만, 그간 푸대접만 받아왔던 양산빵 시장에 월평균 50억 원의 효자 상품으로 군림하는 엄청난 결과를 얻어냈다. 포켓몬스터 빵의 인기로 매장에 전용 공간을 설치하는 등 시장의 점령은 물론, 기업 홍보에도 일조를 하였다.

3 Sumisho Fruits의 바나나와 Pingu의 만남

스미쇼 푸르츠(Sumisho Fruits)가 필리핀산 프리미엄 바나나에 캐릭터 〈핑구〉(Pingu)를 사용해 색다른 마케팅을 했다. 과일을 살 때 브랜드를 기억해 선택하는 소비자가 적다는 점에 착안하여, 캐릭터를 도입해 새로운 브랜드를 만들어 자사 제품을 기억하게 한 전략이었다.

원래는 열대 식품이므로 원숭이 캐릭터의 사용을 고려하였으나 여성 타깃의 캐릭터이자 의외성을 가진 핑구로 결정했다고 한다. 필리핀과 남극의 펭귄이라는 부조화가 도리어 고객의 시선을 모을 것이라는 기대를 했던 것이다. 먹는 제품에 캐릭터를 사용하는 것은 쉽게 부패하여 캐릭터의 이미지를 저해한다는 점 때문에 라이센서가 기피하는 일이지만, 핑구의 경우는 라이센서와 라이센시가 함께 더욱 적극적인 방법을 모색하여 커다란 시너지를 만들었다.

스미쇼 푸르츠에서 핑구 제품이 나올 시기에 맞추어 라이센서는 핑구푸르츠라는 새로운 디자인 매뉴얼을 개발하여 과일뿐 아니라 문구, 잡화 등 전 제품에 적용을 시켰던 것이다. 스미쇼 푸르츠는 핑구의 사용으로 전년 대비 35%나 매출이 증대되었다고 한다.

Pingu Fruits 2000의 매뉴얼 이미지

4 국내 캐릭터의 시장 제압! LG산전 스티커 자판기

LG산전이 스티커 자판기 시장에 진입하기 이전에 벌써 200여 대의 일본 기계가 한국 전역에 놓여 있었지만 일본과는 다르게 별다른 반응을 얻지 못했다. LG산전은 제품의 출시와 더불어 캐릭터를 사용한 마케팅 전략을 구사하기로 했다. 스티커 자판기는 인스턴스성 아이템이기 때문에 빠른 결정과 승부를 요한다고 판단해 여러 가지로 협력할 업체를 물색하던 중, 위즈 엔터테인먼트의 제안을 받아 들였고 LG산전과 위즈의 시너지는 이 사업을 폭발적으로 성장시켰으며 곧 경쟁이 치열해진 사진 스티커 자판기 시장의 80% 이상을 선점할 수 있었다. LG산전이 성공할 수 있었던 이유를 정리해 보면 아래와 같다.

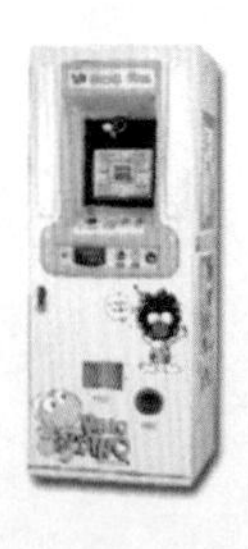

LG산전 즉석사진 자판기 외관디자인

1. IMF란 어려운 시기에 한국 캐릭터로 국산 마케팅을 구사했다.
2. 기존의 제품에 비해 타깃 연령을 낮추기 위해 동일 타깃의 캐릭터를 사용했다.

3. 위즈 캐릭터의 수적 우세가 디자인적으로 신속한 대응력이 됐다.
4. 다양한 캐릭터와 Frame 아이디어의 결합으로 재미있는 스토리를 만들었다.
5. 다양한 타깃을 확보하기 위해 캐릭터 특성이 상이한 제품을 동시에 전개했다.
6. 양사 모두 캐릭터 산업과 아이템에 대한 이해가 있었다.

5 일본, 캐릭터 비행기가 뜬다

JAL(동경 디즈니 시(海) 공식항공사)은 1994년 불황과 엔고(円高)에 따른 국내 여행객 감소 문제와 비행기 요금 하락 등 여러 가지로 고민이 많았다. 그 해 5월 JAL은 디즈니 캐릭터와 함께 재미있는 프로모션을 기획했는데 그것이 바로 국내선 전 노선의 비행기에 디즈니 캐릭터를 그린 〈JAL DREAM EXPRESS〉의 취항이었다.

기내 좌석 시트, 스튜디어스의 앞치마, 과자 봉투는 물론 기내에서 틀어 주는 비디오에도 디즈니 만화를 상영했다. 나아가 디즈니 상품 판매는 물론 탑승객에게 디즈니 제품을 선물하는 이벤트도 전개하였는데, 그 효과는 저렴한 해외여행에 고객을 빼앗긴 국내선의 실적을 그저 예년 수준까지만 만회하기 위해 실시했던 캠페인이었는데 전년도 대비 5%를 상회하는 획기적인 결과를 얻게 되었다. 그리고 2001년 JAL은 창사 50주년 기념으로 다시 디즈니와 해후했는데 1994년 프로모션과 대비하여 더욱 적극적이고 대대적인 이벤트를 실시했다.

디즈니 캐릭터가 들어간 JAL Dream Express 중 하나

5장 성공한 캐릭터 이야기 Successful Characters

1

성공한 캐릭터들 이야기: 해외

1 월트디즈니 — 아이덴티티의 유지와 마케팅

우리들 생활에서 가장 가깝게 느껴지는 캐릭터를 꼽으라면 아마도 많은 사람들이 주저 없이 월트디즈니의 미키마우스를 말할 것이다. 미키마우스는 전세계의 남녀노소 모두에게 참으로 오랜 시간 동안 많은 사랑을 받아왔다. 미키마우스가 그렇게 특별한 캐릭터로 자리를 잡게 된 것은 오랜 시간과 거대한 자본 등 많은 이유가 있겠지만 무엇보다도 획일적으로 관리되고 있는 디자인 아이덴티티와 강력한 마케팅의 힘이라고 생각된다.

월트디즈니 캐릭터의 성공은 1928년 세계 최초의 토키(발성용) 만화영화인 '증기선 윌리' 에 등장한 미키마우스라는 생쥐 캐릭터가 전세계적으로 인기를 끌면서 시작되었다. 그 후 디즈니 사는 '백설공주와 일곱 난쟁이' (1937), '피노키오' (1940), '밤비' (1942), '신데렐라' (1950), '피터팬' (1953), '잠자는 숲 속의 미녀' (1959) 등 극장용 만화영화를 잇따라 발표하면서 현재와 같은 세계 최대 만화기업의 기반을 구축하게 되었다.

하지만 1966년 창업자인 월트 디즈니의 사망 이후 디즈니 사도 위기를 맞게 된다. 애니메이션이나 캐릭터 사업 자체를 사양사업으로 규정지어 신작 제작을 소홀히 하고 테마파크 사업에만 전념했기 때문이다. 하지만 1984년 마이클 아이너스 회장이 부임하면서 애니메이션 스튜디오에 과감한 인력투자를 비롯하여 그 동안 소홀했던 부분의 집중투자를 통해 새로운 전기를 마련한다.

덕분에 '인어공주' (1989)를 시작으로 '미녀와 야수', '알라딘', '라이온 킹', '포카 혼타스', '노틀담의 꼽추', '토이 스토리', '헤라클레스', '뮬란' 등 일련의 신작 극장용 만화영화를 발표하면서 일본에게 빼앗겼던 만화 시장을 회복하고, 제2의 디즈니 전성시대를 여는데 성공하게 된 것이다.

현재 디즈니 사는 이미 70세가 넘은 미키, 미니, 도널드, 구피, 플루토와 같은 캐릭터를 비롯해 백설공주, 피터팬, 피노키오, 밤비, 신데렐라, 일곱 난쟁이, 라이온 킹, 포카 혼타스, 미녀와 야수, 알라딘, 인어공주, 뮬란과 같은 수많은 애니메이션 캐릭터를 보유하고 있다. 디즈니 사야말로 세계에서 가장 많은 '지적 재산권'을 가진 글로벌 우량기업인 것이다.

디즈니 사는 이처럼 많은 캐릭터를 가지고만 있는 것이 아니라, 이들 캐릭터의 상업적 가능성을 최대한 활용하여 해마다 엄청난 수익을 올리고 있다. 디즈니 경영의 최고 전술은 만화, 캐릭터, 비디오, 음반, 전자오락, 테마파크, 상점 등을 하나로 엮어 시너지 효과를 극대화하는 이른바 '토털 마케팅' (복합상술)에 있다.

토털 마케팅의 제1단계는 신작 만화영화의 제작에서 시작되며 제2단계 전략은 만화 파생 상품이라 불리는 다양한 캐릭터 용품의 개발이다. 그리고 토털 마케팅의 마지막 단계는 제2차 만화 상품인 비디오, 음반, 전자오락, 컴퓨터 소프트웨어의 본격 개발과 판매이다.

디즈니 사는 초기 만화영화 제작 단계부터 미국 최고의 작곡가와 가수를 동원하여 거대한 음반 시장을 겨냥하고 있다. 이런 경영은 현재 우리 나라 기업들에게도 많은 시사점을 준다. 월트디즈니 사는 우리 나라의 대기업만큼이나 많은 계열사를 가지고 있으며 신규사업에의 진입도 활발하게 이루어지고 있다. 그러나 월트디즈니 사는 사업간의 시너지를 가장 중요하게 여기기 때문에 신규사업 진출 시에도 주력사업과의 연계성을 최우선으로 고려한다고 한다. 80년대 초반 월트디즈니 사가 총체적인 위기상황을 극복할 수 있었던 것도 시너지 창출의 원천이 될 수 있는 핵심사업부문에서의 확고한 경쟁력이었다.

수십 년 간 축적된 애니메이션 기술과 콘텐츠는 월트디즈니의 귀중한 자산으로서 어려운 시기에 새로운 도약의 발판으로 작용될 수 있었던 것이다. 디즈니 사는 사실주의에 입각한 완벽한 캐릭터의 창출에 온갖 정성을 기울이고 있으며, 이렇게 창조되는 1천여 종의 캐릭터들은 현재 '미키 헌법' 이라는 엄격한 규정에 따라 담배와 술, 약 등의 제품에만 사용이 금지될 뿐 나머지 모든 상품에 전반적으로 사용되고 있다. 현재 비싼 로열티를 물고 디즈니 캐릭터를 사용하는 업체는 전세계적으로 3천여 개에 이르고 있으며, 우리 나라에서도 많은 회사가 디즈니 캐릭터를 사용하고 있다.

2 U.F.S 의 스누피 — 감성과 철학의 대명사

단순히 조형적으로 보기 좋고, 독창적인 캐릭터가 아니라 개발자의 감성과 철학을 담고 있는 캐릭터가 좋은 캐릭터이고, 이런 감성적인 부분이야말로 캐릭터에 있어서 가장 중요한 요소라고 할 수 있다. 대표적인 예로 제시할 수 있는 캐릭터가 바로 찰스 M. 슐츠(Charles Monroe Schulz, 1922~2000)의 〈Peanuts〉다. 슐츠는 거의 일평생을 Peanuts를 그리는 데 바쳤고, 슐츠 외에 다른 사람은 Peanuts를 그릴 수 없게 하였다. 단, 슐츠의 직접 감독하에 Peanuts의 라이센스된 품목을 위해 필요한 컷 작업만은 제한된 수의 예술가들에게 확정된 그림을 그리도록 허락하기는 했지만 말이다.

그리고 그가 세상에 없는 지금도 〈Peanuts〉는 그 외에는 그릴 수 없도록 유언되었다. 슐츠의 소망대로 United Feature Syndicate 사(社)는 다른 작가에게 Peanuts 만화 시리즈를 맡기지 않기로 하고, 그 대신 예전의 Peanuts 시리즈를 다시 싣기로 하였다고 한다.

Peanuts를 읽어 보면 슐츠가 얼마나 진실하게 삶을 그리고 있는지를 잘 알 수 있다. 그곳에는 어떤 디자인적인 기교나 치장도 찾아볼 수 없고 자신의 온정성과 혼신의 힘, 더 나아가서 자신의 삶 자체가 잘 반영되고 있다.

슐츠는 독실한 기독교 신자로 Peanuts에는 성경의 내용들이 많이 인용되어 있고, 'Humor is a proof of faith' 라는 멋진 말을 남기기도

워너브라더스는 배트맨의 폭발적 인 인기로 캐릭터 라이센스 사업을 본격화하기 시작하였다

했다. 한마디로 Peanuts의 캐릭터 〈스누피〉(Snoopy)와 그의 친구들은 바로 그런 작가의 정신 세계가 고스란히 담겨져 있었기 때문에 성공할 수 있었던 것이다.

3 워너브라더스 — 브랜드 매니지먼트 전략과 최고의 디자인력

미국 캐릭터 시장을 장악하고 있는 양대 산맥인 디즈니와 워너브라더스는 다행히도 시장 분배를 성공적으로 가져가고 있다. 디즈니가 극장용 장편 애니메이션을 장악하는 대신 워너는 TV애니메이션계의 대부역할을 하고 있다. 가장 잘 알려진 루니 툰 사단부터 피카추까지, 일단 워너에 발을 들여 놓은 캐릭터는 반드시 스타가 되는 무서운 저력을 보이고 있다. 워너브라더스는 1918년 해리, 에이브, 잭, 샘 등 4명의 워너 형제들로부터 시작되었다. 초기에는 부진을 겪기도 했으나 22년 웨스트 코스트 스튜디오를 설립하면서 본격적인 영화사업이 시작되었고, 25년 동시음성영화(그 이전에는 무성영화시대)기술에 대한 독점권을 확보하면서 본격적인 발전을 시작하였다.

영화가 주력 사업이었던 워너가 본격적으로 캐릭터 라이센스 사업에 뛰어든 것은 배트맨의 폭발적인 인기 때문이었다. 영화의 인기에 힘입어 검정과 금색 두 종류로 된 배트맨 티셔츠를 전세계적으로 3,000만 벌 가량 판매하여 재미를 보게 된 워너는 영화 제작과 캐릭터 머천다이징(캐릭터 MD: Character Merchandising) 사업을 접목하여 디즈니와 함께 캐릭터 산업의 선두군단에 합류하였다. 그 후 워너는 캐릭터 라이센스 사업에 매진하여 200여 개의 캐릭터를 등장시킨 애니메이션 루니 툰스(Loony Toons)를 통해 80% 이상의 매출을 올리고 있고, 20억 달러 이상을 벌어들인 배트맨을 비롯한 영화 캐릭터로 꾸준히 사업을 전개하고 있다.

워너의 최고 스타 벅스 바니

앞서 말한 워너의 대표 캐릭터 루니 툰스는 1936년에 비로소 빛을 보게 되는데, 일반인들이 알고 있는 것과는 다르게 루니 툰스의 맏이는 〈벅스 바니〉가 아니라 〈포키〉다. 〈포키〉의 출현은 워너 사가 애니

로드 러너와 코요테

메이션의 새 시대를 여는 중요한 기준점이 되고 있다. 포키에 이어 등장한 캐릭터는 〈대피 덕〉이었다. 당시 워너의 수석 애니메이터였던 아베리는 집오리 사냥을 하는 포키를 생각해냈는데, 얼빵한 포키와 난폭한 집오리 떼의 대결로 만들려 했으나, 나중에는 한 마리의 고정 캐릭터로 진로를 수정했던 것이다.

1938년 포키는 또 한 번 사냥을 하는데, 여기서 그 유명한 토끼인 〈벅스 바니〉가 탄생한다. 이것이 바니의 데뷔작이자 출세작인 셈인데, 바니가 당시의 관객들을 사로잡은 가장 큰 이유는 디즈니의 동물 캐릭터들과는 다르게 파격적이고 역동적인 연기에 있었다. 이는 실사 영화에 비해 별 제약을 받지 않는 애니메이션의 특성을 최대화한 전략에서 나온 것이다. 외형보다는 움직임으로 그 성격을 뚜렷하게 표현하는 워너 사 캐릭터의 특징은 이 때부터 시작되었다. 벅스 바니의 과장된 움직임은 다른 회사의 캐릭터들과 차별화될 수 있었고 바니를 장수하게 만들었다.

1945년 이후 워너 스튜디오는 〈엘머 푸드, 트위티, 실버스타, 포키 피그, 요세미티 샘, 레그혼, 로드 러너, 코요테, 스피디 곤잘레스〉 등의 애니메이션 스타들을 새로 탄생시켜 디즈니와의 본격적인 경쟁을 시작한다. 다시 완성된 루니 툰 부대는 세 개의 집단으로 나뉘어져 활동하게 되는데, 이는 당시 워너의 40년 대를 이끌었던 세명의 감독(플리츠 플레링, 척 존스, 로버트 맥킴슨 감독)이다.

벅스 바니는 간판스타답게 존스와 매킴슨 작품에 겹치기 출연도 하나 매킴슨의 벅스 바니는 존스의 바니보다 선량한 성격으로 설정되었다. 플레링은 벅스 바니, 대피 덕, 루니 툰, 스피디 곤잘레스 등의 작품으로 5개의 오스카상을 받았다. 그러나 1990년대에 들어 서면서 워너는 '성배 탐색 여행', '스페이스 잼', '아나스타샤', '킹 앤 애니' 등 극장용 장편 애니메이션에도 진출하게 되는데 TV에서 만큼의 영광을 얻기에는 역부족이었다.

캐릭터를 하나의 브랜드로 인식하고 행해지는 워너의 브랜드 매니지먼트는 소비자에게 캐릭터에 대한 신뢰도를 높이고 있다. 또한 최고의 디자이너들을 캐릭터 개발과 업그레이드 작업에 투입시켜 오

포악한 고양이 실버스타

워너브라더스에서 가장 깜찍한 요정 트위티

심술꾸러기 오리 대피 덕

래된 캐릭터들을 통해 끊임없이 유행을 선도해 나가고 있다. 짧은 역사로 거대 기업인 월트디즈니와 힘을 견줄 만큼 성장한 워너의 힘은 이러한 브랜드 매니지먼트 전략과 최고의 디자인력이 뒷받침된 결과라고 할 수 있다.

4 BBC의 텔레토비 — 철저한 눈높이 마케팅 전략과 현지화 전략

어린이용 방송프로그램의 최대 히트작으로, 캐릭터 산업의 한 획을 그은 〈텔레토비〉(Teletubby)는 단기간 내에 한 시대의 사회적 현상으로 불려질 만큼의 이슈를 만들면서 부각되었다. 영국 BBC 방송이 제작해서 전세계 25개국으로 수출되었으며 아이들은 물론 성인층의 호응까지 얻으면서 기대 이상의 반응으로 화제가 되었다.

텔레토비는 0~3세까지의 미취학 영,유아를 대상으로, 어린이 엔터테인먼트 전문 회사인 랙돌(Ragdoll) 사(社)에 의해서 제작되었는데, 유아들의 행동 발달 단계에 따른 행동과 언어, 사고방식 등에 대한 장기간의 연구 결과를 토대로 탄생되었다. 기본적인 이야기의 축은 4명의 텔레토비(보라돌이, 뚜비, 나나, 뽀)들이 텔레토비 동산에 살면서 벌이는 다양하고 재미있는 내용이며, 한결같이 교훈적이고 교육적인 메세지를 내포하고 있다.

TV와 함께 일상생활 속에서 언어능력과 사고능력을 높이는 것을 목적으로 하고 있으며, 사회성 기르기, 숫자 세기, 색감 기르기, 만들기 등 아이들에게 놀이의 즐거움과 학습효과를 함께 얻을 수 있도록 하였다. 이 프로그램의 가장 큰 성공 요인은 전문가의 자문을 받아 영·유아의 특징인 큰 행동, 밝은 색깔, 느린 진행으로 아이들의 눈높이를 맞추었다는 점이다.

또한 텔레토비의 제작자들은 사전 연구를 통해 문화적 이질감의 요소를 최소화하여 의도적으로 전세계적인 히트를 만들어냈다고 해도 과언이 아니다. 기존의 학습용 프로그램이 가지는 작위적인 틀을 깨고 유아의 인지능력 및 언어능력에 대한 세심한 연구에 기반하여,

전 지구의 어린이들이 공감할 수 있도록 아이들의 눈으로 보이는 세상을 그대로 담아내고자 했던 것이다.

마케팅의 출발이 고객의 Needs를 파악하는 것으로부터 시작하는 것처럼 캐릭터의 기획과 표현이 그 대상 고객인 아이들의 눈높이에서 고려되어야 한다는 것을 실증적으로 보여준 것이다. 더불어 캐릭터는 그대로 유지하면서 캐릭터의 이름을 현지화하거나, 함께 등장하는 인물들을 자국민으로 배치하여 문화적 이질감을 최소화한 것도 성공의 주요한 요소로 보여진다.

캐릭터의 이름과 등장인물의 현지화 전략으로 성공한 텔레토비

5 산리오의 헬로 키티 — 디자인이 힘, 그리고 문화의 힘

대부분 성공한 캐릭터들이 출판, 애니메이션, 게임 등에서 시작된 반면, 〈헬로 키티〉는 상품에서 출발한 캐릭터이기 때문에 상품이라는 틀 안에서 소비자에게 보다 많은 메시지를 전달해야 한다는 명제를 가지고 있다. 그래서 키티는 디자인 하나만으로 소비자에게 친근하게 어필될 수 있는 방법들을 모색해야만 했을 것이다.

1974년 탄생한 캐릭터가 25년이 지난 지금까지 꾸준한 사랑을 받을 수 있었던 것은 차별화된 철저한 디자인 관리와 늘 새롭게 변화하는 매뉴얼, 그리고 완성도 높게 만들어지는 다양한 제품에 있다. 요정, 천사, 인어공주 등 새롭게 개발된 키티의 테마 매뉴얼은 계절마다 모든 제품에 동일한 이미지로 적용돼, 하나의 군(群)을 이룬다. 작은 제품이기 때문에 시각적으로 부각되지 못하고 묻혀버릴 수 있는 것들이 한 테마 안에서 하나로 모아져서 보다 큰 힘을 받게 되는 것이다.

그리고 산리오(Sanrio)는 헬로 키티 등의 제품을 자사의 매장에서만 판매하기 때문에 캐릭터 중심의 디스플레이가 가능하고 보다 구체적으로 소비심리를 자극할 수 있다는 것이 큰 장점이다. 특히 캐릭터 제품은 수집성 구매를 유발하는 특성이 있기 때문에 매장에서 한 테마로 모아져 있을 때는 더욱 효과적이다. 제품의 높은 완성도와 다양성, 그리고 다른 회사들이 할 수 없는 차별화된 자사의 유통을 통해 키티는 오늘날 일본에서는 물론 세계적인 캐릭터가 되었다.

키티가 탄생한 이래, 꾸준한 인기를 모으기는 했지만 사실 위기가 없었던 것은 아니다. 객단가가 낮은 문구 제품의 한계, 그리고 다품종 소량 생산에서 오는 재고 부담에다가 테마파크와 호텔 사업의 진출로 산리오 사도 어려움을 겪게 되었고, 대표 캐릭터인 키티도 더불어 판매가 저조해지자 점점 더 곤경에 처하게 되었다.

그러나 1990년대 중반, 산리오는 키티를 이용하여 새로운 기획을 한다. 원색적이어서 어린이에게나 어울릴 것 같은 키티의 테마 컬러를 전격적으로 핑크로 수정하고 소비 타깃의 연령을 과감히 올려서 문구가 아닌 생활 잡화, 욕실 용품, 주방 용품, 전자 제품에 이르기까지 키티의 핑크 혁명을 일으켰다. 이 핑크 테마는 10대 후반에서 20대 여성들의 마음을 사로잡기에 충분했고 이는 산리오의 재기와 성공에 핵심적인 역할을 했다.

산리오는 다양한 소품, 주제, 컬러의 변경을 통한 수준 높은 디자인으로 소비자들에게 늘 새롭게 다가서고 있는 것이다. 그리고 무엇보다도 세계속에서 일본의 문화가 인정되고 수준 있게 평가되면서 지극히 일본다운 캐릭터 키티도 하나의 유행처럼 세계속에 자리를 잡아가고 있는 것 같다. 이렇듯 문화적 산물의 관심과 성공은 국력과 무관하지 않은 것이다.

6 딕브루너의 미피 — 단순함은 곧 평화다

〈미피〉(Miffy)는 1927년 네덜란드에서 태어난 세계적으로 유명한 미술가인 딕 브루너(Dick Bruna)에 의해 만들어졌다. 그는 전통적이면서도 개성적으로 디자인한 106권의 어린이 그림책을 만들었는데, 이 책들은 5분짜리 에피소드와 8분짜리 크리스마스 에피소드 등 총 52개의 에피소드로 구성되어 TV용 만화영화로 제작되었다.

미피를 개발한 세계적 아동작가 D. 브루너(1927~ 현재)

전 세계적으로 8천만 부 이상이 출판되었고 40개국 이상의 언어로 번역된 딕 브루너의 책들은 어린이 그림책의 권위서로 인정받고 있으며 전세계적으로 널리 사랑받고 있다. 그의 책들에 담겨진 주된 내용은 어린이들에 대한 사랑이며 딕 브루너의 교육 철학이 그의 모든 캐릭터들의 기본 컨셉트가 되었다.

딕 브루너가 48년 전, 아들과 함께 바다에 갔을 때 토끼들이 노는 것을 보고 착안해 만든 〈미피〉는 전통적이면서도 단순한 대사, 독특하면서도 시각적으로 분명한 색깔로 구성되었다는 장점들이 잘 드러나 있다.

절제된 캐릭터 디자인의 대명사 미피

〈미피〉(Miffy)의 라이센스를 담당하는 Mercis bv 社는 네덜란드에 그 본사를 두고 있으며 세계적으로 많은 나라들과 사업 업무를 수행한다. 미피는 특히 일본에서 〈미키마우스〉(Micky Mouse)를 능가할 만큼 인기 있는 캐릭터이고 대중적으로 가장 인기 있는 캐릭터이다. 라이센스는 1970년대 초부터 시작되었는데 현재 일본에 25개의 매장과 네덜란드에 4개의 미피 매장이 있다. 전세계적으로 미피 캐릭터의 라이센스를 체결한 250개의 회사에서 매년 1만 개가 넘는 독특한 제품들을 만들어내고 있다.

여러 디자이너들의 협동 작업에 의해 만들어지는 다른 캐릭터들과는 달리 미피 캐릭터의 디자인은 딕 브루너만이 직접 작업하므로 캐릭터의 특징들과 정밀성이 잘 드러난다. 딕 브루너의 신념을 계승하기 위해 가위와 같은 위험한 제품은 미피의 라이센스 사업분야에 포함되지 않는다. 또한, 엄격한 정책을 시행해 칼이나 치아를 부식시키는 초콜릿이나 사탕 같은 음식들에도 라이센스를 허가하지 않는다.

디자인의 절제가 한눈에 보인다

이처럼, 당장의 이윤을 추구하지 않고, 어린이를 생각하는 딕 브루너의 교육 철학을 고수하는 것은 결국에는 캐릭터들의 이미지를 잘 유지시켜주고 확고하게 지켜준다. 이는 미피가 오래오래 세계 각지의 모든 이들로부터 사랑을 받을 수 있는 큰 힘이 되고 있다.

너무 많은 회사들이 하나의 캐릭터를 오랫동안 사용하게 되면 그 진기함은 감소되며 소비자들은 곧 그 제품에 대한 흥미를 잃어버리게 될 것이다. 많은 다른 캐릭터들은 이런 과정을 겪고 있는데 반해 미피는 욕심내지 않고 디자인을 아주 천천히 관리해왔고 심사숙소하여 착실하게 조금씩 시장을 넓히는 현명한 길을 택해왔다.

훌륭한 출판 프로그램이 수립될 때까지 TV 만화영화 시리즈 방영을 자제하는 것, 이 방법론은 애니메이션을 먼저 제작하고 방송한 후에 성공적인 캐릭터를 만들어낸다는 대부분의 사람들의 생각과는 정반대이다. 미피의 근본은 오리지널 책들이며 이런 방법으로만 미피와 딕 브루너의 다른 캐릭터들은 장기간 성공이 보증될 수 있다.

"단순함은 인간의 기초다, 우리가 평화를 바라는 것처럼 말이다. 내 작품들은 너무 단순하고 단조롭다고 비난을 받지만 아마 그것이 바로 세계의 모든 어린이들이 내 작품을 사랑하는 이유들 중의 하나일 것이다." 1997년 3월 서울을 방문한 D. 브루너가 기자회견에서 한 말이다.

7 세계를 제패한 애니메이션 — 포켓몬스터

세계 시장을 정복한 〈포켓몬스터〉 게임기의 전략은 첫째 지금까지의 고성능 게임과 달리 다루기가 아주 쉬울 것, 둘째 타마고치(Tamagochi)와 달리 육성으로도 게임을 즐길 수 있어야 할 것, 셋째 휴대가 간편하고 서로 대전도 가능할 것, 넷째 캐릭터는 최대한 귀엽게 디자인할 것, 다섯째 주인공 포켓몬스터들이 진화를 한다는 특징을 부여하여 재미를 배가시킬 것 등이다. 이런 전략으로 이 게임기는 세기 최고의 아이템으로 부상되었고, 전세계 아이들에게 피카추라는 공통어를 탄생시켰다.

일본의 소학사가 진행하고 있는 포켓몬스터의 캐릭터 상품은 오락 용품, 운동기구, 음향기기, 사무 용품, 출판 등 다양한 아이템으로 확장되었다. 닌텐도 사는 현재까지도 머천다이징 비즈니스 외에 정보처리, 부동산 관련 비즈니스, 생명보험, 증권, 레스토랑이나 카페와 같은 오락 사업, 스포츠, 문화 사업 등 기존의 광범위한 사업영역을 통해 캐릭터의 사용을 확장시키고 부가가치 창출을 모색하고 있다. 일본판《타임》지에 따르면 포켓몬스터를 이용한 상품판매를 통해 미국시장에서 올린 수익만도 2억 달러에 달한다고 한다. 이 같은 성공은 무엇보다도 철저한 기획과 마케팅 전략을 근간으로 했기 때문이다.

닌텐도 사의 성공을 만들어낸 마케팅 전략으로 첫째는 '시장에 따라 차별화된 전략' 을 전개했다는 점이다. 기획 단계부터 세계적으로 공감대를 형성할 수 있는 오락성을 가미한 것은 물론, 여러 나라에서 런칭을 할 때마다 각 나라마다의 적합한 방법과 전략으로 시장을 공격했던 것이다.

다음은 포켓몬만의 '특별한 홍보전략' 이다. 텔레비전이나 잡지, 인터넷 등 어떠한 매체에도 별다른 홍보를 하지 않았음에도 불구하고 포켓몬 센터는 항상 수많은 인파로 발 디딜 틈이 없을 정도라고 한다. 포켓몬 센터의 책임자는 "우리는 홍보물 한 장 띄우지 않는다. 지나치게 많은 홍보물이 오히려 아이들을 쉽게 질리게 하고 캐릭터의 수명을 짧게할 수 있기 때문이다"라고 했다. 대신 이들은 특별한 이벤트를 통해 관심을 유도하는 전략을 택했다. 어린이날, 발렌타인 데이 등에 이벤트를 개최하여 소비자들의 관심과 구매욕구를 자극하고, 실질적인 매출 상승과 함께 구전 효과를 노리는 것이다. TV에서 포켓몬의 한 장면을 보고 아이들이 집단 구토 사태를 일으켜 기사화된 적이 있었는데, 물론 의도된 바는 아니었지만 그 결과 포켓몬스터의 특이성은 구전을 통해 더욱 이슈화되었다.

소비자의 관심을 끄는 또 다른 마케팅 전략으로 '수집을 유도하는 전략' 이다. 151종류의 캐릭터를 개발하여 그 각자의 캐릭터들이 진화라는 과정을 통해 변화하도록 디자인을 했으니 그 종류는 가히 짐작할 만하다. 이 다양한 디자인의 카드를 모으기 위해 어린이들은 카드

보다 더 비싼 제품을 구매하는 일도 불사했다.

그리고 '궁금증을 유발하는 것' 이 또 하나의 전략이다. 2000년대에 새롭게 출시될 게임이나 제품 소개를 요청하는 언론에 대해 일체의 답변을 거부해 호기심을 유발시키는 것이다. 소비 시장의 천국, 미국 시장을 공략하기 위해서 닌텐도 사는 일본에서와는 달리 전략을 바꿔서 막대한 홍보와 물량공세를 펼쳤다. 대만, 홍콩 등 아시아권에서 피카추의 인기를 확인한 일본은 타마코치를 팔았을 때보다도 훨씬 많은 금액을 투자해 기대 이상의 결과를 얻게 되었다.

각 나라의 특성을 파악하여 그 나라에 맞는 차별화된 전략으로 대응하는 것이 바로 세계의 포켓몬스터를 만든 가장 큰 비결이다. 포켓몬스터는 각 시장에 따른 융통성 있는 마케팅, 독특한 개성을 바탕으로 한 탄탄한 스토리 구성, 철저하게 베일에 가린 홍보전략, 끊임없이 출시되는 신제품, 그리고 끊임없이 도전하며 새로운 것을 창조해 내는 상상력이 빚어낸 결과물이다.

세계를 제패한 애니메이션 포켓몬의 한 장면

2

성공한 캐릭터들 이야기: 국내

1 한국 최초의 캐릭터 부부보이

〈부부보이〉(Boo Boo-Boy)는 1985년 ㈜바른손에서 개발한 우리 나라 최초의 캐릭터이다. 당시 '캐릭터(Character)' 라는 용어조차 없던 시절 — 마스코트(Mascot)라는 단어를 사용했던 것 같다. — 에 바른손은 자사 제품의 부가가치 창출을 위해 캐릭터를 개발하여 관리하기로 했다.

당시 디즈니 등 해외의 캐릭터를 사용하고 일본의 산리오를 보면서 캐릭터의 가치를 만들어 가는 작업을 하기로 했던 것이다. 그 당시, 우리 나라에 애니메이션이나 출판 만화의 캐릭터들이 없었던 것은 아니지만, 제품에까지 확산된 사례는 없었고, 하나의 프로퍼티로 관리되어진 적은 더더욱 없었다. 그런 의미에서 부부보이는 우리 나라 최초의 캐릭터로 역사성을 가질 수 있을 것 같다.

덩치가 큰 부부보이는 항상 엄벙덤벙! 무엇이든지 좀 잘해 보려고 하면, 넘어지고 떨어뜨리는 등 실수투성이 얼룩소다. 거기다 느리기까지 해서 부족하기가 이를 데 없지만 마음만은 한없이 착해서 항상 베풀고 나누어주는 착한 친구다. 부부보이의 이런 평범함과 친근감이 더욱 큰 관심과 사랑을 모았던 요소였으며 당시는 획기적으로 빙과업체에 라이센스가 되기도 했다. 바른손은 그에 힘입어 많은 캐릭터들의 사례를 연구하여 부부보이를 보다 많은 업체들이 사용할 수 있도록 스타일 가이드 북을 만드는 등 본격적인 준비를 하기 시작했다. 디즈니의 미키, 일본의 헬로 키티도 시간이 지남에 따라 디자인이 많이

1985년 개발된 바른손의 부부보이

수정되고 보완되어졌던 것처럼 부부보이 역시 시간이 지남에 따라 조금씩 변화를 시도했다. 초기의 부부보이의 라인은 가는 붓으로 해서 순수하게 손으로 그린 것이었으나 컴퓨터가 보급되면서 컴퓨터 상의 라인으로 바꾸는 작업들이 이루어졌고 형태면에서도 작은 변화들이 있었다. 조금은 낯선듯 세련된 이미지도 있었지만, 부부보이의 기본형은 여기에 더욱 힘입어 1990년대에 들어 오면서 애초의 '너무 소' 같은 이미지에서 점점 더 의인화된 캐릭터로 다듬어져 갔다.

컬러에 있어서도 개발 당시의 클래식한 저(低) 채도에서 파스텔톤으로 그리고 현재는 하늘색과 진한 파란색의 블루계열 이미지로 바뀌었다. 이렇게 시대에 맞는 디자인의 변화로 인해 부부보이는 1985년 개발된 이래, 현재까지도 제품으로 나오고 있다. 그러나 안타깝게도 개발 당시 만큼의 큰 인기를 얻고 있지는 못하다. 우리의 부부보이가 다시 활성화되기를 기대해 본다.

2 둘리 — 국민 캐릭터

우리 나라 캐릭터 중, 단일 캐릭터로서 여러 해 동안 많은 상품과 라이센스 계약을 체결하고 있는 아주 모범적인 캐릭터가 있다. 바로 아기공룡 〈둘리〉인데, 이는 우리 나라 캐릭터 비즈니스의 대표적인 성공 사례라고 할 수 있다.

둘리는 1983년부터 11년 간 보물섬에 연재하던 만화였다. 1987년과 1988년에는 TV용 애니메이션으로 제작되었고, 1996년에는 1983년 극장용 장편 만화영화로 제작 · 상영되기도 하는 등 매체의 확대를 통해 캐릭터의 선호층을 확대시켜 나갔다.

둘리는 만화 자체만으로도 80년대 한국만화가 거둔 최대의 성과라 불릴 만큼 하위 문화였던 만화의 지위를 당당히 영상 산업의 차원으로 격상시켰다는 평가를 받고 있다. 만화가 코흘리개를 대상으로 한, 돈장사가 아닌 엄청난 부가가치를 지닌 전략사업이 될 수 있다는 최초의 사례를 보여준 것이다.

이처럼 둘리가 성공할 수 있었던 것은 독자들에게 신선한 충격을 주었던 새로운 구성과 기획력이었다. 캐릭터의 설정에서부터 갈등구조 등의 특별함은 물론, 간결하면서도 깔끔한 선으로 표현된 그림이나, 동작을 생략한 채 상징적인 화면으로 스토리를 빠르게 진행시키는 연출 방법은 월간지의 제한된 지면이라는 핸디캡(Handicap)을 충분히 극복했다. 게다가 적절한 시기에 새로운 캐릭터를 투입하여 자칫 느슨해지기 쉬운 스토리를 긴장감 있고 재미있게 변화시켜 주었다. 이런 새로운 기획과 시도는 독자들이 가지고 있던 기존 만화에 대한 식상함을 새롭게 상기시켜 주기에 충분했던 것이다.

1983년 만화잡지 보물섬에 아기공룡 둘리가 연재되기 시작했다

만화 캐릭터로 시작한 둘리가 전국적인 인지도와 다양한 연령층의 선호도를 이끌어내는 데는 애니메이션의 역할이 크게 작용했다고 볼 수 있다. 애니메이션은 만화와는 다른 매체적 특성을 가지고 있어서 시청각적 요소가 첨가된다. '요리 보고 조리 봐도 알 수 없는 둘리~ 둘리~' 라고 하는 주제가는 둘리를 더 즐겁고 특별하게 기억할 수 있는 요소가 되었다. 또한 부천의 둘리거리 기획, 호텔 레스토랑 행사, 에버랜드 진출, 서울대학교 어린이병원 행사 등 고객과 직접 만날 수 있는 행사와 이벤트를 통해 끊임없이 둘리의 영역을 확대해 나가고 있다.

이렇듯 만화 둘리가 산업적으로 한 축을 마련할 수 있었던 것은 ㈜둘리나라의 설립이 계기가 되었다. 둘리나라는 라이센싱, 애니메이션 제작 등 둘리에 관한 전반적인 사업을 총괄하는 회사로서 둘리를 세계적인 캐릭터로 성장시키기 위한 조직적인 활동의 필요성 때문에 설립되었다. 캐릭터가 제 가치를 발휘하고 시장경쟁력 있는 상품으로 성장하기 위해서는 조직적인 대응이 필요하다고 여겨졌기 때문이다.

회사의 설립을 통해 둘리는 더욱 확고한 기반을 구축해 나아가고 있다. 그리고 IMF로 국내 소비가 위축되던 1998년에 둘리를 사용하여 어린이 화장품을 만들어서 도리어 외국 브랜드와의 경쟁에서 당당히 한몫을 하던 회사가 있었다. 수입 제품보다 싸고 외국에 로열티도 내지 않는 브랜드라는 점을 강조하며 애국심에 호소한 마케팅 활동으로 매장 내 판매 1위를 기록하기도 했다고 한다. 이렇듯 국민 캐릭터 둘리는 우리의 자존심으로 국내뿐 아니라 해외로의 진출까지 모색하고 있다.

❸ 일본에서도 가능하다, 얌!

2001년 봄, 일본의 마이니치 신문사는 우연히 사이트를 검색하던 중, 〈얌〉(YAMM)이라는 고양이 캐릭터를 발견하고 한국까지 연락을 해왔다. 자사의 판촉용 CD-Rom에 그 얌이라는 캐릭터를 사용할 수 없겠냐는 제안이었다. 일본의 대기업에서 한국의 캐릭터, 그것도 개발된 지 얼마 안 되어서 많이 알려지지도 않은 캐릭터에 대해 관심을 보였다는 것은 놀라운 일이었다.

결국 얌은 2001년 5월 마이니치 신문구독자와 일본항공(JAL), 전일항공(ANA), 일본항공시스템(JAS) 등의 항공사에 215만 장이라는 엄청난 물량의 CD-Rom의 표지와 스크린세이버로 만들어져 배포되었다.

Yamm ⓒ1999 WIZ Eentertainment

N세대의 여성을 대상으로 탄생한 달콤한 고양이 얌

2000년, 얌은 '달콤한 고양이'라는 매력적인 타이틀을 가지고 태어났다. 1318세대를 타깃으로 지향하는 이 고양이는 매니큐어를 칠하고, 화장을 하고, 염색을 하는 등 그 또래 아이들이 할 만한 행동을 똑같이 따라 한다. 유행하는 모든 것과 다이어트에 관심이 많다는 캐릭터 프로필은 또래 아이들의 모습을 잘 반영하며 깊은 공감대를 형성해갔다.

현재 얌 사이트(www.yamm.co.kr)는 여느 포털 사이트처럼 볼거리나 놀거리가 많진 않지만 충성도 높은 고객들이 꾸준히 방문해 얌에게 인사를 하고 간다.

그리고 얌은 현재 20여 개의 회사를 통해 수백 가지의 다양한 상품으로 나온다. 봉제 인형, 핸드폰 액세서리, 손목시계, 초콜릿, 신발, 자동차에 이르기까지 다양하다. 그 중 해태제과의 얌 화이트 엔젤 초콜릿은 단일품목으로 20억 매출을 기록하며 스포츠신문 선정 2001년 히트 상품으로 선정되는 영예를 누리기도 했다.

한국의 이름 없는 캐릭터로서 일본에서도 사용되고, 대상 타깃의 반응을 순식간에 얻으며 부상될 수 있었던 것은 우연한 일은 아니었다. 기획, 디자인, 마케팅 측면에서 다른 캐릭터와 달리 '얌' 이라는 캐릭터에 맞는 독특한 전략이 수반되어졌다.

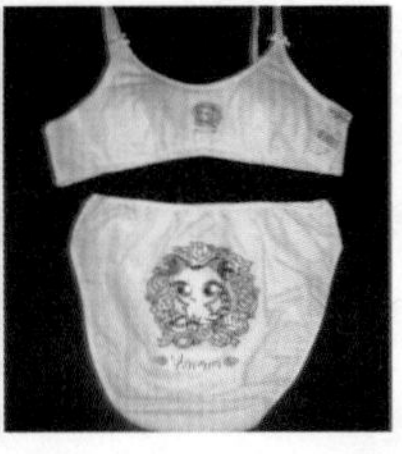

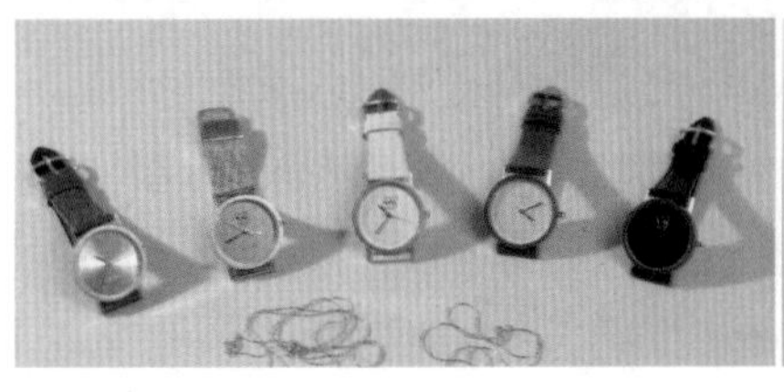

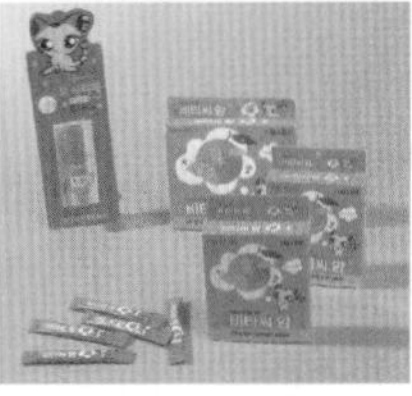

1999년 탄생 이래 현재까지 다양하게 출시된 얌 상품들

(A) 얌의 기획 전략

얌은 개발 당시에 상당한 연구와 기획이 바탕이 됐다. 먼저 타깃 면에서 보면, '모든 사람들에게 사랑받는 캐릭터를 만들어야 한다'는 기존 업계의 고정관념을 뒤엎고, '1318 여자'라는 특정 세대만을 위한 캐릭터를 개발하는 것으로 타깃을 세분화시키는 전략을 취했다.

사실 캐릭터 개발에서 타깃의 세분화 전략은 타깃의 세분화가 이뤄진 만큼 타깃의 대중화가 되지 않아 한편으로는 상당 부분 손해 보는 전략으로 보이기도 한다. 그러나 최근, 폭넓은 대중을 타깃으로 한 캐릭터들이 상당 부분 하강곡선을 그리고 있는 점으로 보아 트렌드가 빠르게 변하는 요즈음의 시장 상황과는 그리 맞지 않는 전략이라는 판단을 한 것 같다.

1318 여학생으로 타깃을 세분화시킨 후에는 그 타깃들이 지향하는 트렌드를 파악하고 그들이 무엇을 좋아하고, 무엇에 공감하는지를 분석하여 캐릭터 이미지와 컨셉트에 최대한 반영하도록 하였다. 나중에 얌이 매니큐어를 칠하고, 화장을 하고, 염색을 하는 등 그 또래 아이들이 할 만한 행동을 똑같이 따라 하는 스토리가 나올 수 있었던 것도, 유행하는 모든 것과 다이어트에 관심이 많다는 프로필이 나올 수 있었던 것도 모두 트렌드 분석에서 기인한다.

얌은 고양이다. 많은 사람들이 묻곤 한다. "왜 하필이면 고양이냐……?"고. 사실 우리 나라 사람들은 고양이를 요물로 생각하므로 대중적 친근함을 고려한다면 선택할 수 없는 소재였을지도 모른다. 그럼에도 고양이라는 소재를 선택할 수 있었던 것은 고양이라는 소재야말로 강아지와 같은 보편화된 애완동물이면서, 강아지처럼 친근하지만은 않은 조금은 개성적인 성향이 짙은 동물이며, 또 지극히 여성적이며 착하고 평범한 여성보다는, 새침하고 개성이 강한 여성을 대변하는 소재로 연상이 되기 때문이었다. 1318 여학생을 대변하기에 이보다 더 적합한 소재가 없을 것이라는 판단이었다.

(B) 얌의 디자인 전략

얌은 첫인상이 강하다는 소리를 참 많이 듣는다. 한 번 보면 오래오래 기억에 남을 만큼 강렬한 눈, 커다란 귀와 그에 반해 매우 심플하고 단순하게 처리된 입. 이러한 이목구비가 조화를 이루어 얌의 강한 이미지를 형성하고 있다. 짙은 핑크와 짙은 오렌지라는 메인 컬러가 주는 임팩트도 만만치 않다. 강렬한 형상과 강렬한 색의 조화는 타깃의 시선을 끌기에 충분했다.

흔한 것보단 강한 개성을 추구하는 1318 여학생들의 트렌드를 한껏 반영한 결과다. 특히 눈과 캐릭터의 동작 응용에 있어서 상당히 의인화해 타깃들의 공감을 충분히 끌어낼 수 있도록 했다. 얌의 핑크빛, 오렌지빛 컬러와 소녀풍의 다양한 소품, 디자인 패턴, 로고 등도 얌과 함께 얌의 성격, 1318 여학생들의 성격을 최대한 반영하도록 힘썼다.

한편 얌은 상품화를 염두해 두고 개발한 캐릭터이다. 단순한 형태와 단순한 컬러로 제품 전개와 적용에 용이하게 디자인되었다. 캐릭터의 형태가 복잡할수록, 다양한 컬러가 적용된 캐릭터일수록 상품 전개가 어렵다는 것은 이제 아는 사람은 다 아는 이야기이다.

이제 얌은 또 다른 변신을 추구하고 또 다른 유행을 창조할 것이다. 언제까지나 얌이 짙은 핑크와 오렌지색으로 메인 컬러 이미지로 전개할 수는 없다. 해마다 또는 시즌마다 그때그때 트렌드에 맞는 이미지 컬러를 찾아내 얌에게 적용하는 시도가 이루어져야 할 것이다. 그래야만 1318 여학생들에게 싫증나지 않고 오래오래 사랑받을 수 있는 캐릭터로 자리잡을 것이기 때문이다.

얌의 다양한 이미지

(C) 얌의 마케팅 전략

얌 마케팅의 기본 컨셉트는 '나는 얌족'으로, 1318 여학생을 대표하는 트렌드 캐릭터로 부각시키기 위해 다양한 중장기 전략을 추진하고 있다. 여기서 캐릭터를 트렌드화한다는 것은 캐릭터가 유명해진 결과, 캐릭터 제품이 많아지고 구매하는 고객이 늘어나서 하나의 트렌드를 형성하는 것을 말하는 것이 아니다. 시장에 캐릭터 제품이 동시다발적으로 전개됨으로써 역으로 캐릭터 트렌드가 형성되는 경향을 보여주는 것을 의미한다. 즉 시장의 노출 지배력이 있는 캐릭터가 트렌드 캐릭터가 될 수 있다는 이야기이다.

그러나 대부분의 생산 업체들은 검증된 캐릭터의 사용을 우선하는 경향 때문에 신규 캐릭터가 이러한 방식으로 시장 진입을 하기는 쉽지 않다. 그래서 얌은 라이센시간의 '이(異)업종 공동 브랜드 마케팅' 제안을 통해 이를 이루어가고 있다. 다시 말해 1318 여학생을 대상으로 비즈니스를 수행하는 다른 업종간의 공동 브랜드로 얌을 사용하고, 공동 프로모션을 전개하여 시너지를 높이자는 전략이다. 그 결과 얌은 현재 20개 사(社)의 라이센시를 통해 제품화 및 서비스화되어 고객과 만나고 있다. 여성의 신변 잡화 및 생활 용품을 중심으로 인터넷 서비스 및 무선 인터넷 콘텐츠 서비스에 이르기까지 다양한 분야에 응용되고 있다.

한편 얌은 캐릭터에 힘을 줄 수 있는 다양한 프로모션을 기획하여 시장을 활성화시키고 있다. 무엇보다도 캐릭터 커뮤니티 사이트인 〈yamm.co.kr〉의 운영과 함께 150만의 회원을 보유한 e-card 사이트인 〈Barunson.com〉을 통한 인터넷 홍보, 그 외에 2000년 2월 실시되었던 TTL-ZONE 공동 프로모션, 1318 여학생들이 자주 가는 매장에 설치되었던 AD-RACK, 현대자동차와의 캐릭터카 프로모션, 그리고 드라마 — SBS '아름다운 날들', MBC 시트콤 '세친구' — 등에 얌 제품의 노출도 좋은 반응을 얻었다. 이 중 'I love'라고 말하는 얌 핸드폰 액세서리는 그 제품의 특이성과 얌의 이미지 부합으로 히트 상품이 되기도 했다.

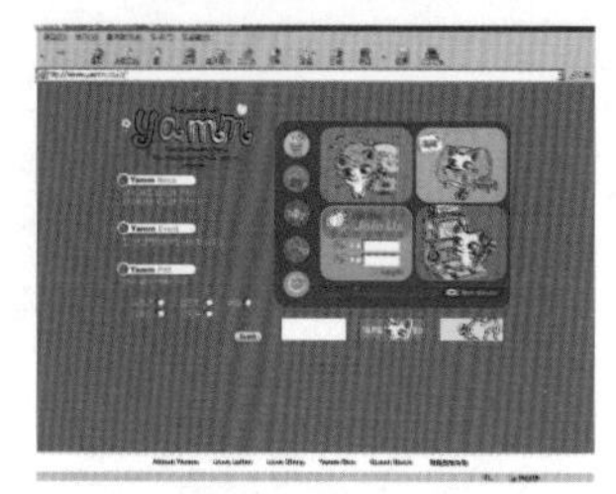

얌 홈페이지 (www.yamm.co.kr)

1318 여학생 타깃의 캐릭터 잡지 러브핑키와도 함께 프로모션을 전개하기도 했다

해태제과의 얌 화이트 엔젤 초콜릿의 한 장면

마이니치 신문사의 얌이 들어간 판촉용 CD-rom 케이스

⒟ 글로벌 캐릭터 얌

얌은 개발 당시부터 세계 시장을 염두해 두고 개발되었다. 우선적으로 가까운 일본 열도를 대상 국가로 선정했다. 다행이도 고양이라는 소재는 일본과 잘 맞았다.

우리 나라에서는 강아지가 가장 사랑받는 동물이라면 일본에서는 고양이가 가장 사랑을 받는 동물이다. 고양이 용품 전문점, 또는 고양이 그림이 들어간 제품만 전문적으로 판매하고 있는 상품 매장이 있을 정도이다.

앞서 언급한 것처럼 일본의 마이니치 신문사에서 얌 캐릭터 사용을 희망한 건 상당히 의외의 일이었다. 왜냐하면 얌이 개발 당시부터 일본 시장을 염두해 두고는 있었지만, 일본에 본격적으로 마케팅을 전개하고 있지는 않았기 때문이었다. 나중에 알고 보니 얌의 홈페이지〈www.yamm.co.kr〉를 통해 캐릭터를 알게 되어 관심을 보였다고 했다.

한편 얌은 2001년 세계적인 라이센싱 Fair인 〈뉴욕 라이센싱 쇼〉(New York Licensing Show)에 참가하여 미국의 'Lotus Optical Group' 이라는 안경케이스 전문회사와 라이센스 계약을 체결하기도 했다. 현재 위즈는 2개 국가 2개 회사와 해외 라이센스 비즈니스를 진행하고 있으며 동남아 지역 전체를 관할하는 대행사에서도 관심을 보여 검토 중에 있다.

타깃에 맞는 캐릭터 기획, 디자인, 마케팅이 국내에서의 성공은 물론 해외로의 도약을 가능케 한 힘이 아닌가 생각한다. 국내에서 성공하지 못한 캐릭터가 해외에서 성공하는 건 참 어려운 일인 것 같다. 글로벌을 생각하되, 우리 나라 시장과 대상고객을 먼저 생각하는 것이 우선적인 일이라고 생각한다.

4 디스플레이의 힘! 제품의 힘! 딸기

미국, 일본, 홍콩 등 외국의 사례를 보면 캐릭터 제품에 있어서는 제조와 유통이 분리되어 있어서 여러 제조업체들이 제품을 만들어도 같은 캐릭터인 경우에는 한 유통업자가 여러 제조 업체의 제품을 모아서 함께 유통을 하게 된다. 백화점이나 전문 숍(Shop), 마켓(Market) 등에 Shop in Shop의 형태로 같은 캐릭터 제품군을 만들어서 고객의 시선을 모으고 구매를 유도할 수 있는 분위기를 형성하는 것이다.

특히 일본의 캐릭터 상품들을 보면 캐릭터 그 자체보다도 상품의 아이디어나 디자인, 디스플레이가 더 인상적이고 감동을 준다. 그런데 우리 나라의 상황을 보면 각각의 제조 회사들이 각각의 유통을 통해 상품을 판매하기 때문에 캐릭터 제품이라는 것이 그저 하나의 구색으로서만 존재하게 된다. 캐릭터별 디스플레이가 아닌 제품군 속에서는 캐릭터의 브랜드 가치를 충분히 발휘할 수 없는 것이다.

작년에 그렇게 유행했던 포켓몬의 제품을 시리즈로 사고 싶어도 제품이 한군데 모아져 있는 곳을 찾기란 쉽지가 않다. 백화점에서건 할인마트에서건 우산을 사려면 우산이 있는 곳에, 의류는 의류쪽에 가야만 한다. 캐릭터 전문 매장이라고 표어를 내걸고 프렌차이즈를 하고 있는 몇 군데 회사조차 모든 캐릭터 제품의 집합장으로 캐릭터 하나하나를 전혀 고려하지 않고 있다. 캐릭터 숍이 다수 모여 있는 아셈몰을 가 보아도 여러 회사의 여러 캐릭터 매장이 거의 동일한 아이템들을 가지고 있는 것을 볼 수 있다.

일본의 신주쿠 소재 모자이크 거리를 가면 매장의 넓이는 아셈몰 캐릭터 매장 대비 1/2이나 또는 1/3 정도 규모인데, 스누피(Snoopy), 핑구(Pingu), 쎄서미 스트리트(Sesame Street), 썬더바니(Thunder Bunny) 등 유명 캐릭터 매장이 각각의 이름을 걸고 펼쳐져 있다. 그곳에 가면 사고 싶은 물건도, 볼거리도 많다. 우리 나라의 경우 볼거리와 매장의 매출은 무관하다는 생각으로 그저 만물상만을 추구하고 있는 실정이다.

한국적인 냄새가 정감있게 풍기는 우리의 캐릭터 딸기

요즘, 캐릭터 산업의 성장과 가능성이 상당한 관심을 모으며, 많은 개선점들이 대두되고 있는 중에 이 유통의 현실은 가장 큰 악재로 여겨지고 있다. 그러던 중 ㈜쌈지의 〈딸기〉 캐릭터 매장은 신선한 충격이었다. 이름처럼 귀엽고 깜찍한 딸기 캐릭터 상품들이 매장을 가득 채우고 있다. 늘 새로운 디자인의 개발과 제품의 좋은 질도 돋보이고, 다소 높은 듯한 중 · 고가의 가격 정책은 마치 캐릭터의 가치와 동일시되며 딸기를 다른 캐릭터 대비 수준 있는 캐릭터로 포지셔닝을 하게 한다.

딸기 매장에서만 제품을 구입할 수 있게 한 것도 잘 한 일이다. 제품이 너무 싸게 팔리고, 너무 많은 양이 한꺼번에 시장에 확산되면 오히려 캐릭터의 생명을 단축시키는 악영향이 있기도 하기 때문이다. 무엇보다 한 매장 안에 같은 캐릭터 제품끼리 예쁘게 전시되어 있는 모습은 고객의 눈을 만족시킬 뿐더러 실제로 제품을 구매하게 하는 확실한 동기부여가 되기도 한다.

캐릭터란 실제로 나를 대표하고 표현하는 것으로 여기기 때문에 마니아들이 형성되는 것이 당연하며 캐릭터 마니아들은 가능한 한 모든 제품을 본인이 좋아하는 캐릭터로 사고 싶어하기 때문에 수집구매나 반복구매도 이루어진다. 딸기가 그렇게 빨리 소비자의 기억과 마음속에 자리 잡을 수 있게 된 것은 물론 여러 가지 요소가 있지만 무엇보다도 '제품을 함께 보여 줄 수 있는 공간' 이었던 것 같다.

최근 들어서는 많은 업체들이 유통의 문제를 개선하려는 의지를 보이고 있다. 보기 좋은 떡이 먹기도 좋다는 옛말처럼 보기 좋은 유통들이 더 많이 생기고 더 좋은 결과들을 얻기를 기대한다.

제품 디자인과 품질 면에서 모두 우수한 딸기의 제품들

5 엽기적으로 떴다, 마시마로!

엽기 열풍과 함께 엽기적인 인기를 모은 마시마로

〈마시마로〉는 엽기토끼라는 이름으로 더 유명한 캐릭터로서 우리 모두가 잘 아는 것처럼 2000년대 한국 캐릭터 시장에 한 획을 긋고, 많은 비전을 제시한 스타 캐릭터다. 텔레토비, 포켓몬 등 해외 캐릭터나 공영 미디어만이 시장을 형성할 수 있다는 전례를 누르고 한국 캐릭터이면서 인터넷의 플래시라는 새로운 매체를 통해 일약 스타덤에 오른 것이다.

플래시 애니메이션 열풍의 진원은 바로 엽기토끼를 만든 만화가 지망생 김재인 작가다. 사실 마시마로는 휴학 중이었던 김 작가가 잠시 몸담았던 한 인터넷 회사에서 유아용 콘텐츠로 사용하기 위해 개발되었다고 한다. 그러나 내부의 호응을 얻지 못해 사용이 안 됐고, 결국 회사에서 나와 인터넷에 올린 게 네티즌 사이에서 폭발적 인기를 끌면서 히트 캐릭터가 되었다.

국산 캐릭터가 더 이상 2위가 아님을 입증했다는 점에서 더욱 주목할 만하다

축 처진 눈에 짧은 귀, 뒤뚱거리는 몸짓의 마시마로는 소풍 나온 곰 가족의 과일을 빼앗아 먹고, 잡아먹을 듯이 화를 내는 곰 앞에서 이마로 병을 깨뜨리는 그야말로 엽기적인 행동을 일삼는 토끼다.

황당한 의외성 때문인지, 토끼답지 않은 외모 때문인지 그 인기는 하늘을 찔러 봉제 인형만 1000만 개가 넘게 팔렸고, 각종 의류, 문구 등 캐릭터 상품 종류만도 3,000여 종의 상품들이 출시되어 천억 원 이상의 시장을 형성했다.

일본 언론이 "한국 여대생의 50%가 갖고 다닌다"고 소개할 만큼 대중화됐고, 모조품 인형만 1000만 개가 팔려 나갔을 정도로 경제적 파급 효과도 컸다. 캐릭터 업계에서는 "마시마로가 대중 문화계를 휩쓴 '엽기 붐'을 타고 사람들 마음속에 깊게 파고들어 대성공을 거뒀다"며 국산 캐릭터의 가능성을 보여준 '사건'으로 여기고 있다.

엽기토끼의 인기가 치솟자 2001년 초, CLKO 엔터테인먼트와 캐릭터 라이센싱 대행권을 체결하고 본격적인 캐릭터 사업을 전개하고 있다. 2001년 가을에는 대만과 캐릭터 천국 일본에 동시 진출했다.

2003년에 이르러서는 대만, 일본뿐만 아니라 홍콩, 중국, 말레이시아 등 아시아 지역과 미국, 캐나다, 유럽으로 시장이 넓어지고 있는 추세이다. 이처럼 국내외 시장에서 마시마로와 캐릭터 사용 계약을 맺고 일으키는 제품의 연매출은 모두 1,400억 원에 이르며, 로열티로만 2002년 42억 원의 수익을 올렸다고 한다.

1년이라는 단기간에 아무도 예상하지 못했던 엄청난 인기와 성공을 거둔 마시마로는 여러 가지 면에서 국내 업계에 기여한 바가 크다고 할 수 있다. 우선, 플래시 애니메이션이라는 장르를 캐릭터 홍보의 주요 매체로 만들었다는 것이다. 뒤를 이어 나온 〈졸라맨〉, 〈우비소년〉, 〈뿌까〉, 〈미니비〉 등의 캐릭터를 보면 쉽게 알 수 있다. 무엇보다 마시마로의 가장 큰 의의는 한국 캐릭터도 최고가 될 수 있고 폭발적 이슈를 만들 수 있다는 가능성을 시사했다는 점이다.

실제로 국내 캐릭터 산업은 '엽기 토끼 마시마로' 등의 인기에 힘입어 지난 1998년 국산 캐릭터 시장점유율 15%에서 2001년 35%, 2002년에는 45~48% 정도로 급성장하였다. 그래서인지 마시마로의 폭발적인 인기가 한창이던 2001년을 기점으로 수많은 국산 캐릭터들이 쏟아져 나왔다. 마시마로를 통해 우리 나라 캐릭터 산업의 새로운 전기를 맞이한 것이다.

6 일관된 컨셉트로 승부한다, 뿌까!

〈마시마로〉에 이어 국산 캐릭터 신드롬을 일으키고 있는 'VOOZ' 사의 〈뿌까〉(PUCCA)는 2000년 온라인에서 처음 등장한 이래, 해가 갈수록 많은 사랑을 받고 있다.

이는 〈뿌까〉라는 캐릭터의 개성적인 디자인과 독특한 컨셉트에서 비롯된 것이라고 해도 과언이 아니다. 빨강과 검정이라는 원색의 단순한 조합과 심플한 선과 면…… 등이 이 캐릭터를 돋보이게 할 뿐더러 상품화에 있어서도 큰 장점을 갖게 한다.

게다가 여성이 남성에게 적극적으로 대쉬한다는 뿌까의 "funny love story"의 참신한 기획도 캐릭터의 주 타깃층인 1318 신세대들에게 커다란 공감대를 얻기에 충분하다. 내숭이라는 여자의 미덕(?)을 져버린 뿌까의 열렬한 구애작전은 보는 사람들로 하여금 안타까움마

뿌까에게 적극적인 대쉬를 받는 가루

품질과 디자인이 모두 뛰어난 뿌까 캐릭터 상품(필통, 시계, 슬리퍼, 인형 등)

저 갖게 한다. 게다가 그 정도가 지나치고 기상천회해서 폭소를 터뜨리지 않을 수가 없다. 세상이 아무리 변했다 해도 여자가 사랑을 고백할 수 있는 날이 따로 있다는 것에 별로 거부감을 갖지 않는 요즘의 시대에서 뿌까의 구애는 시원한 카타르시스가 된다.

〈뿌까〉의 기본적인 시나리오 컨셉트는 거룡 중국집 막내딸인 '뿌까'가 수행중인 '가루'에게 한눈에 반한 뒤 가루에게 끊임없이 대쉬한다는 스토리이다.

고대 닌자의 후예로 가문의 재건만이 유일한 목표인 '가루'는 '뿌까'의 지속적인 구애에 도망을 가지만 가루도 내심 '뿌까'의 대쉬가 싫지만은 않다. 이러한 기본 컨셉트를 바탕으로 다양한 테마와 상황을 설정하여 이를 접하는 소비자들이 싫증나지 않도록 하는 것이 '뿌까'의 주요한 성공 전략이었다. 2000년에 등장한 '뿌까'의 기본 컨셉트는 2003년인 오늘날까지 유지되고 있으며 일관된 컨셉트를 유지하면서도 꾸준히 추가되는 다양한 테마가 '뿌까' 캐릭터의 성공에 큰 역할을 하고 있다.

〈뿌까〉는 상품화 되기 전 모바일, E-card 등의 온라인 매체로 인해 네티즌에게 먼저 알려지게 됐으며, 지속적으로 업그레이드 되는 다양한 플래시 애니메이션과 디자인을 바탕으로 온, 오프라인의 더욱 다양한 상품에 적용되기 시작했다. 최근에는 게임 개발 등 보다 다양한 제품군과의 연계를 모색하고 있으며, 국내뿐만 아니라 해외 마케팅에도 괄목할 만한 결과를 얻고 있다. 어쩌면 '중국'이라는 요즘의 이슈를 잘 활용한 의도된 마케팅인지도 모르겠다.

해외에서도 온라인과 모바일 매체를 통해 '뿌까' 마니아층이 빠른 속도로 늘어가고 있으며, 일본, 중국, 대만, 홍콩, 태국, 싱가폴 등에 현지 에이전시들이 그 인기에 합일해 점차 증가하고 있는 실정이다. 특히 중국에서는 '뿌까'의 인기가 국내를 능가할 정도로 높다고 한다.

올해 들어서는 '뿌까'의 남자친구인 '가루' 외에도 다양한 친구들이 새로 선을 보이면서 스토리 라인이 강화되어 더욱 다채롭고 탄탄한 '뿌까' 캐릭터 브랜드의 정립이 가능할 것으로 보인다.

'뿌까' 는 정말 재미있는 'funny love story' 의 지속적이고 다채로운 마케팅과 홍보를 통해 고유한 독자성을 정립하고 국내외에서 앞으로도 오랫동안 사랑받는 한국의 대표 캐릭터가 되기를 기대해 본다.

뿌까 온라인 게임의 메인화면과 새로 등장하게 될 뿌까의 친구들

6장 IT 시대의 캐릭터 비즈니스 Character Business

1. 인터넷과 사이버 캐릭터
2. 움직이는 캐릭터 시장: 무선 인터넷과 캐릭터 비즈니스
3. 콘텐츠 비즈니스와 캐릭터
4. 캐릭터 산업: 이 업종의 공동마케팅 제안

국내에 캐릭터 머천다이징 산업이 태동된 것은 그리 오래된 일이 아니다. 물론 이전에도 외국에서 개발된 애니메이션 캐릭터를 중심으로 시장은 형성되어 있었으나, 완구 및 아동 용품 중심의 제한된 시장에 머물러 있었다. 1980년대 중반기부터 본격적으로 주니어를 타깃으로 한 문구, 팬시 상품이 큰 반향을 일으키며 캐릭터는 새로운 산업 영역을 만들어 갔고, 최근 국산 캐릭터의 개발 붐과 함께 대상 고객의 확대를 통해 도약의 기회를 만들어 가고 있다.

오랫동안, 캐릭터하면 예쁘고 귀여운 것, 여성 대상 상품이라는 고착된 이미지로 대상 산업 및 연령층 확대에 스스로 제한을 두어 왔지만, IT 산업의 태동과 급속한 발전이 게임 산업 및 인터넷 산업이라는 비즈니스를 만들어내면서 전통 캐릭터 산업은 새로운 기회와 도전을 받고 있다.

게임용으로 제작된 캐릭터가 게임 자체의 성공과 함께 캐릭터 산업과 연결되면서 다양한 상품들이 등장하였다. 일본에서 개발된 포켓몬스터가 그 대표적인 사례로, 동양권 캐릭터가 진입하기 어려웠던 구미 시장에서 폭발적인 인기를 끈 것은 물론, 사회적 혹은 문화적 현상으로 언급될 정도의 파급력으로 세계적으로도 기대 이상의 효과를 거두었다. 또한 인터넷 사용 인구의 급속한 증가는 새로운 캐릭터의 확산 매체로 자리매김하며 성공 가능성이 높은 시도들을 보여주고 있다. E-mail, Flash Animation, E-card, Cyber Pet, Avatar 등의 형태로 전개되는 캐릭터 전략은 기계적이고 삭막한 컴퓨터를 접근 용이한 매체로 인식시키는 데 필수불가결한 요소로 등장하고 있다. 이동전화를 중심으로 한 캐릭터 다운로드 서비스 등의 모바일 컴퓨팅 사업도 캐릭터 산업의 나아가야 할 이정표를 보여주는 한 예이다. 다시 말해 IT 산업의 발전은 캐릭터 적용 매체, 대상 연령 및 성별에도 제한이 있을 수 없으며, 산업의 중요 이슈들에 신속한 대응과 대안의 제시, 연관 산업 발전을 위한 캐릭터 산업의 전략적 접근이 어느 정도 중요한지를 깨닫게 하는 계기가 되고 있다.

이제 캐릭터 산업은 새로운 패러다임을 요구받고 있다. 이는 역으로 IT 산업 또한 캐릭터를 이용한 전략적 비즈니스를 고려해야 한다는 명제로 바꿔 말할 수 있다. 캐릭터 산업과 IT 산업은 더 이상 별개의 사업이 아니기 때문에 사업 구상 단계부터 시너지를 기대하는 공동 마케팅을 고려하는 것이 바람직하다. 그간 성공적으로 진행된 IT 산업과 캐릭터 산업의 비즈니스의 사례들을 보면서 우리 나라 현실에 적합한 비즈니스 모델을 찾아 보았으면 한다. 이는 글로벌 비즈니스 시대에 이미 국경을 초월한 문화의 유입과 제한 없는 경쟁 환경에서 우리 산업이 나아갈 방향 즉, 국내 연관 산업의 아이덴티티를 구축하고 지켜 나가는 일과 세계 시장으로의 효과적 진출을 모색하는 과제를 포함한다고 볼 수 있다.

1

인터넷과 사이버 캐릭터

인터넷이 캐릭터 산업에 끼친 영향은 여러 분야에서 볼 수 있다. 그동안 캐릭터는 애니메이션(특히 TV시리즈물) 등 미디어에 크게 의존해왔지만 온라인을 통해 시공을 초월하여 고객과 만날 수 있게 되면서 새로운 영역을 개척할 수 있게 되었다. 다양한 멀티미디어 도구를 사용하여 보다 효과적으로 캐릭터를 보여줄 수 있어 인지도가 낮았던 캐릭터가 e카드(e-card), 웹 애니메이션(Web-Animation)을 통해 상승된 인기 덕택으로 오프라인 산업에 라이센싱되는 사례가 등장하고 있다. 그러나 온라인 광고가 비즈니스 수익 모델로 점차 그 가치를 잃어가는 것과 마찬가지로 캐릭터를 통한 비즈니스 수익모델 또한 많은 과제를 안고 있다.

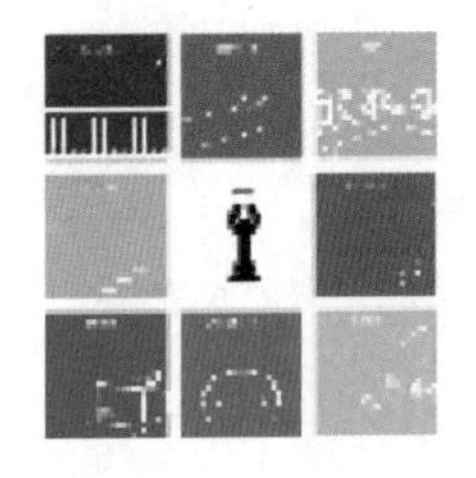

인터넷 캐릭터로 가장 성공했다고 이야기할 수 있는 일본의 소니 커뮤니케이션 네트워크 사(社)가 개발한 〈포스트 펫〉(post pet)은 8종류의 애완동물 중 자신이 키우고 싶은 캐릭터 하나를 선택하여 메일을 주고 받을 때 사용하는 이메일 캐릭터이다. 2000년 7월까지 약 75만 개의 소프트웨어가 판매되었고, 350종의 캐릭터 상품이 출시됐으며 제과업체, 출판사 등에 라이센싱하는 등 캐릭터 비즈니스로 성공하였다. 포스트 펫의 성공 요인은 먼저 대상 고객의 선정이 분명한 점을 들 수 있다. 포스트 펫 기획자들은 인터넷에 소외되어 있는 여성 및 중·장년 남성 등 컴퓨터 사용에 익숙하지 않은 사람들을 대상으로 쉽고 친숙한 사용자 인터페이스를 고안했다. 즉 GUI(Graphic User Interface)환경의 메일 소프트웨어와 그 안에 살아 있는 사이버 애완

동물을 통해 단기간 내에 인터넷 소외 계층의 폭발적인 호응을 이끌어 냈다. 또한 자기만의 캐릭터를 육성하는 〈타마고치〉식 구성을 통해 메일 이용자간의 커뮤니티를 형성해 나가는 일도 병행했다. 또 다른 성공 요인은 온라인과 오프라인의 절묘한 조화를 구현했다는 점이다. 소프트웨어 보급과 동시에 350종의 관련 상품이 매장에 전시되었는데 그 다양성과 높은 완성도에서도 고객의 관심을 끌기에 충분한 것이었다.

PostPet™

Post Pet의 Symbol Logo

Post Pet 캐릭터 전종

2

움직이는 캐릭터 시장:
무선 인터넷과 캐릭터 비즈니스

핸드폰을 통한 인터넷 서비스 이용자가 급속하게 증가하고 있다. 음성 통신에서 데이터 통신, 인터넷 대응, 컬러화, 모바일EC, 차세대 이동 통신(IMT-2000서비스)으로 발전하고 있는 이동 통신 기술이 우리의 삶을 변화시키고 있다. 뉴스, 금융, 생활 정보 등 다양한 콘텐츠가 제공되고 있는 가운데 이용 빈도가 높은 것이 바로 엔터테인먼트 관련 콘텐츠이다. 현재 핸드폰 벨소리 다운로드 서비스, 대기 화면 캐릭터 다운로드 서비스, 게임, 노래방 등의 형태로 제공되고 있는 이들 서비스는 단말기 제조기술의 발전과 접속 속도 개선, 콘텐츠 제공자의 기술 개발을 통해 더욱 다양화되고 풍부해지고 있다.

모바일에 다운로드 받을 수 있는 캐릭터 동영상

한편 PDA 및 경량화된 노트북 컴퓨터의 보급에 따라 모바일 인터넷 환경이 더욱 확대되고 있다. 이미 이동중에 콘텐츠를 활용하는 파워 유저가 생겨났고, 블루터스 등 통신 기술의 발전에 따라 이동 단말기간의 데이터 통신이 확대될 것이 예상되는 가운데 이러한 통신 기술의 발전에 따른 콘텐츠의 내용과 활용 방법에 대한 다양한 논의가 진행중이다. 즉 시공을 초월한 정보의 제공과 교류가 가능해진 새로운 환경이 관련업계의 적극적인 대응 요구로 주어져 있다는 것이다.

캐릭터 산업적 면에서도 모바일 인터넷 환경의 변화와 발전은 좋은 사업 환경을 제공한다. 먼저 캐릭터의 활용 공간과 활용 소스가 확장되는 점이다. 정지화상 및 단순한 움직임의 동화상에서 애니메이션 수준의 움직임과 컬러화에 따른 고품질의 캐릭터 다운로드 서비스가 점점 상용화되는 가운데, 보다 풍부한 캐릭터 비주얼의 활용이 기대된다. 또한 음성인식, 음성합성 기술과 고도화된 검색 기능을 지원하

~쏭 시리즈의 모태가 된 바른손닷컴(www.barunson.com)의 당근쏭

는 새로운 유저 인터페이스(User Interface)를 기본으로 하는 도우미(Agent)로서의 캐릭터 활용도도 높아질 전망이다. 자신이 좋아하는 캐릭터에게 원하는 정보를 찾아 달라는 명령을 보내면 캐릭터가 정보를 검색해 알려주는 시스템이 보편화될 것인데, 기존의 비주얼 중심의 캐릭터 어플리케이션에서 '음성' 또한 캐릭터의 중요한 어플리케이션으로 부각될 것이라는 예상이다. 이보다 벨소리 다운로드는 이미 캐릭터성 있는 또 하나의 캐릭터 사업으로 주목 받고 있다. 바른손 닷컴의 '당근쏭' 이 그 대표적 사례로, 당근 캐릭터 개발과 당근에 어울리는 '송(song)' 개발로 초기 e-card로 런칭, 큰 호응을 얻었고 그 결과 캐릭터 벨소리 서비스로 예상 외의 큰 매출을 일으킨 바 있다.

한편 모바일 인터넷 환경하에서 사용자 자신을 표현하는 '개인 캐릭터의 활용' 은 계속 증대될 것이다. 그러나 이러한 캐릭터 산업의 환경 변화가 반드시 캐릭터 산업에 있어, 기회 요인으로만 작용하진 않는다. 기존의 캐릭터 활용과 확산의 주된 매체가 기존의 우리가 흔히 아는 '캐릭터 상품' 을 통해 전개되는 상황에서는 선호도의 지속성이 어느 정도 보장되어 있었지만, '모바일 인터넷 환경' 에서의 캐릭터는 문화적 변화와 시대적 이슈에 따라 급변해야 하는 과제를 안는다.

실제로 엄청난 사회적 이슈가 된 바 있는 '엽기열풍' 에 따라 핸드폰 캐릭터 다운로드 서비스에서 엽기 캐릭터의 선호도가 높았던 점은 많은 시사점을 던져준다. 즉 캐릭터 인지도와 관계없이 단기간적 이슈에 따라 편승하는 캐릭터가 부각되고 예전과는 다르게 그 인기도 급속히 저하되는 경향을 보이고 있다.

그러나 단기간적 이슈는 캐릭터 상품 시장까지 확대되지 못한다. 고객의 Needs가 매체 특성에 따라 다양화되는 점은 캐릭터 비즈니스 종사자들에게 많은 과제를 던져준다. 즉 시대적 이슈에 따른 '캐릭터 어플리케이션의 개발' 과 '시장 선도형 이슈의 개발' 이다. 캐릭터 산업은 모바일 인터넷 환경의 변화에 따른 자기변신을 요구받고 있다. 기존의 인지도와 선호도를 이용한 자연적 시장 친화력의 확대 전략 및 모바일 인터넷 콘텐츠에 제공돼 캐릭터의 인지도를 높이려는 프로모션 전략은 소극적 시장 대응일 것이다. 보다 적극적인 모바일 인터넷 환경 내에서의 캐릭터 비즈니스 모델 구축을 모색할 시기이다.

3

콘텐츠 비즈니스와 캐릭터

콘텐츠라는 단어는 인터넷이 보급되기 시작했던 1995년부터 미국에서 하드웨어, 소프트웨어, 통신망의 필요성에 대한 논의가 진행되던 중에, 가장 중요한 것은 콘텐츠라는 인식이 자리잡게 되면서 일반적으로 사용하기 시작한 용어이다.

보통 콘텐츠는 '출판, 음반, 영상 등 모든 정보 형태를 포괄하는 내용물과 이를 이용한 전반적인 서비스 활동' 을 통칭하는데 그 범위는 매우 광범위하며, 이를 통한 인터넷 비즈니스 수익모델 구축을 위해 많은 산업 자원이 투자되고 있는 상황이다.

그러나 인터넷 보급 초기에 업체들이 전략적 혹은 경쟁적으로 무상 서비스를 실시한 결과 '인터넷은 무료' 라는 이용자들의 인식이 확산되어 있어 수익 모델로의 전환이 쉽지는 않은 상황이다. 특히 인터넷 사이트를 정보 제공 이외에 개인과 개인 사이에 콘텐츠를 주고 받을 수 있는 P2P(Peer to Peer)기술의 개발로 콘텐츠의 무상 사용이 일반화되어 가는 추세이다.

물론 음반파일(MP3) 무료교환 사이트인 냅스터가 미법원으로부터 음반저작권을 침해했다는 판결을 받는 등 법적 · 제도적 · 기술적으로 콘텐츠의 유료 사용을 강제하려는 노력들이 전개되고 있기는 하지만, 단기적으로는 콘텐츠 제공을 통한 수익성을 담보하는 기업이 태동되기에는 많은 어려움이 있을 것으로 예상된다. 수익을 통한 가치창조가 기업의 존립 근거라면 콘텐츠 비즈니스 참여 기업에 있어 수익 창출은 하나의 과제임과 동시에 질 높은 서비스를 제공 받고자 하는 사용자에게 있어서도 외면할 수 없는 현실이다.

이러한 가운데 국내에서 유료화가 가장 활발하게 이루어지고 있는 분야는 엔터테인먼트 분야이다. 엔터테인먼트 분야에서는 온라인 게임, (성인)인터넷 방송, MP3, 인터넷 영화, 인터넷 만화, 핸드폰 콘텐츠 등의 서비스들이 차례로 유료화에 돌입하고 있으며, 일부 분야에서는 성공적인 실적을 나타내고 있기도 하다. 또한 보안 솔루션과 콘텐츠 제공 방법에 관한 기술 개발과 표준화 노력이 경주되고 있는 가운데 정상적 상거래를 통한 콘텐츠 제공 모델도 활발하게 제안되고 있으며, 콘텐츠의 차별화, 특히 특정 분야에 관심을 가진 고객을 대상으로 한 집중화된 콘텐츠 제공업은 성공가능성이 높은 비즈니스로 부각되고 있다.

콘텐츠 비즈니스 중 캐릭터 비즈니스가 관여되는 분야는 '캐릭터 자체를 상품화하는 것' 과 '캐릭터를 이용한 콘텐츠의 이미지 제고', 즉 '프로모션 도구' 로써 활용되는 것을 들 수 있다. 핸드폰을 통한 캐릭터 다운로드 서비스, 아바타 등이 전자에 속하며, 특정 타깃을 가진 홈페이지 디자인 및 배너 광고, 교육용 콘텐츠 등에 사용되는 것이 후자에 속한다.

현단계 캐릭터 비즈니스는 비주얼을 통한 감성적 고객 커뮤니케이션과 아울러 콘텐츠 비즈니스 속성에 적절히 대응하고자 하는 노력을 보이고 있다. 관련 업계들이 인터넷 비즈니스에 직·간접적으로 참여하고 있고, 인터넷 상의 주요 이슈에 민감하게 반응하며 대응전략을 수립하고 있다. 아울러 지적 자산 중심의 콘텐츠를 오프라인 비즈니스로 확산시키는 전략과 방법의 제시는 캐릭터 비즈니스 종사자들이 해결해야 할 의무로 남는다.

4

캐릭터 산업:
이 업종 공동마케팅 제안

고객 마케팅은 고객의 삶을 올바르게 파악하고 고객 취향(Needs)에 맞는 상품의 개발과 시장전개를 통해 성공할 수 있다. 즉 고객과 일상적인 쌍방향 커뮤니케이션을 수행할 수 있는 기업만이 성공 가능성이 높다고 말할 수도 있다.

과거, 기업은 나름대로의 경험과 기법을 가지고 고객을 상대로 마케팅 전략을 사용하여 왔었다. 그러나 인터넷의 보급은 기업이 고객에게 일방적으로 전달하는 커뮤니케이션과는 다른 모습을 보여준다.

오늘날의 고객은 필요한 정보만을 선택적으로 수용하는 것이 생활화되어 있어 일방적인 정보전달에 의해 구매행동을 하지 않게 되었으며, 도리어 자발적이고 적극적으로 기업에 고객 자신의 의견을 반영시키는 등 고객참여의 양방향 커뮤니케이션이 정착되는 양상을 보이고 있다. 이에 기업들은 인터넷을 통한 고객 커뮤니케이션 강화와 관계 지속성을 유지할 목적으로 e-crm을 도입하는 등 변화하는 환경에 대응하기 위한 노력을 경주하고 있다.

개별 기업이 수행할 수 없거나, 생산성이 떨어지는 고객 커뮤니케이션의 효과적인 대응전략으로 캐릭터를 통한 공동 마케팅을 기획하여 성공을 거두고 있는 사례가 있다. 앞장에서 이야기 했던 것처럼 얌의 경우 '이 업종 공동 마케팅' 이라는 기획으로 기업들로부터 좋은 호응을 얻고 있다. 캐릭터는 'One Source Multi Use' 로 산업 전반에 걸쳐 매우 폭 넓게 사용될 수 있는 가능성을 갖고 있다.

캐릭터란 단순한 그림이 아니기 때문에, 각 캐릭터마다 지향하고

E-CRM 구축으로 고객의 요구를 실시간으로 반영, 상품 경쟁력 증대 및 제조 유통 리스크를 줄이고 있는 캐릭터 생활 용품점 Merry&Sweet

있는 대상 고객 및 활용도가 고려되어 있는 상품디자인의 아이덴티티를 가지고 있다. 그러므로 같은 대상 고객을 지향하는 이(異) 업종간에 전략적 제휴를 통한 시너지 효과를 기대할 수 있는 것이다.

〈메리앤스윗〉이라는 캐릭터 매장은 캐릭터 산업에 있어 첨단의 새로운 제시를 하고 있다. 매장을 방문하는 고객을 통해 캐릭터 선호도를 과학적으로 분석하여 고객의 트렌드를 창조하고자 하는 것이다. 상품기획 단계에서 각 상품 단위별로 소구하고자 하는 기획의도를 데이터베이스화하는 것인데, 상품의 색상, 형태, 재질, 크기, 가격, 캐릭터, 타 상품과의 관계성 등을 포함한다.

기획된 상품은 판매시점(POS)을 실시간으로 분석하고, 회원화된 전 구매고객의 데이터와 함께 분석함으로써 연령별, 성별, 지역별 상품 선호도를 실시간으로 알 수 있는 시스템을 구축하였다. 당분간은 데이터웨어 하우징 수준에 머무르겠지만 데이터 누적에 따라 고객의 트렌드를 제안할 수 있을 정도의 과학적 분석과 대안 제시가 가능할 것으로 기대하고 있다. 이를 통해 캐릭터 적용 가능 산업과의 적극적 연대를 통해 비즈니스 시너지를 꾀하고자 하는 것이다.

캐릭터 생활 용품점 Merry&Sweet 매장 내부

그 동안, 캐릭터 산업이 감각적인 시장 대응의 수준에 머물러 왔다는 것은 부정할 수 없는 현실이었다. 물론 산업의 특성상 감성적 접근이 중요한 부분을 차지하는 것은 간과할 수 없는 부분이지만, 보다 과학적이고 체계적인 고객 커뮤니케이션을 통한 대응이 성공적인 비즈니스를 만들어낸다는 시대적 요구도 직시해야 한다.

부록 캐릭터 매뉴얼 Character Manual

1. 저작권 사용 계약서
2. 추천 국내 캐릭터 관련 사이트
3. 추천 해외 캐릭터 관련 사이트
4. 캐릭터 매뉴얼
   : 부비
   : 난타
5. 국내 유망 캐릭터 & 캐릭터 관련 회사 소개
   (출처: 한국문화콘텐츠진흥원[2001캐릭터연감])

저작권 사용 계약서

계약 기간: 0000년 00월 00일부터 0000년 00월 00일

계약 당사자: “제공자” (주) 0000 (대표000)

“사용권자” (주) 0000 (대표000)

본 계약서상의 제공자는 본 계약서상의 (A)에 명시된 ‘재산’과 관련한 저작물 이용허락에 대한 권리를 갖는 유일한 자이고, 본 계약서상의 사용권자는, 부록(B)에 명시된 제품(이하 “허여 제품”이라 칭한다)의 생산, 판매, 판촉, 광고 등에 제공자의 ‘재산’을 사용할 수 있는 권리를 얻고자 하는 자로서, 본 계약서에 포함되어 있는 양 당사자간의 제 전제조건을 고려하여 다음과 같이 상호동의한다.

제 1조 사용권

1. 제공자는, 본 계약서의 제 조건하에서, 대한민국 영토(이하 “지역”이라 칭한다) 내에서만 부록(D)에 명시된 유통으로 허여 제품을 생산, 판매, 확산하고, 허여 제품의 홍보, 광고, 판촉과 관련하여 ‘재산’을 사용할 권리를 사용권자에게 허여한다.
2. 상기 ‘지역의 제한’에도 불구하고, 제공자의 사전 서면 승인하에서 지역 외의 국가에도 허여 제품을 판매할 수 있다.
3. 사용권자는 본 계약서에 의거하여 허여된 권리의 전부 혹은 일부를 어떠한 제 3자에게 양도해서도 안되며, 재 허여해서도 안된다.

제 2조 제한

사용권자는 허여 제품의 생산 및 유통 그리고 홍보, 광고의 실행 및 판촉물의 제작 · 배포 시에 다음과 같은 사항에 유의한다.

(i) 사회적으로나 교육적으로 ‘재산’의 행동을 방해하거나 ‘재산’에 해를 끼치는 방법으로는 ‘재산’을 사용하지 않는다.

(ii) ‘재산’을 불명예스럽게 하거나 ‘재산’의 인상에 해를 끼치지 않는다.

(iii) 특별한 목적, 즉 판촉물 혹은 무상 제공 용품으로 허여 제품을 판매하거나 유통시키지 않는다.

제 3조 사용 매뉴얼

1. 사용권의 허여 시에 제공자는, '재산' 의 색상 운용과 관련한 사용 설명서가 있는 매뉴얼을 사용권자에게 제공한다.

2. 사용권자는, 제공자가 제공한 매뉴얼에 수록된 모든 내용을 충실히 이행하여야 하며, 사용설명서의 내용이 명확하지 않다고 판단될 때에는 제공자와의 협의를 통하여 조정하여야 한다.

3. 사용권자는, '재산' 과 관련한 본 계약서의 목적을 위해서만 사용하여야 하며, 계약 당사자 이외의 자에게는 매뉴얼 및 관련 자료를 양도, 대여할 수 없다.

제 4조 아트워크 승인 및 샘플

1. 사용권자는 허여 제품에 '재산' 을 적용하여 완성한 아트워크를 제공자가 인식, 판독할 수 있는 형태로 반드시 제품 생산 이전에 제공자에게 제시, 승인을 얻어야 한다. 제공자는 수령 후 1주일 내에 팩스 혹은 기타의 서면으로 승인 여부 및 의견을 사용권자에게 통보해 주어야 하며, 해당 아트워크는 사용권자에게 반환한다.

2. 사용권자가 허여 제품의 홍보, 광고 및 판촉과 관련하여 재산을 이용하는 경우, 본 조 1항과 동일한 방법으로, 제공자에게 아트워크 및 관련 서류의 초안을 제시하여 승인을 득하여야 한다.

3. 제공자가 아트워크 및 색상을 수정하라고 요구하는 경우 사용권자는 원칙적으로 그 요구를 이행하여야 한다. 그러나, 허여 제품의 재질이나, 인쇄 기술 · 방법, 혹은 기타의 여러 가지 피할 수 없는 이유로 그러한 요구의 이행이 불가능한 경우, 사용권자와 제공자는 최선의 해결책을 강구하기 위하여 상호 협의한다.

4. 허여 제품에 적용하는 모든 '재산' 은 각 '재산' 의 이름과 함께 사용되어야 한다.

5. 사용권자는 '재산' 을 적용한 시제품을 생산하는 즉시, 단위 포장의 제품 각 3개씩을 제공자에게 무상 견본으로 제공하여야 한다.

제 5조 판매 계획

본 계약의 체결과 동시에 사용권자는, 재산별로 적용하고자 하는 허여 제품의 종류, 각 허여 제품의 개별 소매 가격, 출고가, 예정 출시 일자 등을 포함하는 내용으로, 제 11조 1항의 계약 기간 동안의 허여 제품의 생산, 판매 계획을 제공자에게 제출하여야 한다.

제 6조 대가

1. 본 계약서에서 언급되는 모든 로열티의 계산은, 사용권자와 실수요자(일반 소비자) 사이의 유통 단계(사용권자의 대리점)에 사용권자가 허여 제품을 공급할 때 적용하는 출고가격을 순판매가로 정의하여 이를 기초로 한다.

2. 사용권자는 본 계약서에 의거해 허여된 재산을 사용할 권리에 대한 대가로서, 사용권자가 출고한 허여 제품의 출고가의 0%에 해당하는 로열티(현금/부가가치세 별도)를 제공자에게 지불함에 동의한다.

3. 사용권자가 본 계약서의 계약 기간 동안 제공자에게 지불할 로열티는 최소한 ₩00000원/1年(현금/부가가치세 별도) — 이하 "이하 최소보장금액"이라 한다 — 이상이어야 한다.

사용권자는, 본 계약으로부터 7일 이내에 ₩0000(00000원 — 현금/부가가치세 별도) — 이하 "선급금"이라 한다 — 을 불환성의 선급금으로 제공자에게 지불하는 데 동의한다. 본 선급금은 본 계약서의 계약 기간 동안 제공자에게 지불될 로열티로부터 상계되며, 1년 동안 발생한 로열티가 최소보장금액에 미달할 경우 사용권자는 그 차액을 계약 기간 만료일로부터 30일 이내에 제공자에게 지불하여야 한다.

4. 사용권자는 본 계약서 계약 기간 동안 3개월마다, 그리고 계약 기간 이후 재고소진 기간이 만료된 후 제공자가 제시하는 양식에 의거하여 판매된 허여 제품의 수와 개별가격 및 허여 제품의 매출관련 증빙 자료를 포함하는 판매보고서를 제출하고, 판매보고 후 15일 이내에 로열티를 제공자에게 현금으로 송금하여야 하며, 그 시점은 다음과 같다.

'00. 0.0 - '00. 0. 0 : 판매보고 - '00.0.0 로열티지불 - '00.0.0

'00. 0.0 - '00. 0. 0 : 판매보고 - '00.0.0 로열티지불 - '00.0.0

'00. 0.0 - '00. 0. 0 : 판매보고 - '00.0.0 로열티지불 - '00.0.0

'00. 0.0 - '00. 0. 0 : 판매보고 - '00.0.0 로열티지불 - '00.0.0

5. 제공자가 본 계약을 수행할 수 없는 경우를 제외하고는 사용권자는 계약서의 본 조항에 의거하여 일단 제공자에게 지불한 로열티에 대한 반환, 배상 요구를 할 수 없다.

제 7조 지불 방법

1. 본 계약서의 제 6조에 명시된 바와 같이 사용권자가 지불할 모든 로열티는 추후 지정되는 은행구좌에 현금 송금한다.

2. 사용권자가 요구된 시간 내에 지불을 이행하지 못할 경우 미지불 금액에 대하여 연리 00%의 이자를 지불해야 한다.

제 8조 품질의 보증

1. 사용권자는 허여 제품의 어떤 결함으로 인하여 발생한 법적 소송, 요구, 항의로부터 생긴 손실과 손해로부터 제공자를 보호하는 데 동의한다.
2. 제 8조 1항의 모든 내용은 본 계약서의 기간 만료 후에도 유효하다.

제 9조 표시

1. 사용권자는 재산이 제공자에게 귀속됨을 인정하며, 재산소유권의 유효성에 관하여 논쟁하여서는 안 된다.
2. 재산의 사용이 본 계약서하에서 이루어지는 것임을 분명히 하기 위하여, 사용권자는 모든 허여 제품 및 홍보, 광고, 판촉물에 이르기까지 재산과 관련한 아트워크에는 다음과 같은 저작권 표시 및 상표권 표시를 하여야 한다.

캐릭터 명 © 0000 저작권 소유 회사명
(개발년도)

3. 사용권자는 허여 제품의 태그(tag) 및 포장(package)은 물론, 카달로그, 광고, 판촉물 등 '재산' 이 적용된 모든 제품에 저작권보호문구를 명시한다. 저작권보호문구는 '부록(C)' 를 참조한다.
4. 사용권자는 제 5조의 생산 및 판매 계획에 의거 생산하는 모든 제품에 제공권자가 제공하는 캐릭터 증지를 부착하는데 동의한다. 증지는 사용권자가 허여 제품을 출하하기 전 필요한 수량만큼의 대금을 지불하고 제공 받는다.

증지 금액: 개당 0원

5. 증지 미 부착시는 당기 전 생산 제품의 판매이익금 전액을 제공자에게 지급하여야 한다.

제 10조 제 3자에 의한 침해 행위

사용권자가 본 계약서에 의해 허여된 권리에 대한 명백한 혹은 위협적인 제3자에 의한 침해 행위를 발견하는 경우, 사용권자는 제공자에게 그러한 침해 행위에 관하여 통지하여, 침해 행위를 중단하도록 협조해야 한다.

제 11조 기간

1. 본 계약서의 기간은 본 계약서의 제 12조에 의거하여 조기 종료되지 아니하는 한, 0000년 0월 0일부터 발효되어, 0000년 0월 0일까지 0년 간 유효하다.
2. 본 조 1항에 명시된 발효 일자와는 상관 없이, 사용권자는 제공자의 사전 서면 승인하에, 준비가 완

료되는 즉시 '재산' 의 적용 및 생산, 영업 활동을 시작할 수 있다.

3. 본 계약서 계약 기간의 만료 2개월 전, 양 당사자는 본 계약의 갱신에 관하여 상호협의한다.

제 12조 종료

1. 사용권자에 관하여 아래 내용 가운데 한 가지 혹은 그 이상의 상황이 발생하는 경우, 본 계약서는 본 계약서의 제 11조 1항에 명시된 종료일자에 앞서서 사전 최고후 종료된다.

 (I)자의 혹은 타의로 파산 신청이 있는 경우; 혹은

 (ii)채권자 혹은 채권단에 대한 채무이행을 목적으로 사용권자에 의해 사용권자 소유의 재산이 처분되는 경우

 (iii)지불 불능의 경우

 (iv)사용권자 혹은 그 소유의 어떤 재산에 대한 법정 관리인의 임명의 경우

2. 사용권자가 본 계약서의 기타 다른 조건을 위반하는 경우, 제공자는 자신의 임의로 사용권자에게 14일 전에 서면 통지를 하고,(사용권자의 로열티 지불 의무 혹은 회계 자료의 제출에 관한 의무에 관하여서는, 사용권자에 대하여 10일 전에 서면 통지) 본 계약을 종료시킬 수 있다.

3. 본 조 1항에 명시된 상황에 따라 혹은 여타의 다른 이유로 사용권자가 계약 내용을 위반하는 경우, 제공자는 이러한 위약에서 기인하는 손해를 청구할 수 있다. 이러한 청구를 실행한다 하여도, 결과적으로 계약을 종료시키는 권한이 제한되거나 달리 영향을 받지 않는다.

4. 본 조 1항 또는 3항에 따라 계약이 종료된다 하여도, 사용권자는 계약서의 제반 조항과 관련하여 계약 종료일 이전에 발생한 여러 가지 의무사항으로부터 면제되지도 아니하며, 제공자가 수령한 바 있는 금액의 배상에 대한 의무를 제공자에게 부과할 수도 없다.

제 13조 종료의 효력

1. 본 계약서의 기간 만료 혹은 종료 시, 제공자 재산의 사용을 즉각적으로 중지한다.

2. 사용권자가 본 계약서하의 모든 의무 사항을 충실하게 이행하였다면, 사용권자는 계약 종료일자 후 3개월의 기간(이하 '재고 처분 기간' 이라 칭한다) 동안 사용권자가 소유하고 있는 허여 제품의 판매 및 유통을 계속할 수도 있다. 그리고 3개월 이내에 판매하지 못한 상품에 대해서는 제공자가 사용권자로부터 제조 원가로 인수할 수 있으며. 제공자가 판매를 원하지 않을 경우 사용권자는 더 이상 판매할 수 없다. 사용권자는 본 계약의 제 6조 1, 2항에 명시된 대로 이 기간 동안에 발생한 판매에 관하여서도 계약 기간 동안과 동일한 방법으로 로열티를 지불하여야 한다.

3. 재고 처분 기간에 발생하는 수익에 대한 판매보고서는 본조 2항에 명시된 재고처분 기간 만료 시점

부터 15일내에 제출해야 하며, 로열티는 판매보고서가 제출된 시점부터 15일이내에 지불돼져야 한다.

4. 제공자가 반환을 요구하는 사전 통지를 송부할 경우, 사용권자는 제공자가 본 계약서에 의거하여 제공한 바 있는 재산과 관련한 모든 물품을 제공자에게 즉시 반환하여야 한다. 원화, 스케치 및 색상 교정지 그리고 사용권자가 자신의 비용으로 제작한 재산 관련 물품은 무엇이든지 사용권자의 책임하에 폐기되어야 한다.

제 14조 기록과 비밀의 유지

사용권자는 본 계약서의 기간 만료 후 2년 동안 허여 제품의 판매 및 유통과 관련한 모든 거래 내용에 관한 정확한 회계 장부 및 기록을 보관하는데 동의하며, 제공자 혹은 적법하게 위임된 제공자의 대리인이, 사용권자에게 사전통지를 한 후 관련 회계장부 및 기록을 조사 및 검토할 수 도 있다. 이러한 조사 및 검토에 소요되는 비용은 원칙적으로 제공자가 부담하나, 조사 결과 실 판매금액과 로열티 리포트 사이의 차이가 5% 이상일 경우에는 사용권자가 그 조사 및 검토 비용을 부담하여야 한다.

본 계약서하에 발생한 모든 내용은 양 당사자가 비밀을 유지하여야 하며, 동일한 내용을 보관하는 상대방의 사전 동의 없이 제3자에게 누설되어서는 안 된다.

제 15조 분쟁해결

본 계약서에 명시되어 있지 않은 문제에서 기인되거나 관련하여, 혹은 본 계약서의 해석과 관련하여 양 당사자 사이에서 논쟁이나 견해 차이가 발행하는 경우, 양 당사자는 상호 호의적 협상에 의하여 논쟁이나 견해 차이를 조정해야 한다. 양 당사자가 협상에 의해서 논쟁이나 견해 차이를 조정할 수 없는 경우에, 그러한 논쟁이나 견해 차이의 심판은 제공자의 사업장 관할 법원에서 이루어진다.

상기 모든 내용을 증거하기 위하여, 양 당사자는 본 계약서를 작성하였으며, 하기 명시된 일자에 양 당사자가 적법하게 위임한 대표자가 기명, 날인하였다.

제공자:	사용권자:
○○○시 ○○○구 ○○○○동	○○○시 ○○○구 ○○○○동
㈜○○○○	㈜○○○○
----------------------	----------------------
대표이사: ○ ○ ○	대표이사: ○ ○ ○
서명일자: ○○○○년 ○○월 ○일	서명일자: ○○○○년 ○○월 ○일

〈부록〉 (A)재산: 제공자의 캐릭터 0종 _ 1.(0000) 2.(0000) 3.(0000) 4.(0000) 5.(0000)
(B)허여 제품: 0000, 0000, 0000
(C)저작권보호문구: 본 제품은 (주)0000 사와의 저작권 사용 계약에 의하여 (주)0000에서 제조, 판매하는 것으로 무단복제를 금합니다.
(D)유통: 000, 000, 000

추천 국내 캐릭터 사이트

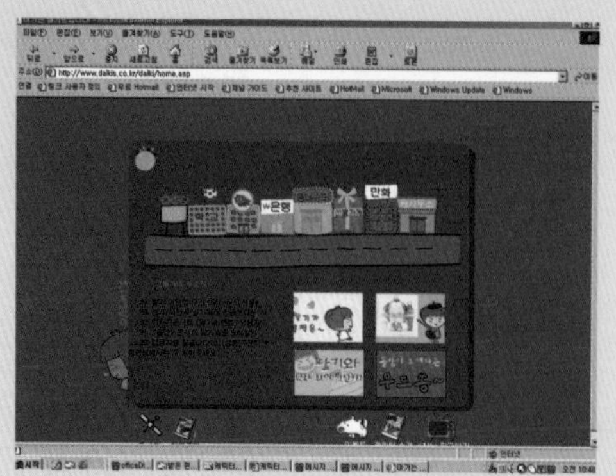

URL_www.dalkis.co.kr / www.dalkis.com

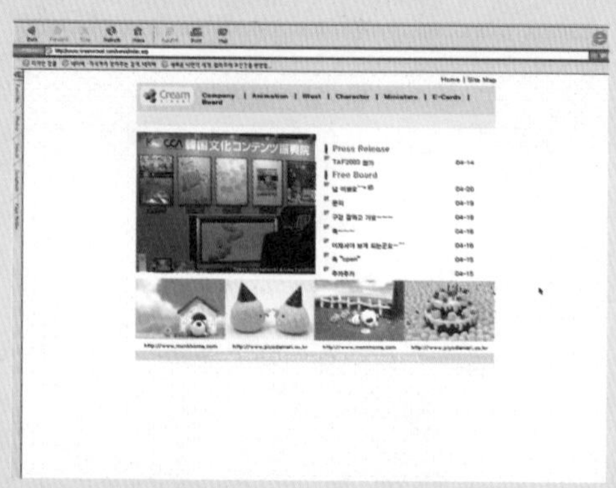

URL_www.creamvisual.com

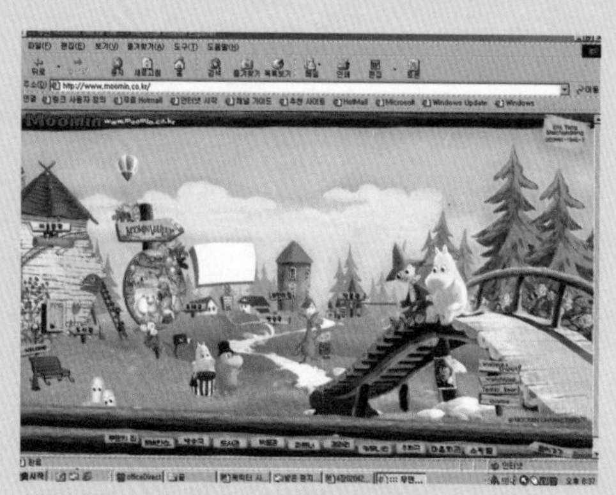

URL_www.moomin.co.kr

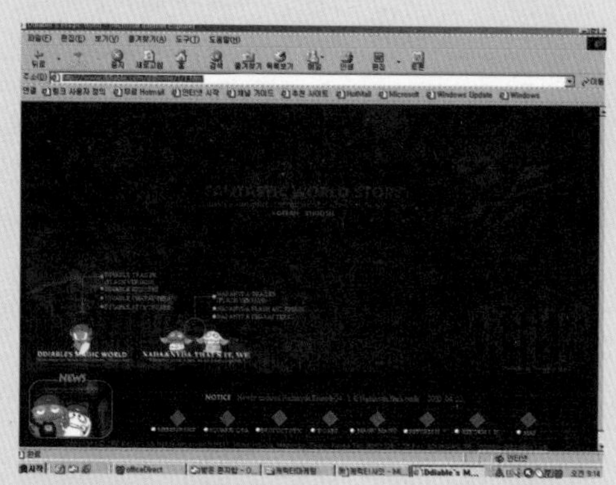

URL_www.ddiable.com

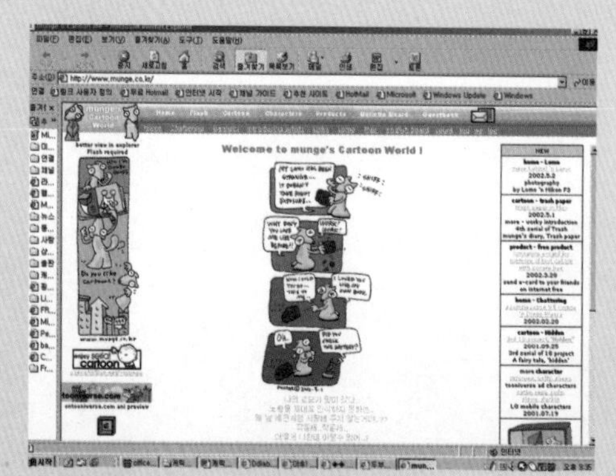

URL_www.munge.co.kr

URL_www.mashimaro.co.kr

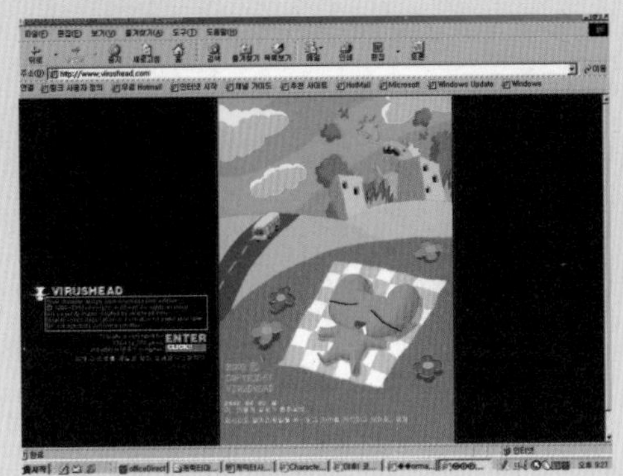

URL_www.virushead.com

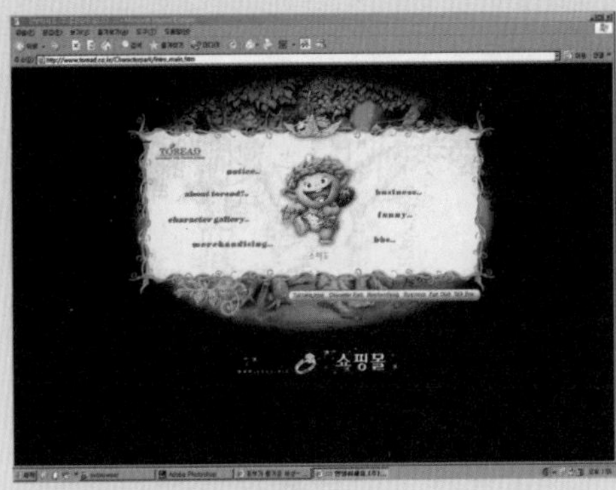

URL_www.toread.co.kr

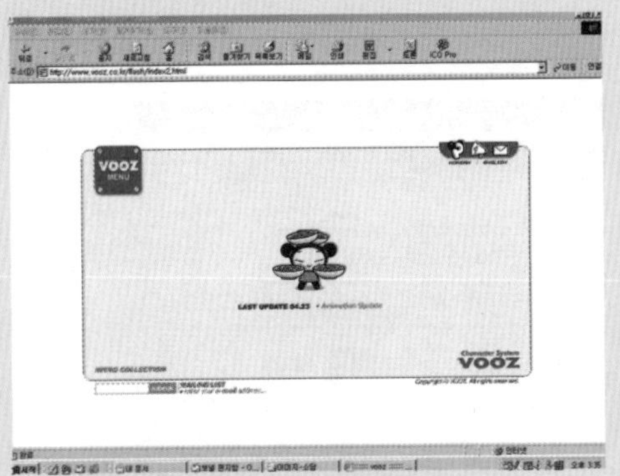

URL_www.voozclub.com / www.puccaclub.com

URL_www.miffy.co.kr

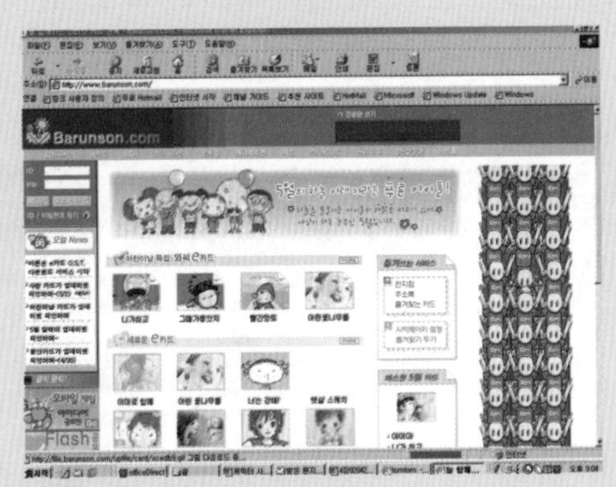

URL_www.barunson.com

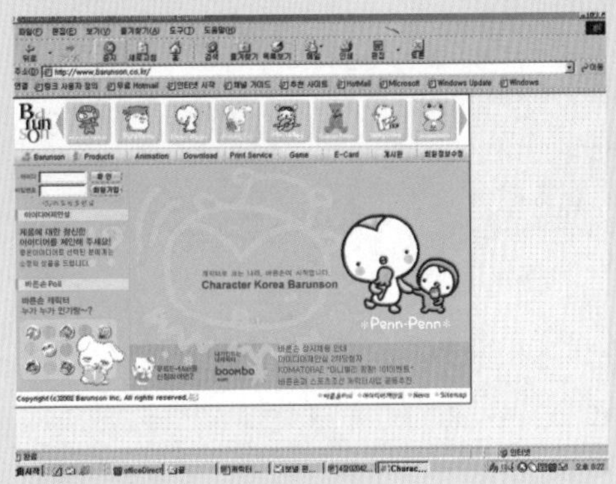

URL_www.barunson.co.kr

URL_www.bibi1004.com

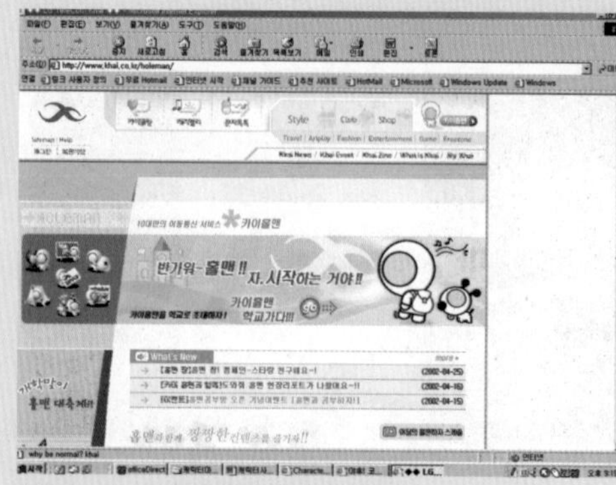

URL_www.khai.co.kr/holeman

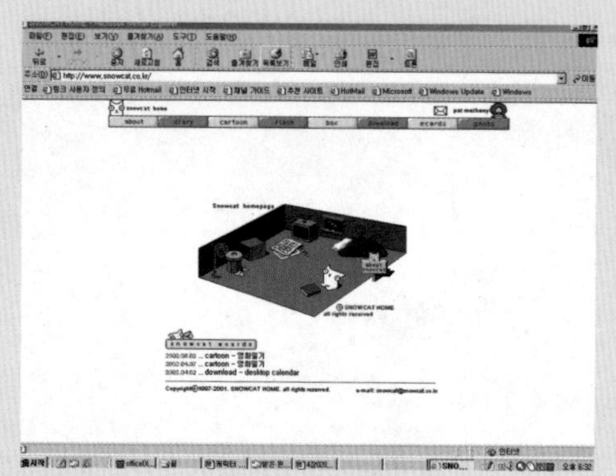

URL_www.snowcat.co.kr

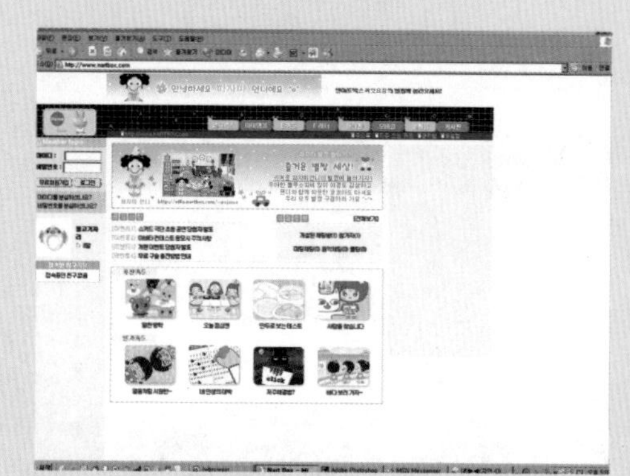

URL_www.nartbox.com

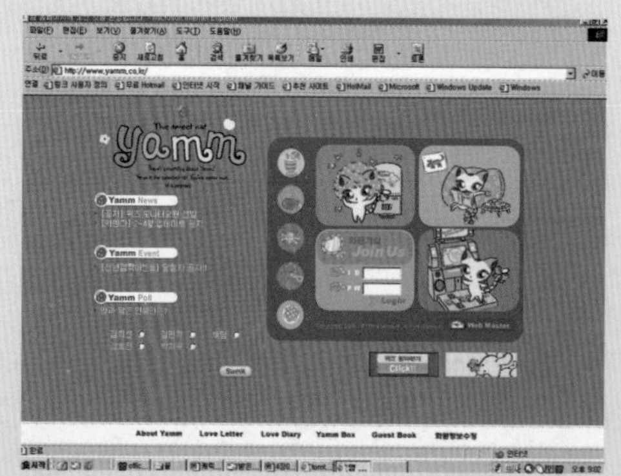

URL_www.yamm.co.kr

URL_www.eym.co.kr

URL_www.mrk.co.kr

URL_www.otoon.com

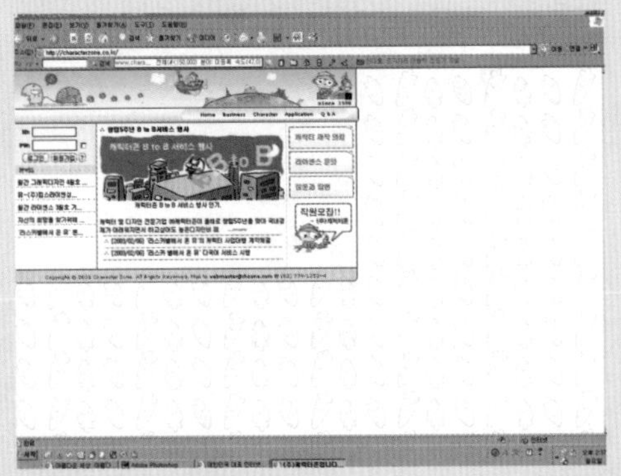

URL_www.woobiboy.com

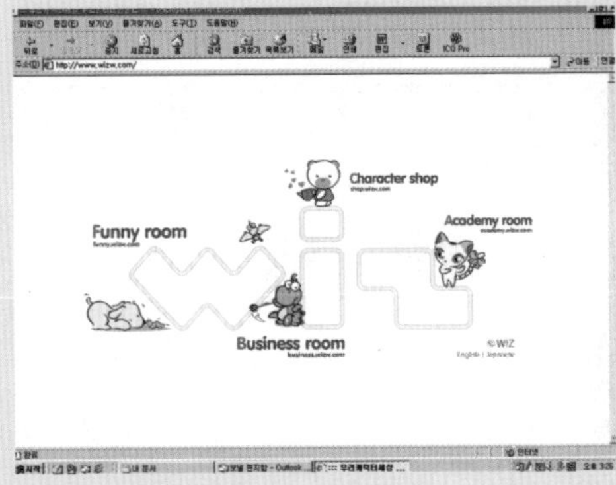

URL_www.wizw.com

URL_www.dkunny.com

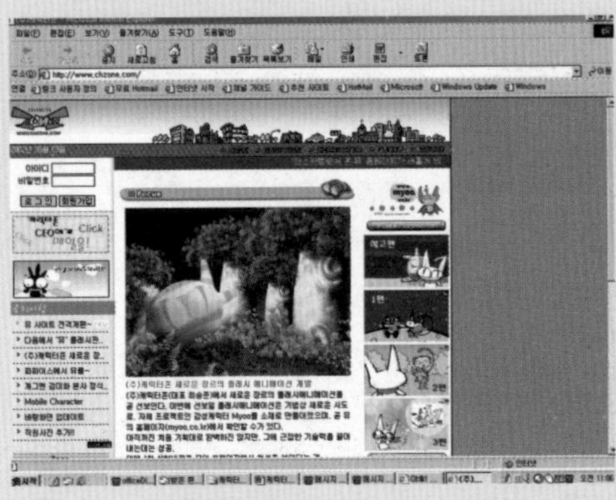

URL_www.chzone.com

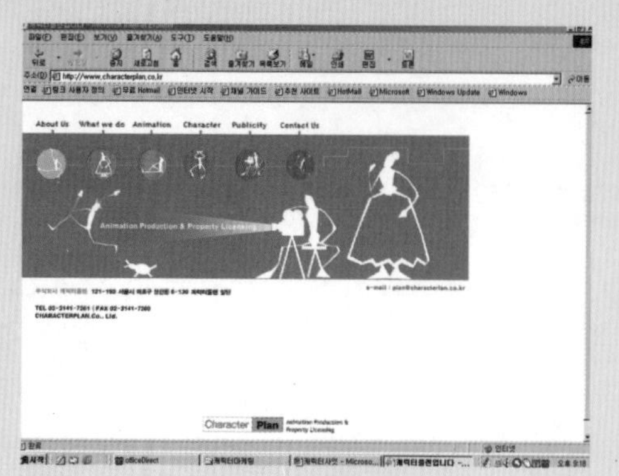

URL_www.characterplan.co.kr

URL_www.qoo.co.kr

URL_www.postnut.com

URL_www.tomtom.co.kr

URL_www.dscharacter.com

URL_www.tinggu.com

URL_www.smc-korea.com

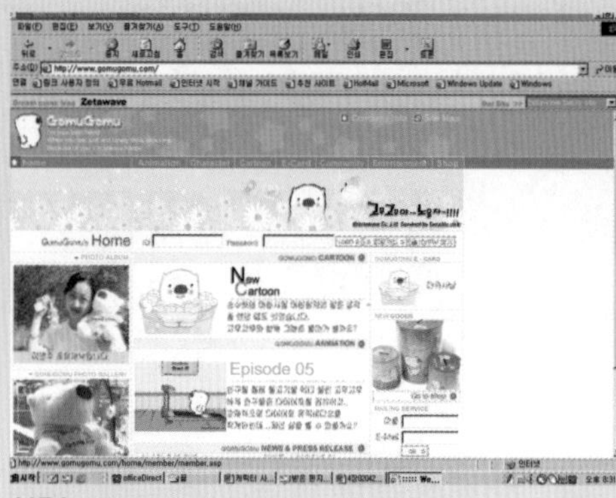

URL_www.gomugomu.com

URL_www.ccolzzi.com

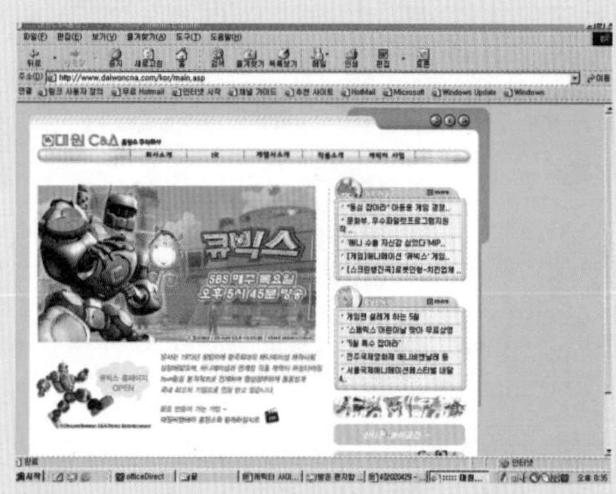

URL_www.daiwoncna.com

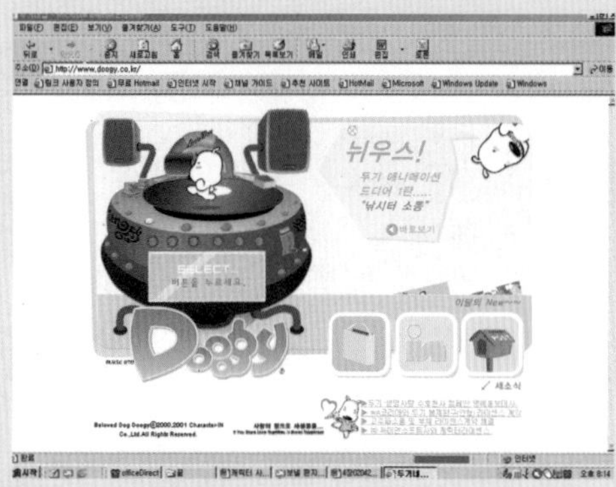

URL_www.doogy.co.kr

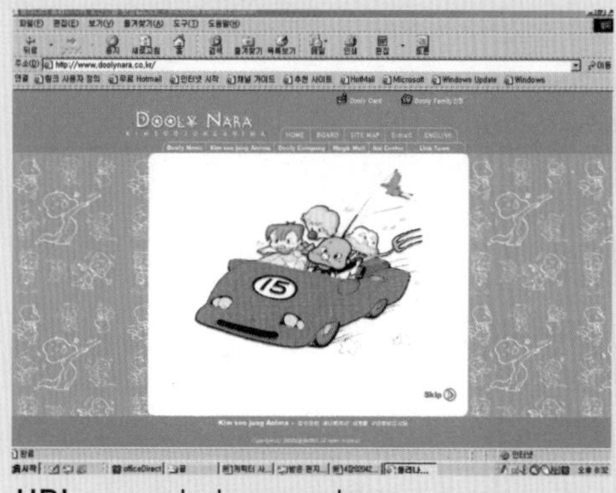

URL_www.doolynara.co.kr

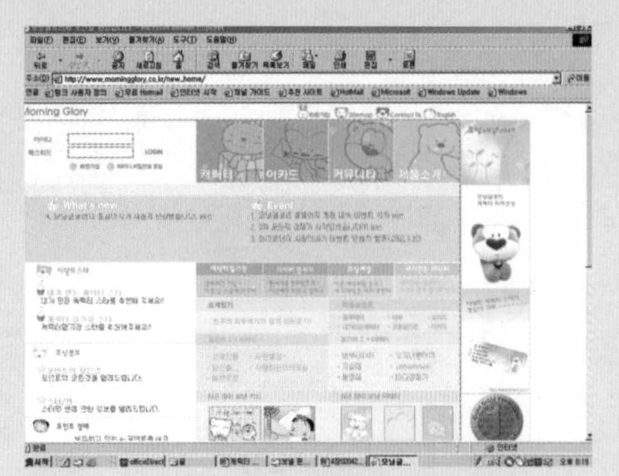

URL_www.morningglory.co.kr

URL_www.mydinga.com

URL_www.marineblues.net

URL_www.wishwing.com

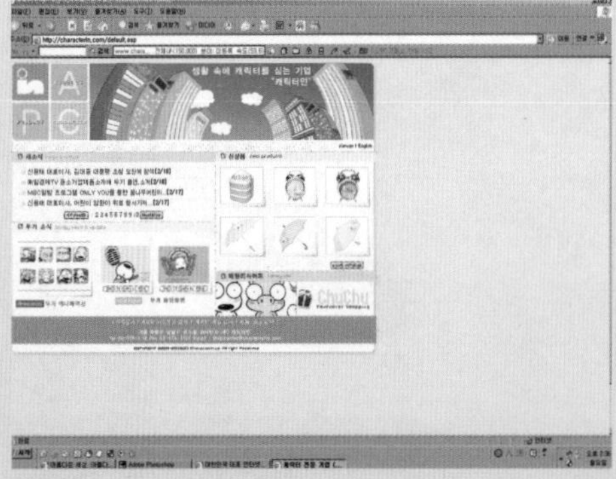

URL_www.characterin.com

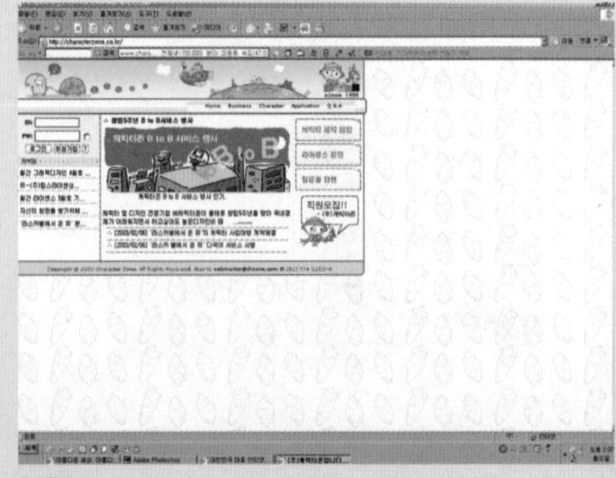

URL_www.characterzone.co.kr

추천 해외 캐릭터 사이트

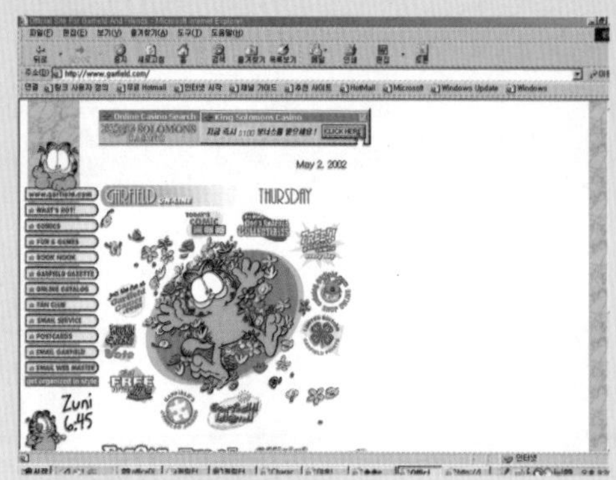

URL_www.garfield.com

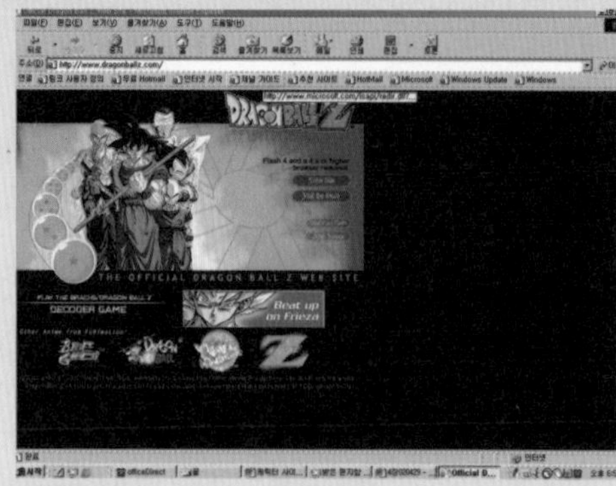

URL_www.dragonballz.com

URL_www.dragontales.com

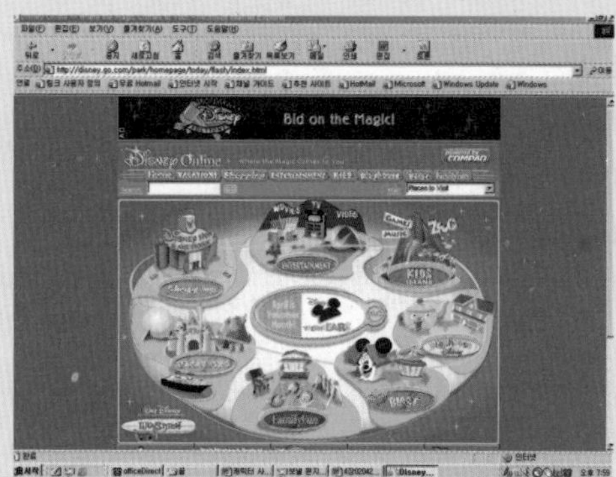

URL_www.disney.com

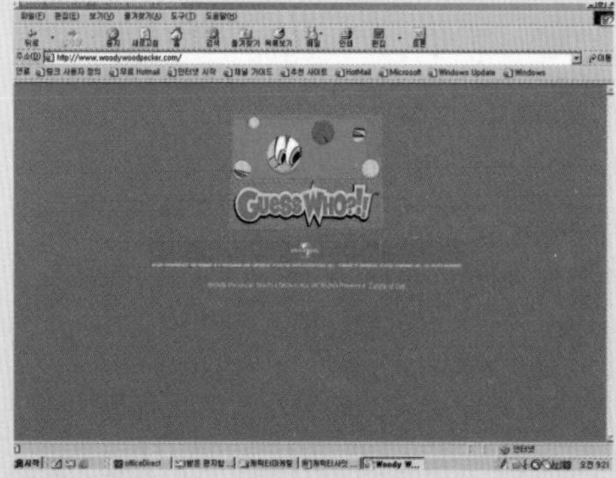

URL_www.woodywoodpecker.com

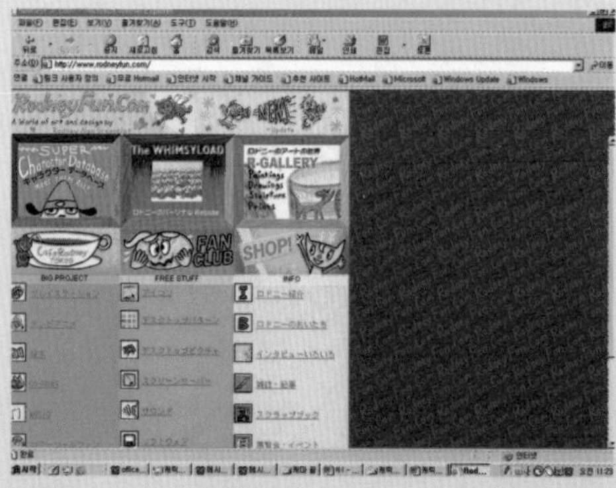

URL_www.rodneyfun.com

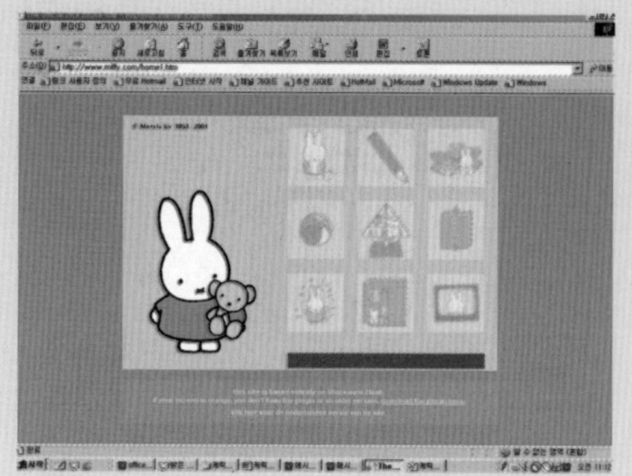

URL_www.miffy.com

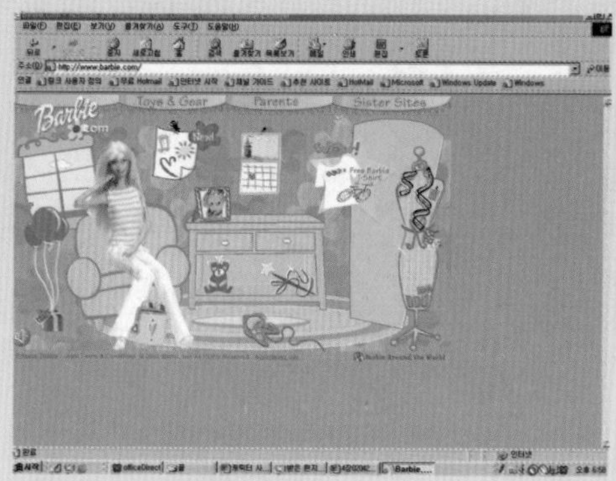

URL_www.barbie.com

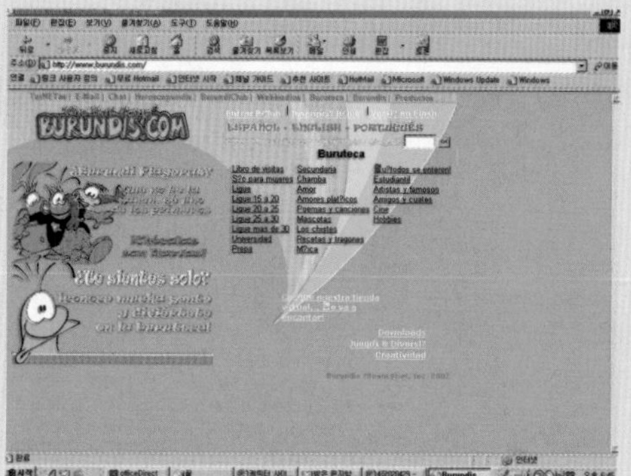

URL_www.burundis.com

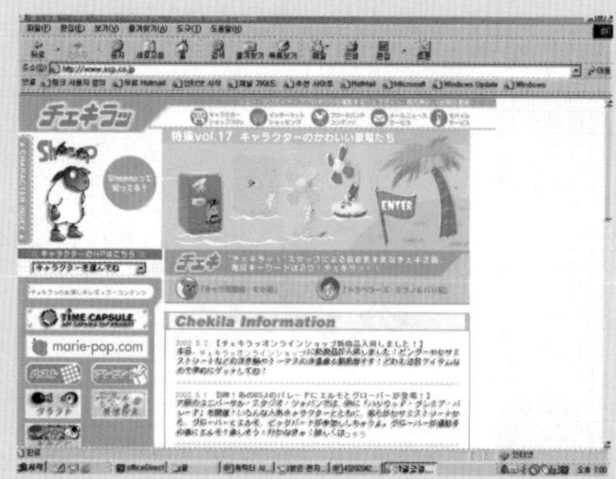

URL_www.scp.co.jp

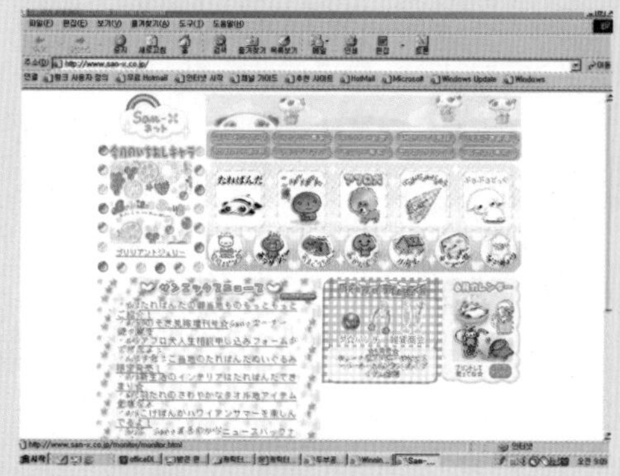

URL_www.san-x.co.jp

URL_www.sanrio.co.jp

URL_www.snoopy.com

URL_www.funwithspot.com

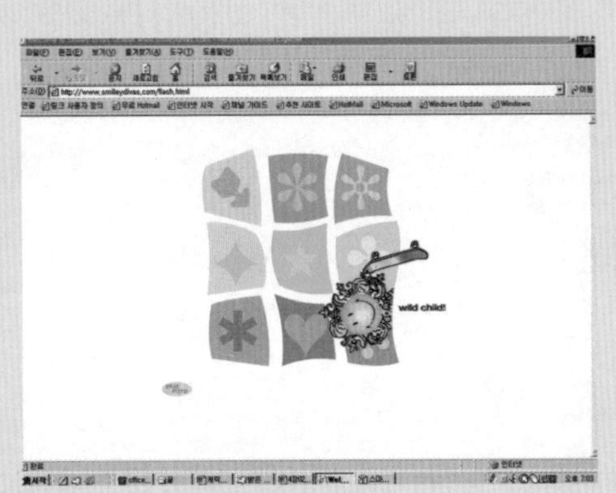

URL_www.smileydivas.com

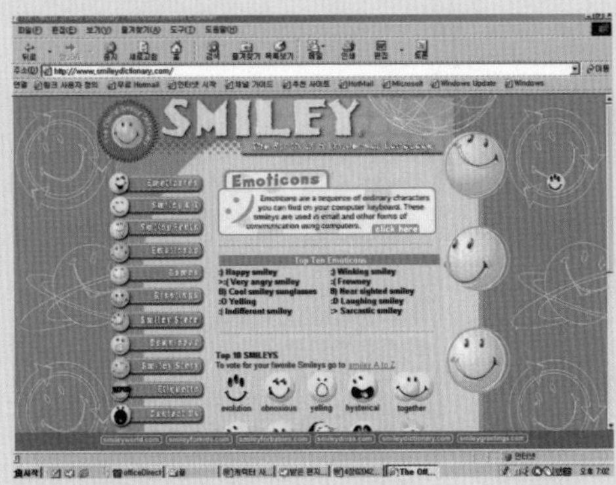

URL_www.smileydictionary.com

URL_www.sesamestreet.com

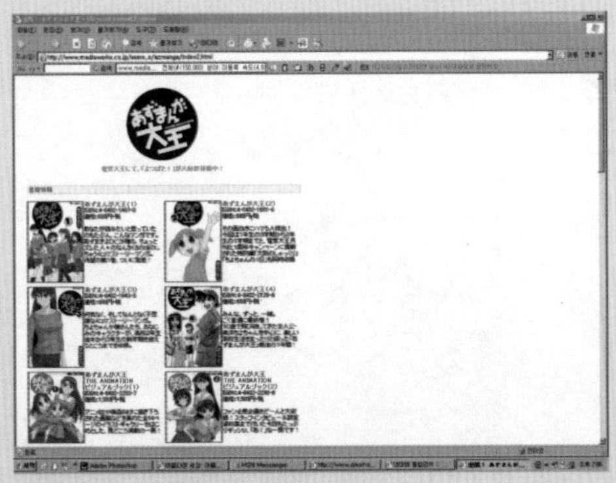
URL_www.mediaworks.co.jp

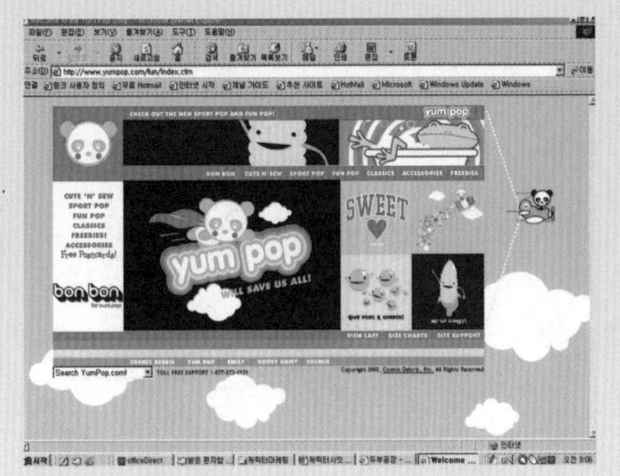

URL_www.yumpop.com/cute

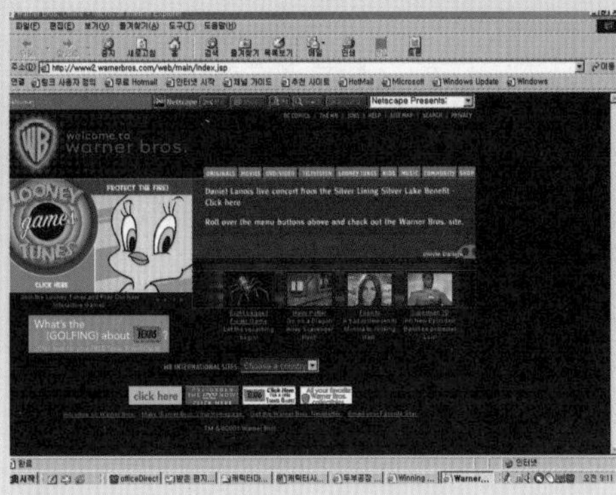

URL_www.warnerbros.com

URL_www.whimsyload.com

URL_www.unitedmedia.com

URL_www.cartoonnetwork.com

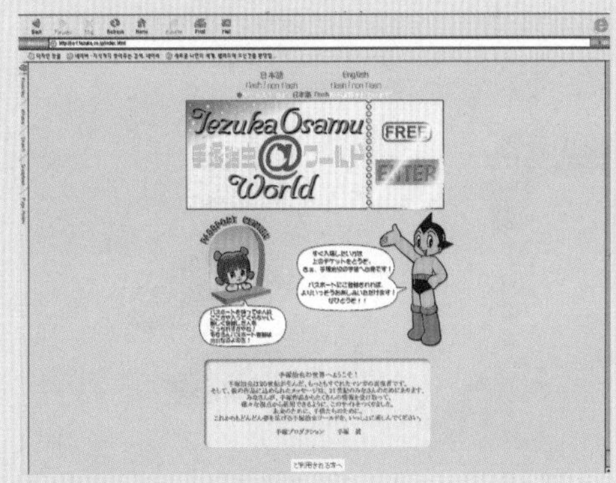

URL_ja-f.tezuka.co.jp

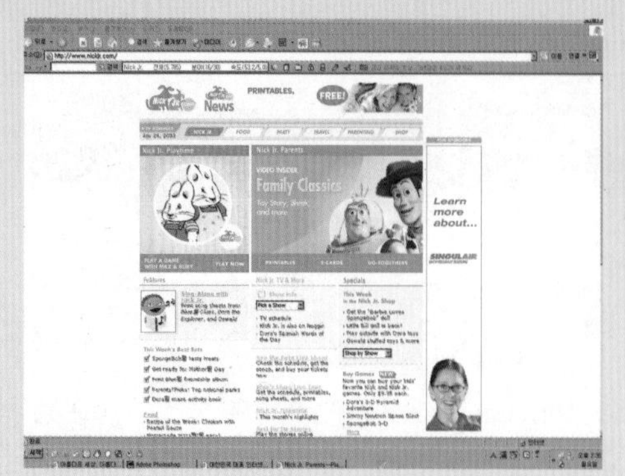

URL_www.nickjr.com

URL_www.tintin.be

URL_www.felixthecat.com

URL_www.peterrabbit.com

URL_www.pinkpanther.com

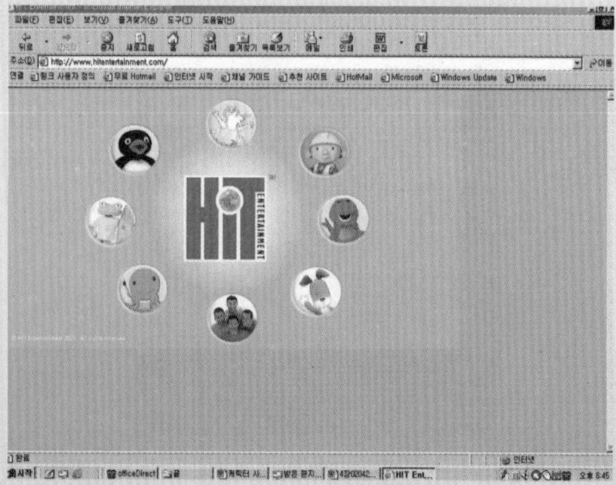

URL_www.hitentertainment.com

캐릭터 매뉴얼

부비, 난타

BOOBY
BOOBY©1997 WIZ
Spring is Booby`s season!
Flowers in the fields are so lovely.

What a lovely season the spring is!

ARTWORK GUIDE LINE

ARTWORK 사용 시 유의 사항

1. ARTWORK은 매뉴얼의 원본의 분위기를 반영해야 합니다.

   따라서 모든 ARTWORK은 매뉴얼의 색상, 라인, 비례에 관한 지침을 준수해야 합니다.

   제품을 기획할 때 캐릭터의 성격과 부합하는지를 (매뉴얼의 IMAGE CONCEPT참고)염두에 두고 작업을 진행하시기 바랍니다.

2. 캐릭터의 로고, 모티브, 비쥬얼의 하단에 반드시 다음과 같은 저작권의 표시를 하여야 합니다.

   부비 ©1997 WIZ Entertainment 또는 BOOBY ©1997 WIZ Entertainment

3. 저작권 표시의 서체는, 국문체는 Appli gothic 이며, 영문서체는 Helvetica regular입니다.

4. 새로운 모티브, 로고타입, 카피의 개발시 WIZ와 협의하여야 합니다.

5. 캐릭터를 반전하여 사용하는 것은 원칙적으로 허용되지 않습니다. 부득이 한 경우 WIZ의 승인을 받으셔야 합니다.

6. 광고물, 제품 패키지 등 여타의 글자(상품명, 광고문안 등)가 돋보여야 할 경우 지면의 한 부분에 반드시 저작권의 표시를 삽입해 주십시오.

7. 디자인 적용 시는 제품의 이미지와 캐릭터의 표정, 동작 또는 상황이 올바르게 연결되었는지 또 캐릭터의 크기가 제품의 크기와 적당한 비례를 이루었는지 확인하십시오.

8. 캐릭터 제품의 이미지 확산 및 구매효과 증진을 위해서는 각 사용권자 간 디자인 교류를 통한 이미지 통일작업이 이루어져야 합니다.

9. 캐릭터를 동화상으로 제작할 경우 또는 음성을 사용할 경우나 입체물로 제작을 할 경우사전에 WIZ와 협의하여 주십시오.

10. 로고와 카피를 외국어로 번역하여 사용할 경우 WIZ와 협의하여 주십시오.

Image concept

개나리를 닮은 노란 강아지, 부비..

부비는 별노란숲과 그곳에 사는 친구들을 사랑하는 웃음 많은 강아지.
갈증나는 해바라기 할아버지에게 맛있는 물을 주기도 하고 바람에 꺾어진 어린 친구들을
일으켜 세워주기도 한다. 외롭게 날아다니는 나비의 말벗이 되어주기도 하고 잠자리,
꿀벌과 같은 곤충 친구들이 소나기를 만났을 때 피할 곳이 되어주기도 한다.
자신보다는 다른 숲속 친구들을 생각하는 따뜻한 마음을 지닌 사랑스런 강아지이다.

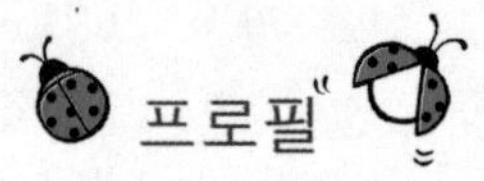

프로필

이름 : 부비 (Booby)

취미 : 씨 뿌리기

특기 : 숲 가꾸기

버릇 : 하늘 바라보기, 들판에서 뒹굴기

좋아하는 계절 : 봄

좋아하는 것 : 꽃, 폭신폭신한 것, 따뜻한 것

배경 / 소품

부비는 <별노란숲>이라는 동화적이면서도, 자연적인 공간을 배경으로 전개되는 캐릭터이다.
별노란숲은 따사로운 햇살, 넓은 들판, 예쁜 들꽃, 작은 곤충과 동물들이 살고 있는 평화로운 숲속이다.
밤이 되면 초롱초롱 별들이 반짝이고, 송알송알 새울음소리도 들린다.배경의 분위기는
전체적으로 따사로운 분위기이고, 소품은 자연의 흥취를 느낄 수 있는 자연 소재들이 주를 이룬다.

BASIC CONCEPT

Don't worry, be happy!, Always Happy!, Spring, Smile, Yellow, Warm

CHARACTER

We've all had a friend who gives happiness and strength just by being there for us.
Even though he doesn't talk, somehow you know your hearts are close!
Booby is one of those friends.Booby is a dog who has a warm heart and cares for others.
He smiles all the time and makes his friends happy.
If his friend is sad, Booby quickly cheers him up.

BASIC STORY LINE

안녕! 내 이름은 부비야. 별노란숲을 가꾸는 숲지기지. 나는 별노란숲이 참 좋아.
예쁜 꽃들, 따사로운 햇살, 이리 저리 뒹굴 수 있는 넓은 들판 그리고 좋은 친구들...
너무너무 행복해. 우리 집은 별노란숲에서 가장 키가 작은 나무들 사이에 매어 단
구름모양의 그물침대 – 난 그곳에 누워 하늘을 바라보는 것을 좋아해~

친구들은 내가 너무 웃음이 많다고 놀리지만 난 그래도 자꾸 웃음이 나는 걸!
그래그래, 알았어. 사실 내가 자꾸 웃게 된 데에는 그만한 이유가 있지.
잊을 수 없는 기억...! 너에게만 들려줄께.

유난히도 햇살이 따사로운 날이었지.
들판에서 살포시 잠이 들었는데... 꿈에 아주 아름다운 씨를 보았어.
처음엔 별인줄 알았지만. 그건 하늘에 뿌리는 씨였어. 별모양의 아주 예쁜 씨....
누군가 그것을 하늘에 뿌렸더니 .....음~! 그 다음은 너의 상상에 맡길게.
다만 세상에서 그렇게 아름다운 꽃은 처음 보았다는 말 밖에는.......
그 뒤로 나는 항상 웃는 강아지가 되었어. 아마도 그 꽃은 행복을 전하는 꽃이었나봐.
나도 하늘에 피는 꽃처럼 행복을 전하는 꽃이 되고 싶어.
그 씨를 찾아 너희들에게도 하늘에 피는 꽃을 보여주고 싶어....

Typography

Alyssa Book

ABCDEFGHIJKLMNOPQRSTUVWXYZ

abcdefghijklmnopqrstuvwxyz

12345678910.,!?

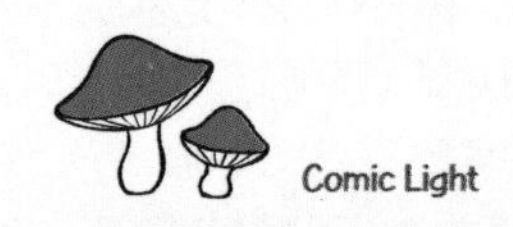

Comic Light

ABCDEFGHIJKLMNOPQRSTUVWXYZ

abcdefghijklmnopqrstuvwxyz

12345678910.,!?

Copy

Let's smile together. I want to be your friend.

Spring is Booby`s season!Flowers in the fields are so lovely.

What a lovely season the spring is!

Booby is a dog who has a warm heart and cares for others.
He smiles all the time and makes his friends happy.

Let's smile together. I want to be your friend.

Spring is Booby`s season!Flowers in the fields are so lovely.

What a lovely season the spring is!

Booby is a dog who has a warm heart and cares for others.
He smiles all the time and makes his friends happy.

Color

Color process color(CMYK)/pantone

C0 M0 Y0 K0 (Pantone)

C0 M0 Y25 K0 (Pantone)

C0 M0 Y60 K0 (Pantone)
Back color

C0 M5 Y100 K0 (Pantone)
Booby color

C0 M15 Y100 K0 (Pantone)
Sub character color

C0 M30 Y100 K0 (Pantone)

C0 M50 Y100 K0 (Pantone)
Logo color

C0 M100 Y75 K0 (Pantone)

C20 M50 Y100 K0 (Pantone)
Sub character color

C60 M90 Y100 K0 (Pantone)
Logo color

C0 M20 Y70 K0 (Pantone)

C35 M0 Y100 K0 (Pantone)

C60 M0 Y100 K0 (Pantone)
Sub character color

C40 M0 Y25 K0 (Pantone)

C40 M10 Y0 K0 (Pantone)

C40 M30 Y0 K0 (Pantone)

C40 M30 Y20 K0 (Pantone)

C100 M60 Y50 K0 (Pantone)

Emblem

Spring is Booby`s season!
Flowers in the fields are so lovely.

Emblem

Spring is Booby`s season!
Flowers in the fields are so lovely.

Booby
BOOBY©1997 WIZ
Spring is Booby`s season!
Flowers in the fields are so lovely.

BOOBY
BOOBY©1997 WIZ
Spring is Booby`s season!
Flowers in the fields are so lovely.

Let's smile together. I want to be your friend.

Spring is Booby`s season!
Flowers in the fields are so lovely.

Strip

Pattern

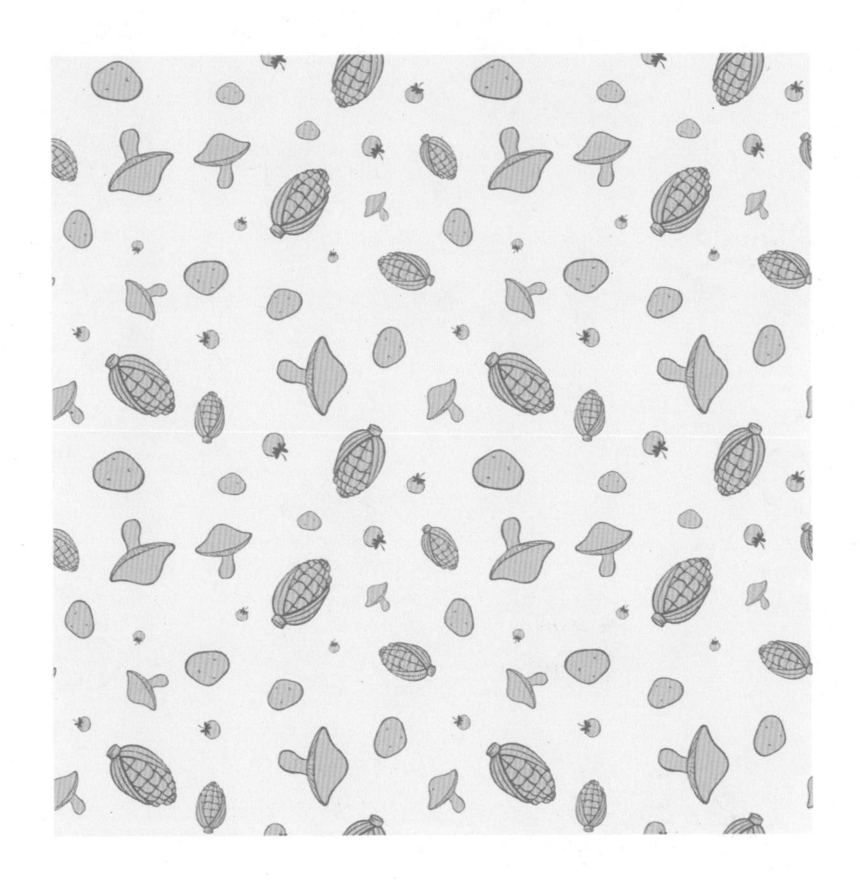

Pattern

Pattern

Character art

Character art

Character art

Character art

Character art

Icon

Icon

Friend's room

Tag

Spring is Booby`s season!
Flowers in the fields are so lovely.
BOOBY
BOOBY©1997 WIZ

Spring is Booby`s season!
Flowers in the fields are so lovely.
BOOBY
BOOBY©1997 WIZ

Product

BOOBY
Booby is a dog who has a warm heart and cares for others.
He smiles all the time and makes his friends happy.
BOOBY

Product

Booby
BOOBY©1997 WIZ
Spring is Booby`s season!
Flowers in the fields are so lovely.

Musical Performance

NANTA

The best show you will ever see.

Logo type

★ Basic

★<주의>Art가 클 경우에만 사용할 수 있다.

Just beat it!

Just beat it!

Emblem

NANTA ©1997 PMC

NANTA ©1997 PMC

NANTA

NANTA
NANTA
NANTA
NANTA
NANTA
NANTA

NANTA

COOKIN'

NANTA
NANTA
NANTA
NANTA
NANTA
NANTA
NANTA

COOKIN'
COOKIN'
COOKIN'
COOKIN'
COOKIN'

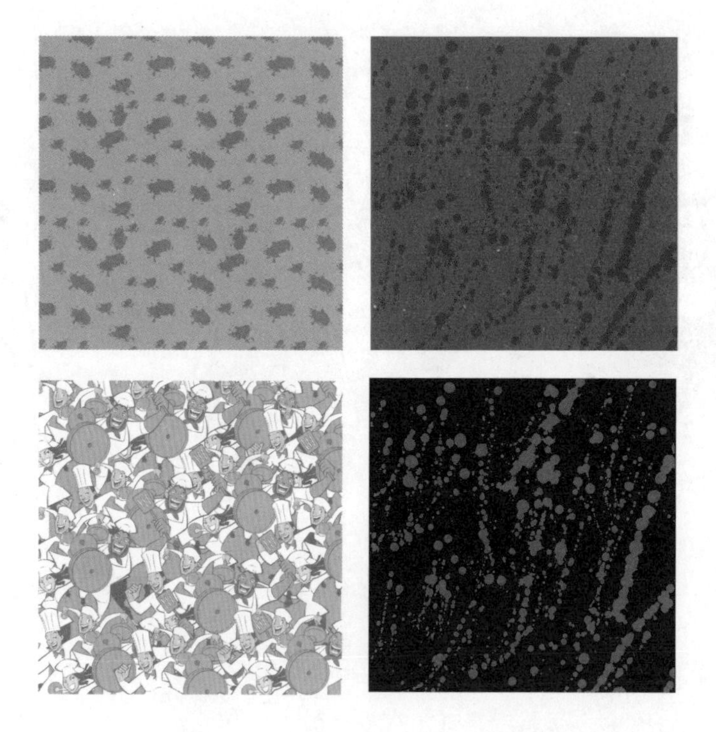

COOKIN'
NANTA © PMC

NANTA
NANTA ©1997 PMC

NANTA
Just beat it!
NANTA ©1997 PMC

COOKIN'
NANTA ©1997 PMC

Just beat it!
NANTA©1997 PMC
NANTA

NANTA
Just beat it!

NANTA
Just beat it!
NANTA©1997 PMC

NANTA
Just beat it!
NANTA ©1997 PMC

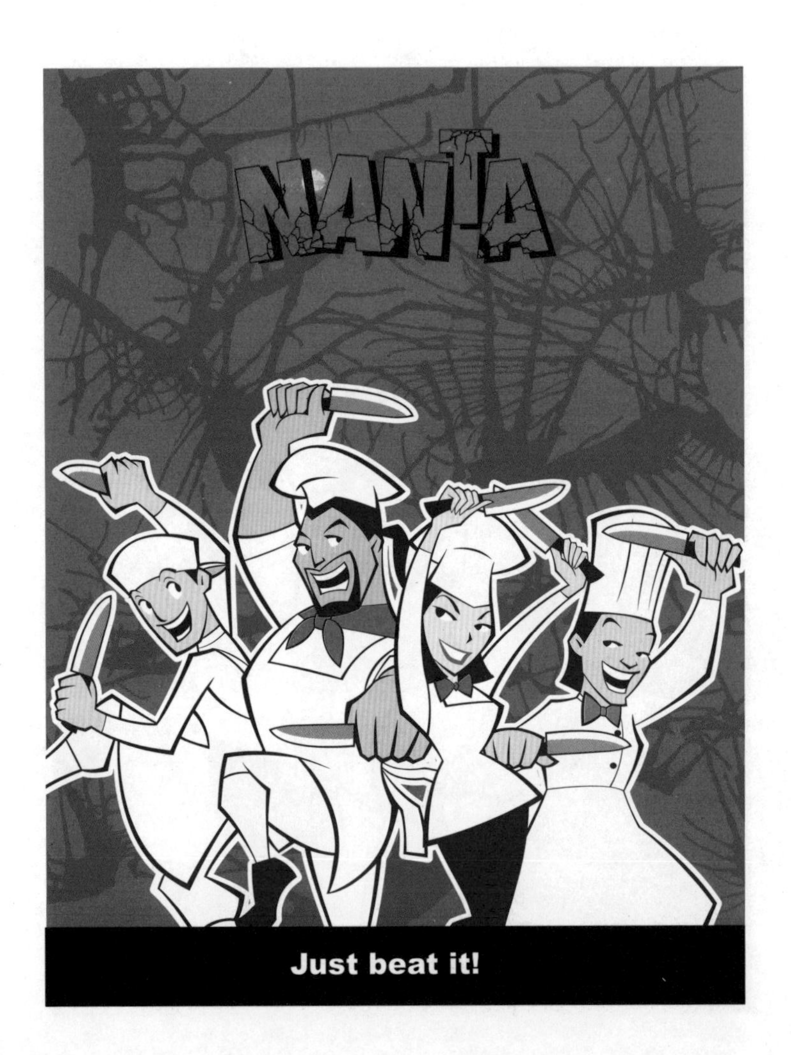
NANTA
Just beat it!

NANTA

COOKIN'

NANTA

NANTA
COOKIN'

Product

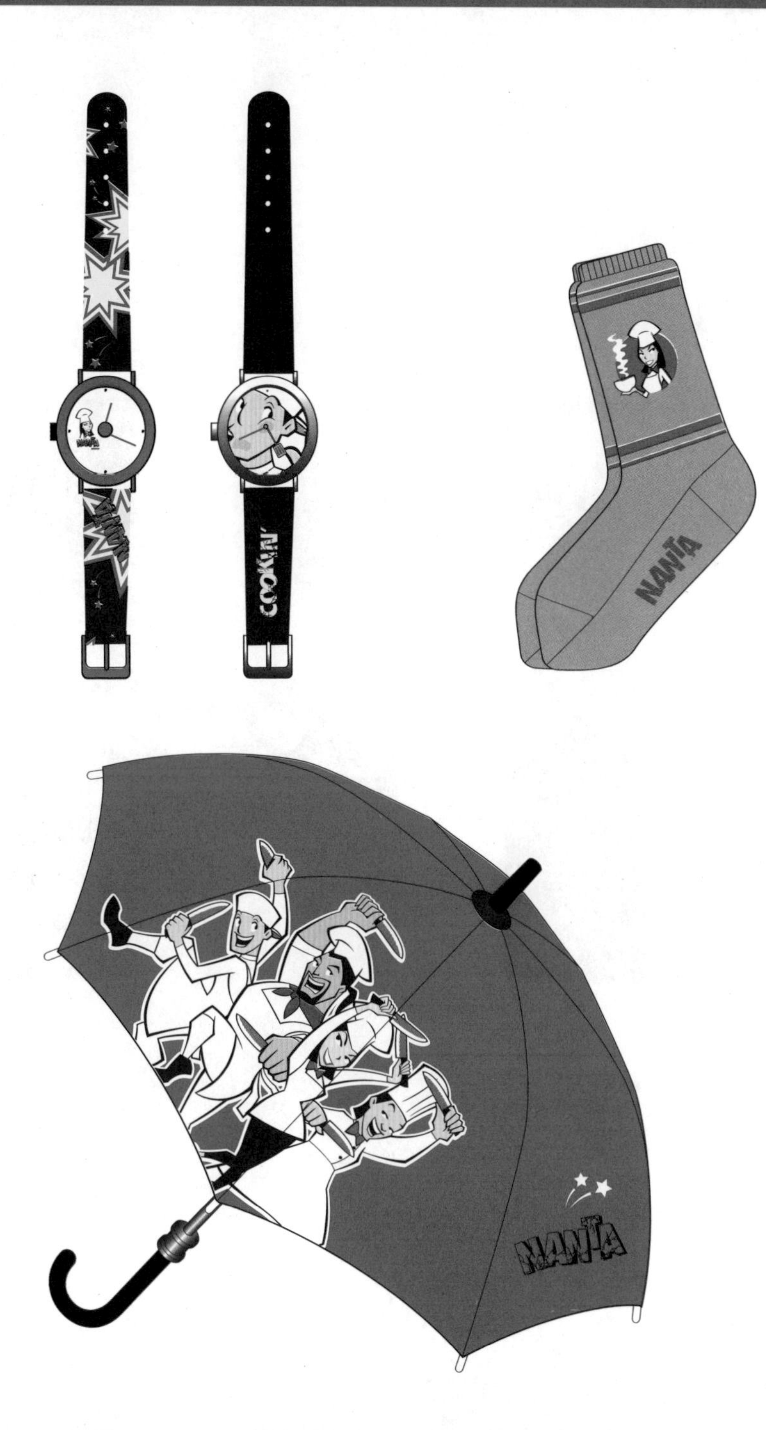
COOKIN'
NANTA
NANTA

NANTA
NANTA
NANTA ©1997 PMC

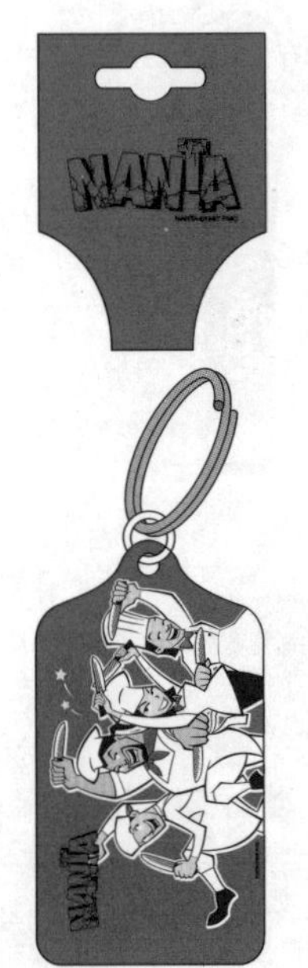
NANTA
NANTA

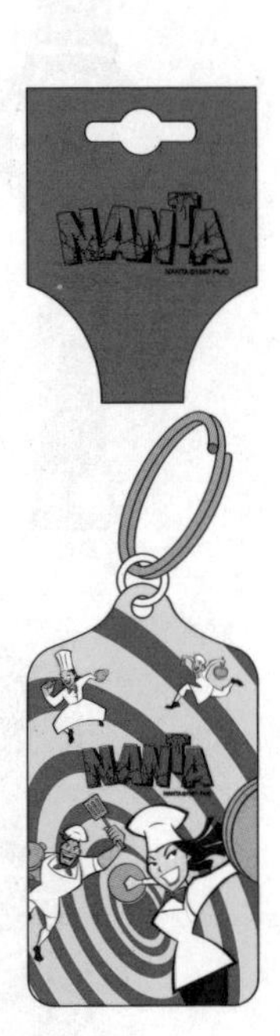
NANTA
NANTA

NANTA

Product

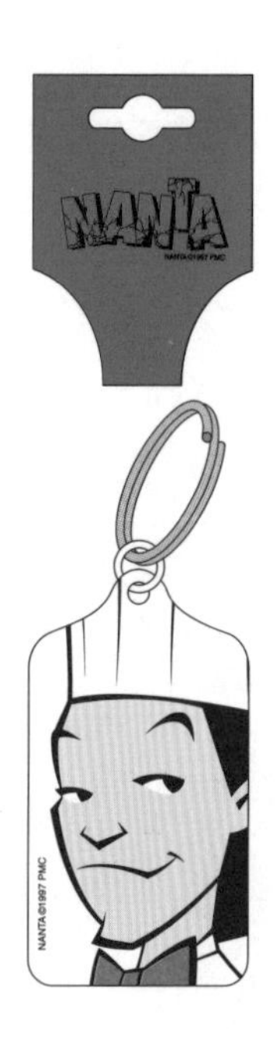
NANTA
NANTA©1997 PMC

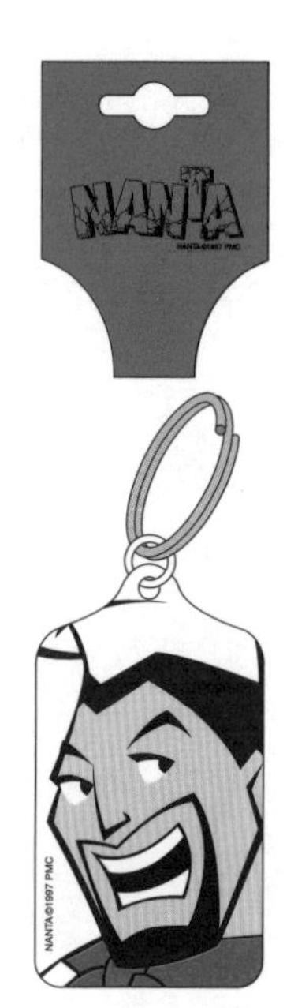
NANTA
NANTA©1997 PMC

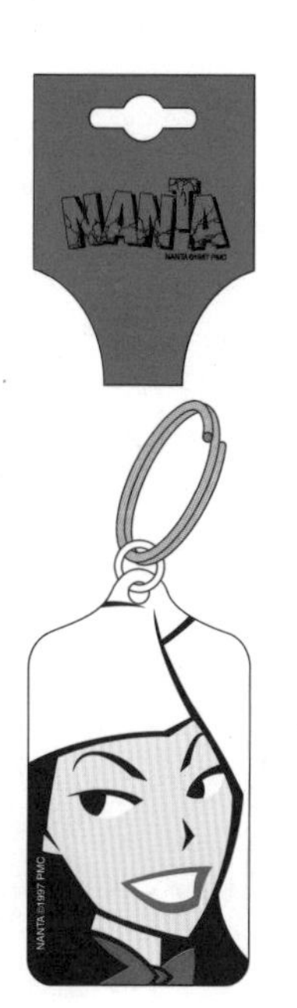
NANTA
NANTA©1997 PMC

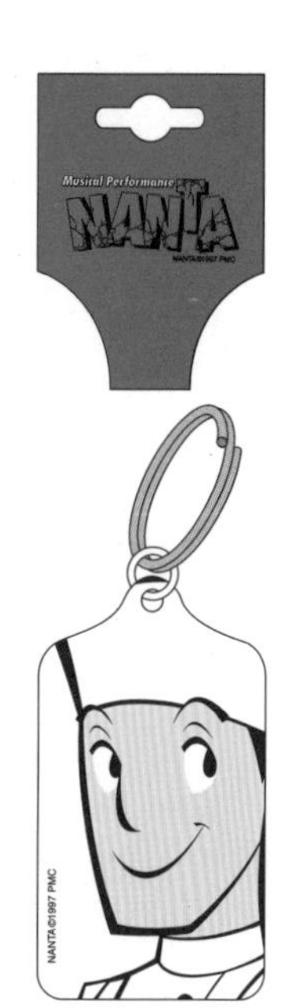
Musical Performance
NANTA
NANTA©1997 PMC

국내 유망 캐릭터 & 캐릭터 관련 회사 소개

부즈
로이비주얼
모닝글로리
꼬지엔터테인먼트
시공사
둘리나라
아트박스
대원C&A
드림캐치
캐릭터인
예스엔터테인먼트
토리아드
캐릭터존
캐릭터플랜
애니매니아
유니트픽처
위즈엔터테인먼트
씨엘코엔터테인먼트
미스터케이
서울머천다이징
아툰즈

*(출처: 한국문화콘텐츠진흥원[2001캐릭터연감])

1. 부즈

서울시 강남구 논현동 192번지 경영빌딩 5층
TEL) 02-568-5038 FAX) 02-568-5053
URL) www.vooz.co.kr // www.voozclub.com

캐릭터 소개

짱깨 소녀라고도 불리는 거룡반점 막내딸 '뿌까' 는 지나칠 정도로 발랄한 성격의 소녀입니다. 직설적이고 단순한 그녀의 행동속에는 가식이나 내숭 따위는 존재하지 않습니다. 좀 터프하지만 '가루' 에 대한 애정도 그런 뿌까의 솔직함 때문에 귀엽게 느껴집니다. 혹자는 싫어하는 가루에게 너무 집착하는 것이 아니냐 라고 하고 다른 이는 귀여운 뿌까의 구애에 관심이 없는 가루를 원망하는 이도 있을 것입니다. 사실 가루는 뿌까가 싫다기보다 닌자가문을 다시 부활시켜야 한다는 무거운 사명을 띠고 있기에 뿌까의 구애를 당황스럽게 받아들이고 있는 게 아닌가 합니다.

회사 소개

부즈는 저작물(캐릭터)과 관련된 온라인 · 오프라인 사업을 진행하고 있는 회사입니다. 주요 사업 분야로는 캐릭터 개발, 온라인 콘텐츠 개발, 2D&3D애니메이션 개발 모바일 서비스와 게임 콘텐츠 개발, 캐릭터 라이센스, 캐릭터 머천다이징, 머천다이징 프로모션 등의 구성으로 이루어져 있습니다. 현재 온라인 포털 사이트와 공동으로 캐릭터 아바타 채팅 서비스 사업을 진행하고 있으며, 다수의 인터넷 기업과 연계한 콘텐츠 제휴사업도 활발히 진행하고 있습니다. 오프라인 사업의 경우 캐릭터 뿌까의 라이센스 사업으로 20여 개 사의 제조사를 통해 170여 품목의 상품화 사업이 진행되고 있으며, 2002년 말까지 400억 원 규모의 시장확보를 목표로 했습니다. 부즈는 앞으로 프랜차이즈, 테마파크 등의 독립적 저작물 유통 사업을 진행할 계획에 있으며 캐릭터 콘텐츠 개발과 멀티미디어 관련 업무 진행을 통해 오프라인 사업과 연계된 실질적 종합 엔터테인먼트 사업을 중점으로 추진할 예정입니다.

주요 연혁 / 실적

1999 11 VOOZ 설립
2000 02 (주)SK텔레콤 캐릭터 다운로드 서비스 제공
2000 04 (주)신세기통신 캐릭터 다운로드 서비스 제공
2001 04 (주)라이코스코리아와 온라인 캐릭터 비즈니스 제휴계약
2001 06 (주)현대세가 엔터테인먼트와 모바일 게임 콘텐츠 공동 개발
2001 06 뉴욕 리마 라이센스 쇼 캐릭터 출품
2001 07 (주)라이코스코리아 커뮤니티 채팅 아바타 개발 서비스 오픈
2001 09 뿌까 캐릭터 상품 출시
2001 12 캐릭터 뿌까 한국문화관광부 선정 올해의 캐릭터 베스트10 선정
2001 02 다음 커뮤니케이션 주최 제1회 국제 플래시 애니메이션 영화제 대상 수상

2. 로이비주얼

서울시 양천구 목1동 현대 드림타워 923-14 601호
TEL) 02-2166-2100 FAX) 02-2166-2101
URL) www.aniroi.com

캐릭터 소개

세상살이는 예전보다 훨씬 복잡하고 힘들어지는데 반해 대부분의 캐릭터는 정형성만을 추구합니다. 그래서 우비소년은 훨씬 현실적인 방법을 택했습니다. 무언가 어려운 일에 봉착했을 때는 잔꾀도 부려보고 화도 내고…. 착하게 살되 남한테 당하면서 살지 말자가 우비소년의 좌우명입니다. 주변에 일어날 만한 일을 훨씬 극대화해서 유머스럽게 보여주는 게 우비소년의 컨셉트입니다.

회사 소개

로이비주얼은 독특한 스타일과 새로운 연출로 캐릭터와 애니메이션을 만드는 회사입니다. 다양한 연출기법을 소화해내며 끊임없이 소비층을 리드해 나가기 위해 노력하고 있으며, 풍부한 애니메이션 만큼이나 다양한 캐릭터 라이센스를 위해 많은 어플리케이션을 개발하고 있습니다.

주요 연혁 / 실적

1999 로이비주얼 창립
1999 KBS 파워인터뷰 인트로 애니메이션 제작
2000 우비소년 캐릭터 개발 및 공포
2000 (주)네트로21과 e-card 사이트 www.cardrock.co.kr 공동개발
2000 (주)컴키드의 유아교육용 콘텐츠 사이트 아바타 및 애니메이션 제작
2000 (주)인츠닷컴과 '우비소년' 웹 애니메이션 투자 계약 체결
2000 인터넷 사이트 www.woobiboy.com 오픈
2001 SBS '신인 개그맨 콘테스트' 애니메이션 제작
2001 SBS 주말 코미디 쇼 '오 해피데이' 오프닝 제작
2002 영화 '우렁각시' 오프닝 타이틀 제작 및 웹 애니메이션 제작
2002 현재 '우비소년' 웹 애니메이션 40여 편 제작

3. 모닝글로리
서울시 마포구 도화동22 창강빌딩1222호
TEL) 02-719-0400 FAX) 02-701-4785
URL) www.morningglory.co.kr

©1994 morning glory Blue Bear

©1998 morning glory BABU.

© 2001morning glory KOZIZI

캐릭터 소개

블루베어(Blue Bear)

모닝 글로리의 대표 캐릭터 '블루베어'는 곱슬거리는 블루베리빛 털과 가슴에 있는 노란 초승달 무늬가 매력적인 '곰' 캐릭터입니다. 한 살이 되던 해 블루베어는 엄마와 아빠로부터 180일 간의 기구 여행을 허락받고 세계 여행을 떠납니다. 블루베어의 모험담 모두들 궁금하시죠? 또한 그동안 세계 23개국 150개 해외 숍을 통해 세계적인 캐릭터들과 인기를 겨뤄온 글로벌 캐릭터의 공로를 인정받아 2001년엔 대한민국 10대 캐릭터로 선정되는 영광도 안았답니다.

바부(BaBu)

긴 눈썹과 작은 눈, 하얀 털과 파란 귀가 돋보이는 하얀 강아지 '바부'는 세상이 풀지 못하는 수수께끼로 가득차 있다고 생각하는 꼬마 철학자입니다. 언제나 밝은 태양이 따스하게 내려쬐는 '써니랜드'에서 태어난 바부는 철학자답게 또 고민을 시작하죠. 무언가 궁금할 때 고개를 갸우뚱거리는 모습이 매력 포인트입니다.

꼬지지(Kozizi)

자연과 동물이 그저 신기하기만 한 '꼬지지'는 작은 벌레를 좋아하는 순박한 소녀입니다. 많은 벌레 중에서도 무당벌레가 가장 예쁘다고 믿고 오늘도 무당벌레 모으기에 열중합니다. 약간은 지저분하고 선머슴 같은 이미지 때문에 "저애 왈가닥 아니야?" 하는 말도 가끔 듣지만 딸기 머리핀과 땡땡이 원피스를 입고 부끄러워할 줄도 아는 순박한 소녀랍니다.

회사 소개

(주)모닝글로리는 5천여 종의 아이템을 자체적으로 진행해 온 머천다이징 노하우를 비탕으로 개발된 다수의 상품화 캐릭터를 보유하고 있는 캐릭터 전문기업입니다. 2년 연속 브랜드 파워 1위의 강력한 고객인지도와 전세계 23개국 150여 해외 숍을 통해 익혀온 해외 마케팅 감각으로 이제 '소프트 모닝글로리'의 새로운 비즈니스를 시작합니다. '블루베어', '바부' 등 모닝글로리의 캐릭터가 생활 용품, 잡화, 의류, 제과업계에 이미 라이센싱되고 있고, 대한적십자사, 부천국제영화제 캐릭터를 개발하는 등 캐릭터 개발에도 성과를 올리고 있습니다. 또한 앞으로 온라인과 오프라인을 망라하는 캐릭터 비즈니스 전문기업으로 우뚝서기 위해 국내 정상의 기업들과 전략적 제휴를 통해 사업영역을 넓혀 나가고 있습니다.

주요 연혁 / 실적

1981 회사 설립
1992 유망수출 기업선정(대한무역진흥공사)
1995 마케팅프론티어 수상(한국마케팅학회)
제1회 세계화 우수사업 경진대회 수상(KOTRA)
1997 제24회 상공의 날 국무총리 표창 수상
1998 모닝글로리 현지 해외 숍 100호점 돌파
해방이후 국내 최고 브랜드 50선 선정(삼성경제연구소)
1999 모닝글로리 미주지역 현지 법인 설립
제1회 대한민국 디자인 대상 디자인 경영 우수상 수상
2000 한국 대학생 의식조사 — 문구부문 1위 선정(한국대학신문)
2000 · 2001 제1회, 제2회 한국 산업 브랜드 파워 종합문구부문 1위 선정(한국능률협회, 2년 연속)
2001 대한민국 10대 캐릭터 '블루베어' 선정(문화관광부)

4. 꼬지엔터테인먼트
서울시 영등포구 대림3동 682-13 세일빌딩 3층
TEL) 02-833-9991 FAX) 02-833-9905
URL) www.ggozi.com

캐릭터 소개

물방울 요정 몽이는 해외 시장을 겨냥하여 개발 초기부터 쉽게 식상하지 않고 세계 모든 사람들이 공감할 수 있는 자연과 꿈에 대한 이야기를 바탕으로 1997년 탄생하였다. 삶의 근원이 되는 물을 소재로 인간과 자연이 조화를 이루는 이상적인 현실공간으로 인간과 자연이 하나 되는 범생명주의 개념을 도입하였다.
개발사의 확고한 개발의지와 탄탄한 캐릭터 디자인 기획이 기초가 되어 1999년 부터 본격적인 캐릭터 마케팅 진행으로 국내의 우수한 라이센시들과 계약을 체결하여 패션, 생활용품, 액세서리, 완구, PC게임, 출판물 등의 다양한 제품으로 생명력을 갖게 되었다. 2001년 7월에는 대만 Centillion Technology CORP.,에 '몽이' M/D 판권 수출로 대만의 6개 도시에 몽이 숍이 진행되었다. 이러한 몽이의 성장은 2001 올해의 캐릭터 BEST10에 선정되어 문화관광부 장관상을 수상하였으며 2002년에는 국내 및 해외 시장을 본격적으로 진출하기 위해 2D, 3D 애니메이션으로 제작되고 있다.

회사 소개

꼬지 엔터테인먼트의 꼬지는 '외꼬지' 라는 옛말에서 꼬지를 착안했다. 희고 여린 외가지는 빛에 따라 자라는 다른 나뭇가지와 다르게 홀로 고집스럽게 한쪽으로만 자라는 외가지다. 작지만 큰 힘을 지닌 고집스런 외가지는 캐릭터 개발사로서의 장인정신을 담고 있다. '생활 속에 행복을 주는 캐릭터' 를 기본 테마로 독창적이며 장기적 수명의 오리지널 캐릭터를 개발하여 세계적인 토털 캐릭터 전문 기업으로 성장하고 있다.

주요 연혁 / 실적

1997 02 캐릭터 디자인 연구소 설립
1998 08 꼬지 디자인 설립
1999 08 (주)KBS영상사업단과 캐릭터 공동사업추진
08 SICAF(서울 국제 만화 페스티발) 전시 참가(COEX)
12 MBC 주최 한일 캐릭터쇼 전시 참가(서울 무역 전시장)
2000 KOTRA 주최 엔터테인먼트 벤처마트 전시참가(KOTRA 본사)
2001 04 (주)MBC 게임 채널과 캐릭터 공동 프로모션 진행
2001 06 (주)꼬지엔터테인먼트로 법인 전환
2001 06 (재)문화산업지원센터 주최 캐릭터 라이센싱쇼 2001 전시참가
2001 07 (재)문화산업지원센터 주최KCCF 2001 전시회 참가
2001 07 대만 C · T CORP.,에 몽이(Monge) PC 게임 출시
2001 12 올해의 우수 캐릭터 베스트10 선정 문화관광부 장관상 수상
2002 01 문화관광부, SBS주최 문화콘텐츠채용박람회 참가

5. 시공사
서울시 서초구 서초동 1619-4 예일빌딩 4층
TEL) 02-585-0264 FAX) 02-585-0265
URL) www.givoon.com

SIGONGSA CHARACTER

캐릭터 소개

INDIGO: 권신아 작가의 고품격 유럽풍 일러스트 모음
Bijou 비쥬: 반짝반짝 빛나는 보석 같은 카툰 캐릭터
Worddy 워디: 국내 최초 알파벳 캐릭터 워디! 이제 워디들의 전쟁이 시작된다.
그남자 그여자: 안노 히데아키 감독의 2000년 최고의 재패니메이션 깜찍한 유키노의 보디가드 페로페로
매기의 모험: 캐나다 넬바다 사의 TV애니메이션으로 제작, 세계 어린이들의 사랑을 받고 있는 작품!
라면 보이: 네티즌이 뽑은 최고의 플래시 애니메이션
모냐: Daum 플래시 극장 '모냐' 24시간 절찬 상영중! 모냐의 메가톤급 미소!

회사 소개

(주)시공사는 STEREO SOUND 번역출판을 시작으로 하여 만화 단행본, 순정만화 잡지 CAKE, 명랑격주간지 GIGAS, 만화 사이트 COMIC PLUS, 게임 전문잡지 PC PLAYER, 온라인 서점 LIBRO, 패션잡지 유행통신, 고품격 생활지 CASA LIVING, 생활정보 온라인 사이트 ZOOMCITY 등 폭넓은 사업을 진행하고 있습니다. (주)시공사 캐릭터 사업부는 캐릭터 개발 및 라이센싱, 매니지먼트, 온라인 비즈니스, 머천다이징, 캐릭터 숍, 애니메이션, 출판, 프랜차이즈, 게임, 테마파크, 이벤트 프로모션 등 캐릭터 One Source Multi Use를 전개합니다.

주요 연혁 / 실적

오디션: (주)B&B에서 직소퍼즐, (주)스티커즈의 스티커 명함, (주)유아모드의 캐릭터 침구류, (주)다날의 모바일 캐릭터 다운로드 서비스
언플러그드 보이: (주)스티커즈의 스티커 명함, (주)다날의 모바일 캐릭터 다운로드 서비스
그남자 그여자: (주)스티커즈의 스티커 명함, (주)유아모드의 캐릭터 침구류, (주)베스틴의 철제류, (주)모빌닉의 모바일 캐릭터 다운로드, (주)각시와 머슴의 필기류와 잡화류, (주)이공일공의 지제류, (주)지나월드의 봉제 인형류, (주)CCL의 핸드폰 액세서리
라면 보이: (주)진성무역의 봉제 인형
모냐: (주)진성무역의 봉제 인형

6. 둘리나라

서울시 종로구 원서동 171번지 원서빌딩 3층
TEL) 02-3675-2171 FAX) 02-3675-2175
URL) www.doolynara.co.kr

캐릭터 소개

1983년 이후 출판만화, 애니메이션, 캐릭터 상품 등을 통해서 많은 인기를 누려온 더이상 설명이 필요없는 토종 캐릭터 둘리. 둘리와 우주인 도우너, 타조 또치, 희동이, 마이클, 길동이 아저씨와 함께 미래로 과거로 우주로 4차원의 세계로 모험을 떠나 보세요.
여러분의 상상력과 즐거움이 한층 더 높아질 거예요.

회사 소개

1995년, 국산 만화 캐릭터를 지속적이고 세계적인 캐릭터로 성장시키기 위해서는 조직이 필요하다고 판단되어 설립되었습니다. 주 사업 내용: 영상물 제작과 캐릭터 라이센싱이며 2002년 현재 70여 개 업체 · 1,200여 품목의 캐릭터 상품 라이센스 계약을 맺고 있으며, 그 외 출판과 뮤지컬도 진행하고 있습니다.

주요 연혁 / 실적

1995 05 우리 나라 최초의 만화우표(아기공룡 둘리) 발행
1996 07 〈아기공룡 둘리 — 얼음별 대모험〉 장편 애니메이션 제작 및 감독
1996 12 1996 대한민국만화문화대상 수상(영상부문) — 문관부
1996 12 영화평론가상 수상 — 영화평론가 협회
1996 12 대한민국영상음반대상 애니메이션상 수상 — 일간스포츠
1996 12 1996 대한민국만화문화대상 감독상 — (주)한국애니메이션 제작자협회
1996 12 공연윤리위원회 우수 영상물 수상 — 공연윤리위원회
1998 제8회 카이로 어린이 영화제초청(경쟁부문)
2001 07 뮤지컬 둘리 공연 — 극단 에이콤, 예술의 전당
2001 12 우리 나라 최초 만화 크리스마스 씰 발행 — 대한 결핵협회
2001 12 올해의 캐릭터 베스트10 특별 공로상 — 한국문화콘텐츠진흥원

ARTBOX

7. 아트박스

서울시 서초구 서초동 1496-17

TEL) 02-582-1585 FAX) 02-582-1586

URL) www.nartbox.com

PAJAMA SISTERS

PAJAMA BABY

캐릭터 소개

파자마 시스터즈(PAJAMA SISTERS): 내성적이고 게으른 세 자매의 여유롭고 아기자기한 일상 생활을 그린 캐릭터로 마니아들에게 꾸준히 인기를 얻고 있습니다. 방금 세수하고 나온 듯한 깨끗한 얼굴에 발그레한 볼의 지지, 얌, 코 세 자매의 귀엽고 재미난 이야기입니다.

퍼니걸 퍼니보이(FUNNY GIRL FUNNY BOY): 규칙적인 일상 생활을 싫어하고 감수성도 풍부한 요즘 신세대로서 그 속에서 재밌는 일들이 펼쳐지는 스토리입니다. 14살 동갑내기의 퍼니걸과 퍼니보이, 그 둘은 규칙적이고 정해진 일상을 너무 싫어하며 자연스럽고 통통 튀는 것을 좋아합니다. 퍼니걸은 길거리에서도 사람들이 보건 말건 뽀뽀하는 것을 좋아하고 퍼니보이는 운동과 음악 듣는 것을 즐긴답니다.

아지아론(AZI ARON): 아지아론은 향기가 나는 풀을 좋아하는 아기 동물들입니다. 곰과 강아지, 병아리, 오리, 양의 친구들로 이루어져 있으며 실제 인형으로 제작, 그래픽에 이어 실제 사진처럼 표현한 제품으로 사랑받고 있답니다. 몸매 과시를 좋아하는 곰, 탈모증상을 감추기 위해 가발을 쓰고 다니는 강아지, 화려한 패션감각을 자랑하는 병아리, 밤새워 친구들과 술 마시기를 좋아하는 오리, 아기자기한 여성적인 성격을 가진 양의 재미난 이야기에 귀기울여 보세요.

파자마 베이비(PAZAMA BABY): 파자마 시스터즈의 어린 시절을 그린 새로운 캐릭터로 잠자기, 꿈꾸기, 동물 친구들과 장난치기 등을 좋아합니다. 장래희망은 아름답고 지적인 멋진 숙녀가 되는 것, '아가야~' 하고 부르거나 귀엽다고 머리 쓰다듬는 걸 제일 싫어한답니다.

마오마오(MAOMAO): 멋쟁이 동물 가족으로 편안한 걸 좋아하고, 친구들끼리 모여서 음식 만드는 것과 모자이크 놀이, 그리고 모자 쓰기를 좋아합니다. 마오마오는 중국식 말로 모자라는 뜻, 차분한 성격의 마오마오는 감수성이 풍부해 산책과 사색하는 것을 좋아하지요. 가끔 엉뚱한 행동을 잘하는 토끼 때문에 웃음이 끊이지 않는 그들의 생활이 기대됩니다.

쪼코베어(CHOCO BEAR): 키가 10cm밖에 되지 않는 작고 호기심 많은 개구쟁이. 달콤한 음식과 숨박꼭질을 좋아하는 쪼코베어는 한 소녀가 사랑하는 소년을 위해 정성을 다해 만든 초콜릿 곰이랍니다. 잘 익은 카카오에 달콤한 설탕과 향긋한 바닐라를 넣어 만들었죠. 소녀에게 쪼코베어를 받은 소년은 너무 예뻐서 먹을 수 없었고 그래서 쪼코베어는 나날이 행복했답니다. 하지만 소년의 관심과 사랑이 점점 멀어지자 쪼코베어는 먼지에 쌓이고 눈물이 나 사라지기를 마음먹는데… 다음 얘기는 어떻게 될지 궁금하시죠?

회사 소개

아트박스는 1984년 8월 1호점을 시작으로 전국 100여 곳의 체인점과 30개 해외 체인점을 보유하고 있는 국내 대표적인 팬시 · 캐릭터 상품 제조업체입니다. 독자적으로 만든 캐릭터를 활용한 문구, 패션 액세서리, 인테리어 소품 등의 차별화된 디자인과 활발한 캐릭터 라이센싱으로 생산된 제품을 전국 주요 거리에서 만날 수 있습니다. 2002년 2월 관계사인 아트박스와 합병하게 된 시스맥스는 정돈되며(Clean), 짜임새 있고(Compact), 실용적인(Convenient), 3C 정신을 통해 작은 사무용품 하나라도 세심한 정성을 기울이고 있으며, 강하고 변형없는 신소재를 통한 기술과 디자인 개발, 생산 공정의 자동화를 통한 생산과 품질혁신으로 한발 앞서가는 제품을 만들고 있습니다. 또한 아트박스 내의 에브리데이 사업부는 깜찍하고 귀여운 어린이 문구제품으로 기존 아트박스의 대리점 형식의 판매와 달리, 일반 시장을 대상으로 하는 마케팅을 펼치고 있습니다. 아트박스와 시스맥스, 에브리데이가 모여 이룬 큰 힘은 창의적이고 성공적인 비즈니스를 펼치는 것에 기반을 두고 있으며, 아트박스가 한 곳에 머물지 않는 자유로운 꿈꾸기로 늘 살아 움직이는 최정상의 캐릭터 비즈니스 회사라는 것을 말해 준다고 할 수 있습니다.

주요 연혁 / 실적

1984 (주)삼성출판사 내 ARTBOX사업부 발족, 8월 아트박스 1호점 개점
1985 (주)아트박스 분리독립
1988 (주)아트박스 사옥 건립
1992 (주)아트박스 내 (주)벤아트 설립
1996 (주)벤아트에서 (주)F&F 상호변경 후 분리독립
2000 (주)아트박스내 (주)nARTBOX 설립
2001 01 (주)시스맥스와 합병
2002 아트박스 내 에브리데이 사업부 신설

캐릭터 라이센싱

파자마 시스터즈 — 의류, 화장품 등 20여 개 업체
샤샤 — 인형, 필기구 등 7개 업체
아이몽 — 신발 외 3개 업체
와우토마토 — 출판 외 5개 업체
벤또야 — 핸드폰 액세서리 등

8. 대원C&A

서울시 용산구 한강로 3가 40-456 대원 C&A홀딩스 주식회사
TEL) 02-3785-0100 FAX) 02-790-6084
URL) www.daiwoncna.com

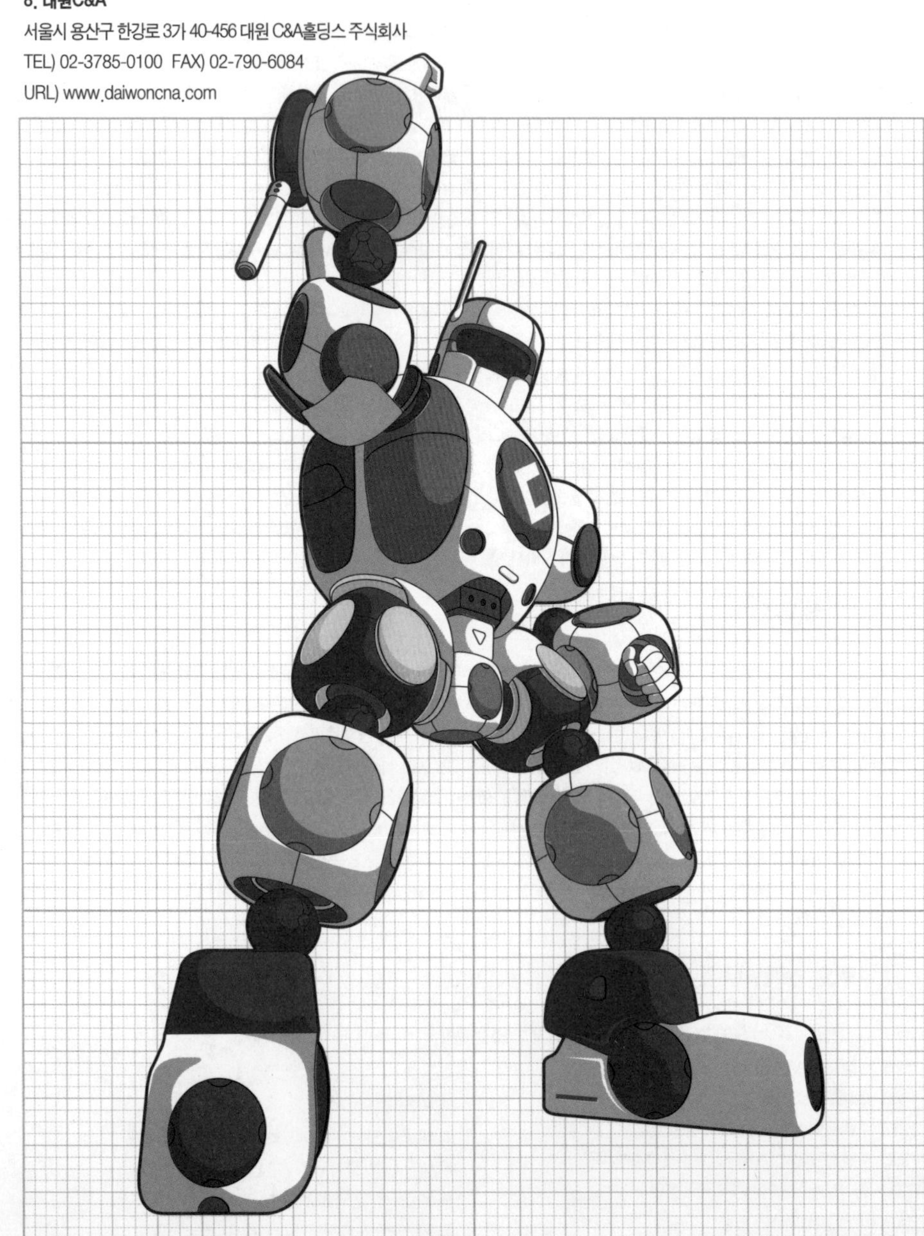

캐릭터 소개

큐빅스는 국내에서 100% 제작해 우리 나라는 물론, 세계 시장에 진출하는 데 성공한 작품으로 2001년 한국 애니메이션 최초 미국 공중파에 방송됨으로써 여론 등의 관심과 화제가 되고 있는 애니메이션 캐릭터이다. 한/미/일 삼국의 4개 사가 글로벌 프로젝트 파이낸싱 방식으로 공동제작했다. 2001년 대한민국 영상만화대상 문화부 장관상을 받았으며 〈팡팡〉이라는 월간지를 통해 만화로 연재됐고, One Source Multi Use 비즈니스의 모델을 구축해 나가고 있는 캐릭터이다. 국내 주요업체들과 상품화사업 계획을 추진하고 총체적인 라이센싱 전개를 위해 캐릭터 마케팅이 가능한 전업종과 아이템의 주요 업체들을 초청 사업설명회를 가진 후, 이미 화승, 아카데미 과학, 영실업 등과 같은 시장 지배력이 높은 업체와 캐릭터 라이센스 계약협의가 완료된 상태로 향후 국내 시장에서도 성공 가능성이 클 것으로 기대하고 있다.

회사 소개

대원씨앤에이홀딩스(주)는 1973년 한국 최초의 애니메이션 제작 전문기업으로 설립되었으며, 현재는 캐릭터 머천다이징 사업을 비롯하여 만화출판, 비디오제작, 애니메이션 영화 배급, 트레이딩 카드 게임, 인터넷 콘텐츠 사업, 애니메이션 전문 위성방송 등 사업 영역을 확장하면서 토털 애니메이션 시스템을 갖춘 기업으로 발전했습니다.
대원씨앤에이홀딩스(주)는 청소년에게 더 큰 꿈을 심어주고자 노력하고 있으며 이제는 한국 고유 창작 캐릭터의 세계 시장 진출이라는 더 큰 목표를 향해 노력하고 있습니다.

주요 연혁 / 실적

1986 1991년 수출의 탑 대통령상 수상
1987 한국 최초의 TV용 애니메이션 '떠돌이 까치', '달려라 호돌이' 제작
1992 '지구는 초록별'로 뉴욕 필름 페스티발 동상 수상
1995 '붉은매' 한국만화영화대상 금상 수상
2000 한국 최초 한/미/일 공동 작품 '큐빅스' 제작
그 외 작품: '달려라 하니', '천방지축 하니', '영심이', '마법사의 아들 코리', '두치와 뿌꾸', '녹색전차 해모수', '지구용사 벡터맨'

9. 드림캐치

서울시 마포구 서교동 338-52 대영빌딩 2층
TEL) 02-338-9855 FAX) 02-338-9866
URL) www.pinkaru.com

캐릭터 소개

핑크아루(Pinkaru): 생명의 근원인 물을 지키는 의도에서 물을 모티브로 하여 탄생된 캐릭터로, 핑크아루는 우리가 꿈꾸는 낙원을 만들기 위해 찾아온 사랑스런 물의 요정이라는 뜻입니다.

비비팝(Bibipops): 다혈질적이고 변덕스러워 한 가지에 만족하지 못하는 성격으로 자신의 아름다움을 추구하는 것이 그녀의 취미입니다. 자신을 가꾸는 당찬 꼬마 요정 비비팝은 다양한 연출로 자신을 표현하는 것이 특징입니다.

꼬마돼지(Little piggy): 기존의 귀엽고 아기자기한 이미지의 캐릭터들과는 차별화된 코믹하고 과장된 표현 방식과 엽기적인 디자인으로 개발된 캐릭터입니다.

회사 소개

드림캐치는 '꿈을 현실로' 라는 테마로 캐릭터 개발 및 애니메이션, 라이센스, 노벨티 사업을 추진하고 있습니다. 그 속에서 창출되는 수많은 캐릭터들은 단순한 디자인으로서의 가치를 넘어서 고객의 소중한 꿈을 현실로 이루어내고 무한한 가치를 창출하는 에이전시로서의 역할을 수행합니다. 세계의 산업 구조가 정보화, 서비스화로 변화하고 우리들의 생활도 문화의 중요성과 정신적인 가치를 더욱 중요시하게 되었습니다. 이러한 시대의 흐름에 없어서는 안 될 요소는 '꿈' 입니다. 이에 드림캐치는 어린 시절의 꿈과 환상을 일깨우는 캐릭터를 개발하고 상품화하여 전세계 사람들의 꿈을 현실로 만들어내는 가교가 되자라는 이념으로 누구에게나 사랑받을 수 있는 기업이 되도록 연구하고 노력하고 있습니다. 첨단 정보 기술을 바탕으로 한 실전 마케팅 전략과 개발 프로세스로 무장한 드림캐치는 '클라이언트 사의 성공이 곧 우리의 성공' 이라는 기본 개발 이념으로 비즈니스의 새 비전을 제시할 것입니다.

주요 연혁 / 실적

1998 12 메인 캐릭터 '핑크아루' 개발
1999 07 공식 홈페이지(www.dreamcatch.co.kr) 개설
1999 11 영화 '반칙왕' 의 송강호 · 장진영 캐릭터 개발
1999 11 메인 캐릭터 '핑크아루' 공식 홈페이지(www.pinkaru.com) 개설
1999 12 ' 99 서울 한일 캐릭터 쇼 참가 및 후원, 핑크아루 메인 캐릭터로 공식지정
2000 01 (주)손오공, (주)프린택, (주)국제상사 등 19개 업체와 280여 품목 관련 라이센싱 체결
2000 03 국내 최초로 캐릭터 TV 광고 '핑크아루' CF 2개월 간 방송3사 방영
2000 08 LG전자 브랜드 캐릭터 개발
2000 09 (주)나스카와 업무체결(Mobile Contents Service)
2000 09 SBS 일일드라마 '지꾸만 보고 싶네' 캐릭터 개발 및 지원 및 PPL
2000 10 SBS '마법의 성 띠또띠또' 메인 캐릭터 개발
2001 06 한국담배인삼공사 사내 벤처기업 1호, '드림포트' 캐릭터 개발 계약
2001 07 LG 생활건강 외 7개 업체와 30여 품목 라이센싱 체결
2001 12 KAMEX 대한민국 게임대전 참가
2002 01 하나로 통신, 아이코닉스 '게으른 고양이 딩가' 캐릭터 개발

10. 캐릭터인
서울시 강남구 포이동 204번지
TEL) 02-579-5119 FAX) 02-579-5122
URL) www.doogy.co.kr

Beloved Dog
Doogy

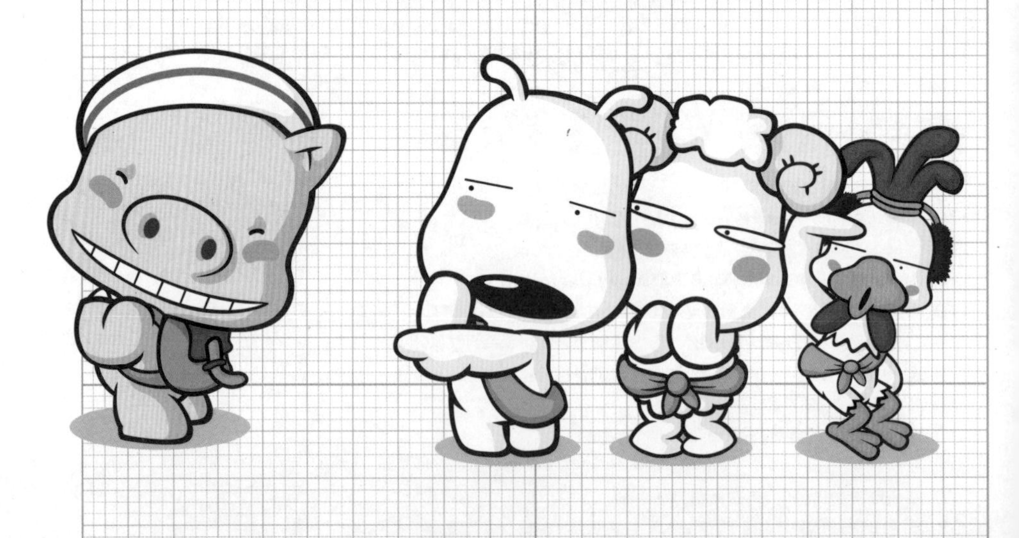

캐릭터 소개

2000년 무더운 여름날 태어난 두기는 호기심이 강하고 영리하며 전공은 잔머리 굴리기, 특기는 피동이 괴롭히기이다. 꾀가 많고 짓궂으며 실같이 작은 눈으로 요염한 자태를(?!) 보이다가도 황당할 때나 꾀가 극도에 오를 때면 눈이 주먹보다 더 커진다. 두기의 가장 친한 친구 귀여운 돼지 피둥이(Peedoong), 도도한 양 프린(Prin), 자신을 새로 착각하는 칙(Chic), 그리고 익살꾸러기 두기(Doogy)가 펼치는 신나는 모험과 우정이 우리에게 웃음 한 보따리를 선물해 줄 것이다.

회사 소개

캐릭터를 통해 고객의 다양한 문화적 욕구를 충족시키고 일상 생활에서 이러한 문화적 욕구를 자연스럽게 채워드릴 수 있도록 하며 캐릭터를 통해 문화를 파는 기업으로 고객에게 평가받고 싶습니다. 생산자 중심의 재래 캐릭터 시장에서 탈피하여 Creativity와 마케팅, 콘텐츠 중심의 다각적인 국내 캐릭터 산업을 고객 중심의 전문 기업으로 발돋움할 것이며, 한 단계 업그레이드시키는 데 그 일익을 담당해낼 Leading Company가 될 것입니다.

주요 연혁 / 실적

1998 08 캐릭터인 설립
1999 02 법인사업자로 전환
1999 09 미국 월트디즈니, 네덜란드 딕브루너 라이센스 계약
1999 12 한일 캐릭터 쇼 공식 참가
1999 12 ' 99 벤처기업 박람회 공식 참가
2000 04 워너브라더스 공식 라이센시
2000 05 제1회 (주)캐릭터인 캐릭터 공모전 개최
2000 05 벤처기업으로 지정(서울 지방 중소기업청 사업화 능력 〈우수〉 평가 기업)
2000 06 캐릭터 개발 전문회사 〈투니티나〉 인수합병
2000 12 실내화 사업 진출(디즈니, 딕브루너 판권계약)
2001 05 성장 기반 조성을 위한 기업 신용 평가 실시
2001 07 KCCF 공식 참가
2001 09 커뮤니케이션 토털 사이트 레떼와 전략적 제휴 관계 조성
2001 10 국제 문구 전시회 캐릭터 홍보관 공식 참가
2001 11 Doogy.co.kr 오픈
2001 11 개연화 상품 서비스 전문몰 CHUCHU 사이트 오픈

11. 예스엔터테인먼트

서울시 강남구 신사동 541-7 약산빌딩 2층
TEL) 02-544-1765 FAX) 02-3447-1765
URL) www.character-land.com

캐릭터 소개

팅구: 감성 캐릭터 순수의 요정 팅구는 커뮤니케이션 캐릭터로 1000여 가지의 감정을 표현하는 세계 최초의 캐릭터로 국내뿐 아니라 해외에서도 큰 호응을 얻고 있습니다. SBS TV에서 매주 월~금에 〈내친구 팅구〉가 방영되었고 대한항공 공식 캐릭터로 선정되어 대한민국 대표 캐릭터로 국위선양을 하고 있답니다.

클릭: 클릭은 팅구가 어려운 상황에 처했을 때, 박식한 지식과 지혜로써 충고와 도움을 마다않는 마우스 모양의 친구로 팅구가 있는 곳이라면 어디든 함께합니다.

짱: 장난꾸러기 악당 '짱' 은 순수하고 천진난만한 팅구를 궁지에 빠뜨리기 위해 끊임없이 새로운 함정을 만드는 폭탄 모양의 악당입니다.

회사 소개

(주)예스엔터테인먼트는 10년된 광고대행사 경험을 살려 기획 및 마케팅 능력을 발휘하고 있는 진취적인 캐릭터 전문 기업입니다. 캐릭터 개발 및 라이센스 사업, 캐릭터 상품 제조 사업, 인터넷 전자상거래, 직영점과 취급점의 오프라인 유통 사업, 캐릭터 마케팅, 콘텐츠 제공 사업, 플래시 애니메이션, 게임, 플래시 메일, 만화, 모바일 서비스, 아바타, 채팅, 토털 캐릭터 마케팅을 전개하고 있으며 현재 미디어 믹스 전략을 통해 국내 유수 업체들과 팅구 캐릭터의 글로벌 마케팅을 추진 중에 있습니다.

주요 연혁 / 실적

1992 07 토털컴 설립(디자인 전문 회사)
1994 03 서울 피알로 상호 변경(광고, PR, 디자인)
1998 09 종합광고대행사 인증획득(한국방송공사)
1998 08 캐릭터랜드 사업부 설립
1999 12 (주)캐릭터랜드로 상호변경
2000 03 벤처기업 인증 획득
2000 03 탤런트 김혜수, 전도연 홍보이사 영입
2000 05 홍콩 데이나이스 사와 캐릭터 업무 제휴(폭찹 라이센스)
2000 08 월트디즈니 사와 라이센스 계약(푸우, 미키&친구들)
2001 05 딕브루너 사 미피 제품 라이센스 계약
2001 11 SBS 프로덕션 팅구 캐릭터 공동 사업 계약
2001 11 SBS TV 방송 어린이 프로그램 〈내친구 팅구〉 방영
2002 01 대한항공 계약체결, 팅구 캐릭터 공동 프로모션 전개
2002 02 스티커즈 온라인 스티커 팅구 캐릭터 라이센스 계약
2002 02 크라운 제과 라이센스 계약
2002 02 오즈랜드 라이센스 계약
2003 (주)예스엔터테인먼트로 상호변경

12. 토리아드(뚝딱뚝딱)

서울시 마포구 성산동 114-15 유일빌딩 2층
TEL) 02-323-1239 FAX) 02-323-1451
URL) www.toread.co.kr

캐릭터 소개

토리아드(Toread)란 이름의 의미는 작은(tot) 산의 요정(oread)이며, 귀여운 꼬마 요정 20명과 산의 요정 '오리아드' 가 한 부족을 이끌고 있습니다. 토리아드의 모습은 보는 이로 하여금 동심에 빠져들게 하고, 행복한 느낌을 갖게 해 줍니다. 토리아드의 기본 컨셉트는 자연을 사랑하는 순수한 마음입니다. 깨끗하고 울창한 숲속이 이들 작은 도깨비 요정의 쉼터이며 놀이터이자 삶의 원천입니다. 아름다운 자연속에서 모두가 행복하길 바라는 것이 토리아드의 마음입니다.

회사 소개

저희 (주)뚝딱뚝딱은 캐릭터 기획 및 개발에서 캐릭터 라이센싱, 머천다이징, 애니메이션, 캐릭터 비즈니스 솔루션에 이르기까지 다양한 영역에서 주목받고 있는 크리에이티브 그룹입니다. 작게는 디자인에서 크게는 문화관광산업에 이바지하고 있는 저희 (주)뚝딱뚝딱은 국내 시장은 물론 해외에서도 뚝딱뚝딱만의 아름다움을 선보이고 있습니다.
(주)뚝딱뚝딱은 우리가 어렸을 적 한번은 꿈꿔보았던 이야기들을 만들어가는 환상적인 꿈의 세계로 여러분을 모십니다.

주요 연혁 / 실적

1999 05 뚝딱뚝딱 설립
1999 05 한국통신 '코넷' 캐릭터 쇼 개발 및 업무제휴
1999 10 '99한일 캐릭터 쇼 참가
2000 01 KOEX '신비한 세계 과자의 나라' 참가
2000 10 사이버 국제 만화 페스티발 '카페2000', 캐릭터 '토리아드(플로라)' 메인 CI지원
2000 10 KBS '혼자서도 잘해요' 방영(6개월)
2000 12 사회복지 공동 모금회(2001 캠페인 선정 — 꼼지)
2001 01 사단법인 한국 캐릭터 문화산업 협회 등록
2001 06 (주)Net' go 전략적 업무제휴
2001 06 (주)Lettee 전략적 업무제휴
2001 08 '2001 서울캐릭터쇼' 참가
2003 08 PMC프로덕션의 어린이공연 〈토리〉 런칭

13. 캐릭터존

서울시 중구 남산동 2가 32-8 캐릭터존 빌딩 3층
TEL) 02-774-1252 FAX) 02-757-1253
URL) www.chzone.com

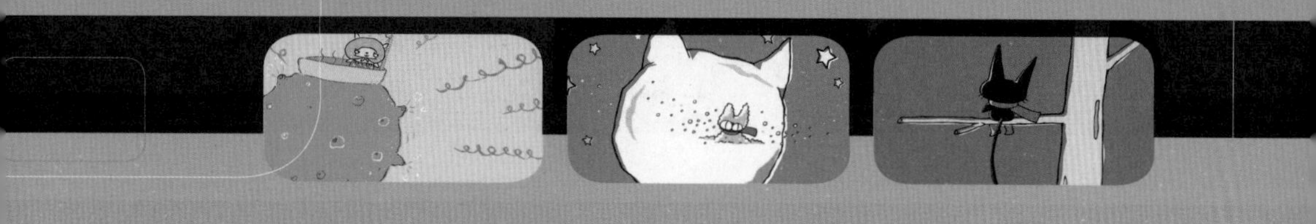

캐릭터 소개

아주아주 머언 우주에 우리가 알지 못하는 곳에 아주아주 작아서 눈엔 보이지 않는 소행성들이 있어. 그 소행성 중 얼음으로 뒤덮인 라스카별엔 말야. 반짝반짝 빛을 내는 별들이 있고, 소복히 날리는 눈, 그리고 빨간 장화를 신은 뮤가 있었어. 라스카라는 작은 얼음별에 살고 있던 뮤는 어느날 우연히 지나가는 사우나 별에 의해 자신의 별 라스카를 잃게 되고, 자신의 우주선 모요를 타고 우주를 헤매게 되지. 그러다 코요의 연료 — 라스카별에서 나는 얼음연료 — 가 떨어져서 그만 지구에 불시착하고 만 거야! 모든 게 낯선 지구… 뮤는 너무나 외로웠지만 하나뿐인 나두나무를 지키는 나무 요정과 밤을 무서워하는 키루, 또 길을 잃어버릴 때마다 나타나 나침반이 되어주는 보보와 다른 많은 친구들을 만나면서 그들의 꿈과 기억을 통해 서로의 희망을 모아보는데…. 우주코코피아 — 희망의 별 — 각기 다른 모양이지만 그들만의 작은 희망들이 모여 있는 그곳에 가면 뮤도 자신의 잃어버린 별, 라스카로 다시 돌아갈 수 있을지도 모른다는 희망을 갖게 되는데…. 따뜻한 온기가 배어 있는 서정적인 동화 같은 라스카 별에서 온 뮤는 고급스런 파스텔 풍의 컬러와 감성연령 15~25세에 맞추어 제작된 감성 캐릭터로 (주)캐릭터존의 감성을 대표하는 프로젝트입니다.

회사 소개

계획적인 자세, 진취적인 마인드와 도발적인 상상력으로 똘똘 뭉친 (주)캐릭터존은 캐릭터를 통해 모든 사람들과 커뮤니케이션할 수 있는 꿈의 세계를 만들고 싶습니다. 퀄리티 높은 전문 캐릭터 프로바이더의 역할을 통해 캐릭터의 가치를 극대화시키며 일반인들에게는 누구나가 쉽고 즐겁게 질좋은 캐릭터를 느끼고 즐거워할 수 있도록 하고, 업체들에게는 보다 적극적이고 새로운 방식을 통해 같이 꿈을 이룰 수 있는 사업 파트너가 되고자 (주)캐릭터존은 오늘도 노력을 합니다. 이것이 상상속에서 존재하는 꿈이 현실화되고 많은 사람들이 웃을 수 있는 미래를 만들기 위해 쉬지 않고 도약하는 기업 (주)캐릭터존의 참모습입니다.

주요 연혁 / 실적

1998 04 캐릭터존(Character zon.co) 설립
1998 09 기술 신용보증기금 신기술력보유 및 인정 및 보증승인
1998 10 서울시 중소기업형 벤처기업 창업 지원자금 승인
1999 01 개그맨 전유성 캐릭터 '유성아찌' 개발
1999 02 서울시 산업진흥재단 서울 애니메이션 센타 업체 선정 및 입주
1999 04 서울시 상수도 사업본부 캐릭터 '수도리와 방우리' 개발
1999 08 '99서울 국제만화페스티발 SICAF 참가
1999 10 한국소프트웨어진흥원 캐릭터 부문 자문의원 선정
2000 02 KBS 한국방송공사 '개그콘서트' 캐릭터 개발
2000 03 문화방송 토크쇼 '주영훈-최화정의 D-DAY' 캐릭터 개발
2000 03 MBC 문화방송 시트콤 '논스톱' 캐릭터 협찬
2000 04 (주)캐릭터존 법인전환
2000 04 LG 'Ez-ville' 캐릭터 개발 및 웹 디자인
2000 05 전원주 캐릭터 '푸하하하아줌마' 라이센스 계약
2000 06 (주)제일제당 영업본부 캐릭터 개발계약
2000 06 SK n-top 전유성, 전원주, 김미화 캐릭터 라이센스 계약
2000 07 자체프로젝트 maskman, myoo 동시 기획
2000 10 개그맨 윤정수 캐릭터 '꾸러기 정수' 개발
2000 11 중국 크레이지 잉글리쉬 영어강사 리양 캐릭터 개발 및 잉글리쉬 멀티 테마샵 '크레이지 플러디' 기획
2000 10 본사전문 3D애니메이션 부서 설립
2001 01 LG플랫트론 TV 남미 수출용3D CF제작
2001 02 괌 캐릭터 개발 관련 괌 주지사 본사방문
2001 03 동아 오츠카, 댄스 캐릭터존, 라이센스 계약
2001 08 Korea Contents Character Festival 2001 참가
2001 08 2001 서울 국제 만화 페스티발(SICAF) 공식 협찬사
2001 08 2001 Digital Contents Promotion 참가
2001 10 유럽 MIPCOM 캐릭터 쇼 참가
2002 01 자체 캐릭터 마스크맨 뮤 및 리양 캐릭터 사업 진행중

14. 캐릭터플랜

서울시 마포구 창천동 6-130
TEL) 02-3141-7261 FAX) 02-3141-7260
URL) www.characterplan.co.kr

캐릭터 소개

꼬마친구 뿌뿌(A Friend of Mine — PooPoo)

2001에 대한민국 영상만화대상 교육 어린이 부문 우수상 수상 작품 '꼬마친구 뿌뿌' 는2~5세까지 유아들에게 꼭 필요한 바른 생활 습관 교육을 위해 재미있게 만들어진 유아 생활 교육용 클레이 애니메이션입니다. 총52편으로 기획되는 '꼬마친구 뿌뿌' 는 2001년 화장실 습관에 대한 시리즈 1탄이 제작되었고, SBS TV 방영 이후 비디오로 출시되어 많은 사랑을 받고 있으며, 현재 시리즈 2탄 제작중에 있습니다.

또한, 2002년 상반기에 출시되는 인형 및 완구류, 문구류, 스티커북 OST 등의 유아들을 대상으로 하는 캐릭터 머천다이징 사업으로도 펼쳐질 예정입니다.

회사 소개

(주)캐릭터 플랜은 1995년에 설립하여 어린이를 위한 콘텐츠 개발에 주력하는 애니메이션 제작 및 Distribution 회사입니다.

(주)캐릭터 플랜은 창립 이래 수준 높은 캐릭터 개발 능력을 인정받아왔으며, 이제 세계 어린이에게 즐거움을 주는 콘텐츠와 캐릭터의 개발에 전념하고 있습니다.

(주)캐릭터 플랜은 영화, TV, 비디오, 게임, 음반, 캐릭터 라이센싱 등 애니메이션과 캐릭터로 가능한 모든 사업을 전개하고 있는 회사입니다.

주요 연혁 / 실적

1995 (주)캐릭터 플랜 설립 SBS TV '날아라 호킹' 캐릭터 개발

1995~1988 SBS TV 창사 9주년 특집 26부작 애니메이션 '스피드왕 번개' 기획 및 캐릭터 개발(원작권 소유)

1997~1999 SBS TV 새천년 특집 26부작 애니메이션. 〈트랙시티〉 기획 및 캐릭터 전문잡지 '캐니' 발행

2001 유아용 교육 클레이 애니메이션 '꼬마친구 뿌뿌' 제작

2002 '해머보이 망치' 극장용 장편 애니메이션 여름 개봉, '해머보이 망치' TV 시리즈 기획 · 제작중, '꼬마친구 뿌뿌' 2차 시리즈 기획제작중, '바운스 앤 롤' TV 시리즈 기획중

15. 애니매니아

서울시 서초구 방배동 876-9 용경빌딩 1층
TEL) 02-534-2700 FAX) 02-535-6855
URL) www.ianimania.com

황당하면서 민망한 우리들의 친구 홀맨!
그는 다른 차원에서 온 친구이며, 동시에 새로운 차원을 열어주는 안내인이기도 하다. 정의감이 넘치고 한없이 선하기는 하지만 그 노력에 대한 결과는 약간은 엉뚱하게 된다. 얼굴부분에 해당하는 홀에서는 끊임없이 무엇인가가 나오기도 하고 들어가기도 하는 등 우리들에게 무한한 상상력을 자극하게 해준다.

유쾌하고 쾌활한 성격이며 장난을 몹시 좋아한다.
홀맨보다 약삭빠르며 행동도 빠르다. 하지만 본성은 착해서 홀맨을 무척 아끼고 홀맨의 가장 친한 친구가 된다. 아무리 심한 장난을 쳐도 이해해주는 홀맨에게 항상 고마워 하는 마음을 간직하고 있다.
블랙홀의 홀은 크기, 수량에 관계없이 무한대로 흡수하는 능력이 있다.

오직 홀맨 밖에 모르는 충직스러운 강아지.
홀맨을 괴롭히는 블랙홀을 무지 싫어한다. 머리 돌리기, 점프하기 등의 다양한 애교를 부린다. 블랙홀과 함께 다니는 홀캣을 좋아하게 되어 새침떼기 홀캣에게 잘 보이려고 수단과 방법을 가리지 않는다. 뛰어난 후각과 청각으로 우주의 모든 일을 알 수 있으며 위험을 미리 예견하기도 한다.

콧대가 높고 도도한 새침떼기. 얼굴정리와 털정리에 하루를 다 보낸다.
보석과 생선을 좋아하며 원하는 것은 꼭 가져야만 직성이 풀리는 성격.
홀맨을 무시하고, 또한 쫓아다니는 홀독을 무지 귀찮아 한다.
몸을 투명하게 할 수도 있으며 순간이동 능력이 있어 여기저기 자유자재로 돌아다닐 수 있다. 또한 위험에 처하면 제일 먼저 도망간다.

캐릭터 소개

우리들의 친구 홀맨은 브랜드 캐릭터로서 눈코입이 없는 홀(Hole)을 통해 무한한 가능성을 보이며 새로운 문화를 갈구하는 10대들의 영원한 친구이다.
때론 민망하지만 솔직한 행동으로 10대를 대변하는 홀맨은 장난꾸러기 블랙홀과 항상 충직스런 홀독, 그리고 도도한 새침떼기 홀캣 등의 친구들이 있다.

회사 소개

주식회사 애니매니아는 캐릭터 개발, 마케팅 및 라이센싱을 전문으로 하는 회사로서 현재 LGT와 공동개발한 홀맨마스터 대행 권한을 갖고 총괄사업을 진행하고 있다.
애니매니아는 브랜드 경영 시스템을 도입, 거대한 자본과 마케팅력을 기반으로 강력한 브랜드 마케팅 매니지먼트를 지행하고 있으며, 단순 캐릭터 비즈니스의 수익사업보다는 브랜드 캐릭터로서의 다양한 마케팅 툴을 제시하고 있다.
향후 머천다이징, 프랜차이징, 애니메이션 제작 등 다양한 채널을 통해 '실현되는 꿈' 을 만들어나갈 것이다.

주요 연혁 / 실적

2001 05 12 (주)애니매니아 법인 설립
2001 06 LGT와 홀맨 공동개발 완료
2001 08 홀맨 캐릭터 모바일 다운로드 서비스 제공, 홀맨 1차 CF 방영
2001 08 홀맨 기본형 봉제 인형 및 10여 개 아이템 계약 체결
2001 09 홀맨 2차 CF 방영
2001 10 아트박스와 홀맨 라이센싱 계약 체결
2001 11 홀맨 스티커 온라인 서비스 계약 및 서비스 시작
2001 12 문화관광부 주관 2001 올해의 캐릭터 BEST10 수상
2001 12 홀맨 3차 CF 방영
2001 12 홀맨 캐롤송 SM 뮤직과 계약 및 출시
2001 12 홀맨 아케이드 게임 계약 및 개발 시작
2002 01 카이 브랜드, 홀맨, 오픈, LG 이지몰 홀맨 입점
2002 02 애니매니아 쇼핑몰 오픈
2002 03 LGT 카이진 제작 및 발행
현재 홀맨 애니메이션 프로젝트 진행중, 20여 개 업체와 라이센싱 계약 체결

16. 유니트픽처
경기도 성남시 분당구 구미동 192 LG 트윈하우스 312
TEL) 031-605-6620 FAX) 031-604-6621
URL) www.unitpicture.com

캐릭터 소개

졸라맨: 사랑을 바탕으로 정의와 의리로 뭉친 사내가 있었다. 그의 이름은 '졸라맨'. 위급한 상황이 닥치면 수퍼액션메가히어로 졸라맨으로 예쁘게 변신해 악당을 물리친다.

아쭈: 알에서 태어난 아쭈족으로 전세계에 퍼져 살고 있다. 천진난만하여 호기심이 많다. 마음이 깨끗한 사람에게만 보인다는 속설이 있어 '마음의 정력' 이라 불리기도 한다.

초피: 하는 짓마다 어설프고 실수투성이지만 호기심 많고 화낼줄 모르는 순둥이다. 초코우유와 고구마를 좋아한다.

피장파장: 피장은 황궁경비대 소속군인이며 정의로우나 실수가 많다. 파장은 북문파의 최고 두령이며 북문권의 창시자다. 낙천적이며 행동이 느리다. 고수이나 무술을 거의 쓰지 않는다.

삼류천사: '역중력 프로젝트' 의 실험 휴유증으로 얻어진 초능력으로 날 수가 있다. 하지만 20초 이상은 날 수가 없다. 어설프지만 얻어진 그의 능력은 타고난 정의감과 굳은 의지로 그럭저럭 쓸만 하다.

회사 소개

(주)유니트 픽처는 창사 이래 캐릭터 디자인, 애니메이션 제작, 애니메이션 작가 매니지먼트에 이르기까지 온라인에서 쉼없이 사업 영역을 넓혀가고 있습니다. 캐릭터 개발, 애니메이션 제작, 캐릭터 라이센스, 매니지먼트의 사업영역을 바탕으로 단순 산업이 아닌 문화산업으로 한국을 전세계에 알리는 캐릭터 산업에서 한국을 대표하는 전문 기업으로 자리매김하겠습니다.
꿈과 희망이 있는 사회를 만들기 위하여 (주)유니트 픽처는 앞으로 더욱더 노력하겠습니다.

주요 연혁 / 실적

2001 01 커니 엔터테인먼트 설립
2001 04 졸라맨 SK 텔레콤 모바일 서비스 콘텐츠 제공, 졸라맨 하하이스 광고 모델 계약
2001 05 졸라맨 봉제 인형, 쿠션, 필기류, 만화책 라이센스 계약
2001 07 졸라맨 지제류, 팬시류, 자동차 용품 라이센스 계약
2001 08 졸라맨 식품류 라이센스 계약, 졸라맨 삼성생명 인터넷 광고 모델 계약
2001 09 피장파장 봉제 인형, 쿠션 등 라이센스 계약
2001 10 졸라맨 양말, 초콜릿 라이센스 계약
2001 11 졸라맨 CD 게임 라이센스 계약
2001 12 졸라맨 700 서비스 콘텐츠 제공 계약
졸라맨, 삼류천사, 피장파장, 초피 지하철 방송에 애니메이션 상영 시작
졸라맨 문화관광부 산하 (재)한국문화콘텐츠진흥원에서 선정한 '올해의 베스트 캐릭터 10' 으로 선정

17. 위즈엔터테인먼트

서울시 용산구 한남1동 76-6 벤처빌딩 3층
TEL) 02-797-5020 FAX) 02-797-5421
URL) www.wizw.com

캐릭터 소개

부비: 개나리를 닮은 노란 강아지, 부비예요. 부비는 별노란숲과 그곳에 사는 친구들을 사랑하는 웃음 많은 강아지랍니다. 갈증나는 해바라기 할아버지에게 시원한 물을 주기도 하고, 외롭게 날아다니는 나비의 말벗이 되어주기도 하는 좋은 친구예요.

얌: 세상에서 가장 달콤한 고양이, 얌이에요. 얌은 좋아하고 싫어하는 것이 분명하고, 유행하는 모든 것에 관심을 보이며, 단것을 무지 좋아하지만 다이어트에도 꾸준한 관심을 보이지요. 공주병 기질이 약간 있지만 자신은 애교 수준이라 생각하고 고칠 생각이 전혀 없는 깜찍한 고양이랍니다.

다이노윱스: 좌충우돌, 시끌벅적 공룡이야기, 다이노윱스! 세상에 특이한 공룡은 여가 다 모였어요. 다이노윱스가 가는 곳에는 어디나 사건과 사고가 뒤따른답니다.

회사 소개

1985년부터 캐릭터 개발을 시작한 한국 캐릭터 개발의 선두주자입니다. 30여 종이 넘는 자사의 캐릭터를 국내 50여 개 사에 라이센싱하는 것은 물론, 미국지사(WIZ USA co., ltd)를 통해 해외로부터 캐릭터 수출도 꾀하고 있습니다. 현재는 캐릭터 개발, 라이센싱뿐만 아니라 인터넷, 애니메이션, 미디어, 프렌차이즈 등 각종 콘텐츠 사업에도 힘을 쏟고 있는 국내 최고의 캐릭터 개발, 마케팅 전문 회사입니다.

주요 연혁 / 실적

1985 (주)바른손 내 캐릭터 사업부 시작

1988 캐릭터 개발 전문 집단 〈위즈〉로 독립

1998 LG 화학 포함, 29개 사와 라이센싱, 가수 '지누션', '1TYM', '서태지', '깜찍이' 2D 캐릭터 개발, '로보트 태권V' 매뉴얼 개발 및 라이센싱 사업대행

1999 금강제화 포함, 32개 사와 라이센싱, 자사 캐릭터 '미스터쿨', '런던클래스', 뮤지컬 '난타' 캐릭터 개발 및 라이센싱 사업 대행

2000 (주)위즈엔터테인먼트로 사명 변경. WIZ USA 미국 지사 설립. 쌍방울 포함 50여 개 사와 라이센싱. 캐릭터 '얌', '단비스패밀리', '디어앨리스' 등 개발. 강북 삼성 병원, 데이콤 이트랜스, 삼성 엔지니어링, 대교 애니메이션 캐릭터 개발

2001 '아이미', '에밀리 발레리나 베어', '체리 브라운' 개발. 인하공대, SBS 만화왕국, 금성출판사 애니메이션 캐릭터 개발, 현재 미국, 일본, 대만 등 60여 개 사의 라이센싱, 한국산업디자인진흥원(KIDP) 산업디자인전문회사 등록

18. 씨엘코엔터테인먼트

서울시 서대문구 북아현동 221-7 백상빌딩 502호
TEL) 02-362-6824 FAX) 02-362-6825
URL) www.mashimaro.co.kr // www.clko.com

캐릭터 소개

'마시마로 숲 이야기' 는 인터넷상에 연재중인 플래시 애니메이션입니다. 하루에도 열두 번은 참아야 하는 현실속에서 뒷북이란 어떤 것인가를 일깨워주고 실소를 안겨주지만 정작 '마로' 자신은 고민이 많은 토끼입니다. 짧은 스토리의 에피소드로 구성되어 현재까지 많은 호응 속에 연재중인 '마시마로 숲 이야기' 는 언어와 문화의 장벽을 뛰어넘어 인터넷을 통해 전세계인들에게 실소를 안겨줄 것입니다. 또한 다양한 상품개발과 지속적인 프로모션 및 인터넷 회원 관리를 통해 다양한 팬 층을 확보해 나가고 있습니다.

회사 소개

대한민국 캐릭터 산업에 새로운 변화를 주도하고 있는 씨엘코 엔터테인먼트는 해외 시장 개척을 통해 한국 캐릭터 산업의 성공과 발전에 기여하고 있습니다. 국내 대표 캐릭터로 자리매김한 마시마로 캐릭터는 온라인과 오프라인에서 성공적으로 사업화를 추진하고 있으며 상품화된 제품의 판매고는 해외 유명 캐릭터 상품의 판매고를 앞질러 업계의 놀라운 주목을 받고 있습니다. 마시마로 캐릭터를 사용한 상품 종류만도 무려 1000여 가지가 출시되어 인기리에 판매되고 있으며, 모바일 서비스, 인터넷 서비스 등 공격적인 사업추진과 함께 일본, 동남아, 미주, 유럽 등지로의 진출 상담이 활발하게 진행되고 있습니다. 씨엘코 엔터테인먼트(주)는 마시마로를 통한 토털 캐릭터 비즈니스에 성공 모델을 제시하면서 나아가 한국을 대표하는 멀티 엔터테인먼트 기업이 되도록 최선을 다하겠습니다.

주요 연혁 / 실적

1999 11 승현인터내셔널 설립
SBS 방영 '젤라비' 캐릭터 사업권 계약
2000 03 국내 대형 할인매장 납품 개시
2000 06 무역업 신고
2000 08 KBS 방영 '수수께끼 블루' 캐릭터 사업권 계약
2000 08 코엑스 전시장 내 '벅스월드' 개최. 캐릭터 제품 공급
2000 09 '마시마로' 캐릭터 사업전략 계획 수립
2000 10 '마시마로' 캐릭터 제품 시장 분석
2001 02 '마시마로' 캐릭터 사업 전개
2001 03 '마시마로' 캐릭터 라이센싱 사업 시작
2001 06 씨엘코엔터테인먼트(주) 법인 설립
2001 06 '마시마로' TV, PPL 광고 전개
2001 06 '마시마로' 공식 홈페이지 오픈
2001 06 해외 라이센싱

MR.K

19. 미스터케이
서울시 강동구 성내동 448-8 성내빌딩 2층
TEL) 02-2267-3335 FAX) 2285-3363
URL) www.mrk.co.kr

캐릭터 소개

콩콩이: 콩콩이는 한국의 정서를 담아 Mr.K가 개발한 한국적인 캐릭터이다.
소다미: 큰 머리에 커다랗고 좁쌀 크기만한 두 눈, 도회지의 우리네 이웃 개구쟁이 꼬마 아가씨다.
코딱지: 언제나 작은 웃음으로 친구들에게 행복을 전하고 싶어하는 작은 천사이다.
빤쯔: 순진하고 착하게 생긴, 늘 팬티를 뒤집어 쓰고 다니며, 방귀로 벽돌깨기가 특기인 강아지다.
발렌: 맑고 깨끗한 영혼을 가진 꼬마 천사 발렌은 사소한 일에도 금방 감동해서 눈물을 잘 흘린다.
쥬스와 친구들: 자기가 토끼인지 아닌지를 늘 생각하며, 호기심이 많다. 그의 친구로는 방울토마토, 레몬돼지, 포도공주, 바나나밀크가 있다.
돌클럽: 머리가 망치보다 강한 맷돌과 그의 여자 친구 옥돌, 남자친구 차돌, 차돌의 여자 친구 조약돌, 맷돌이의 애견 돌돌이가 돌클럽의 멤버다.

회사 소개

주식회사 미스터케이(Mr.K)는 캐릭터 개발 및 라이센스 사업, 캐릭터 마케팅, 머천다이징을 전문으로 하는 회사로서 캐릭터 상품 제조, 유통, Mr.K 잡지 발간, 애니메이션 카드 제작, 아바타 캐릭터 제작(유료 서비스), 인터넷 캐릭터 전자 상거래, 캐릭터 모바일 서비스 사업을 추진하고 있으며, 자라나는 어린이에게 꿈과 희망을 심어주며, 무한한 상상력을 현실로 이룰 수 있도록 돕고, 세계속에 한국이 아닌 한국속에 세계를 일깨워주는 일과 우리의 캐릭터, 우리만의 독특한 문화를 만드는 일을 위해 노력하고 있다.

주요 연혁 / 실적

2000 03 31일 · (주)미스터케이 법인 설립
2000 07 자본증자(8억 2천 만원), 롯데월드 어드벤처 직영점 오픈
2000 07 월간 '미스터케이' ABC협회 인증(발행부수 20만 부 공식 인정)
2000 08 제1회 플래시 애니메이션 카드 · 예쁜 엽서전 개최
2000 08 벤처기업 인증, 기술 신용보증 기금 우수기술기업 선정
2000 08 미스터케이 홈페이지(www.mrk.co.kr) 회원 100만 돌파
2000 11 www.mrk.co.kr 1000만 페이지뷰 돌파, Alexa(미국 순위 집계 사이트)집계 전세계 311위
2001 01 미스터케이 본사 이전(서울 송파구 잠실 175-2 미스터케이 빌딩)
2001 03 명의개서 대리인 선임, 금융감독 위원회 기업 등록
2001 05 액면분할(1주의 금액 5000원>500원), 월간 '미스터케이' 잡지 월발행부수 32만 부 돌파
2001 05 인기그룹 god 상품화권 계약(금강기획, 싸이더스)
2001 05 인기게임 캐릭터 포트리스 상품화권 계약(금강기획, CCR)
2001 06 영화 '친구' 상품화권 계약(DoDo Company)
2001 06 미국 2001 라이센싱 쇼(라마쇼/맨하탄) 참가
2001 08 ISO 9001 인증
2001 08 영화 '무사' 상품화권 계약(씨제이 엔터테인먼트, 싸이더스)
2001 08 홍콩 A.T 라이센싱 사와 아시아 지역 라이센스권 계약
2001 09 10억 투자 유치(다산벤처, 기보 캐피탈)
2001 09 2001 한국일보 선정 '우수벤처기업' 선정
2001 10 2001 신제품 콘테스트 수상(이사장상)
2001 11 '빤쯔', '돌클럽', '쥬스' 캐릭터 개발
2001 11 '마리이야기' 상품화권 계약(지원매니아)
2001 12 월간 '미스터케이' 잡지 월발행부수 40만 부 돌파
2001 12 SBS 캐릭터 공모전 당선
2001 12 2001 한국특허기술대전 동상 수상(라디오 다이어리)
2001 12 월간 '미스터케이' 잡지 Goodday지 선정 '2001 Goodday 빅브랜드 대상' 수상

20. 서울머천다이징
서울 광진구 광장동 123, 베비라 빌딩 6층
TEL) 02-453-8414 FAX) 02-453-8418
URL) www.smc-korea.com

캐릭터 소개

1. 캐릭터: 방귀대장 뿡뿡이(EBS 초유의 시청률을 기록하며 방영되고 있는 유아 놀이 학습 프로그램, '방귀대장 뿡뿡이'의 주인공)
2. 나이: 5세
3. 사는 곳: 아이들의 장난감 놀이터나 아지트 근처
4. 취미: 방귀 날리기
5. 특징: 변신 방귀, 웃음 방귀, 뽀뽀 방귀, 안녕 방귀, 화났다 방귀, 힘내라 방귀 등 모든 것을 방귀로 해결한다.
6. 캐릭터 라이센싱 분야: 완구, 문구, 의류, 게임, 생활용품 등 활발하게 진행

회사 소개

SMC는 국내외 캐릭터를 발굴하여 캐릭터 라이센싱 및 머천다이징 사업에 주력함으로써 국내 캐릭터 업계를 리드해 나가고 있는 캐릭터 및 애니메이션 마케팅 전문회사입니다. 그동안 SMC는 안녕 노디(Noddy), 하바드와 예일대학의 로고 및 트레이드 마크, 수수께끼 블루, 라이딘(Reideen), 방귀대장 뿡뿡이, 러그래츠 등 다양한 종류의 캐릭터를 국내에 소개해 왔으며, 우수한 라이센싱 파트너들과의 오랜 협력관계를 바탕으로 전략적인 캐릭터 마케팅을 전개해 나가고 있습니다. SMC는 꾸준한 캐릭터의 발굴과 효과적인 마케팅을 통해 캐릭터 및 애니메이션 프로그램의 21세기 문화상품의 꽃으로서의 가치를 높여 나가기 위해 노력할 것입니다.

주요 연혁 / 실적

1997 05 SMC(서울 머천다이징) 설립
1997 10 HARVARD / Yale University Agency 계약
1998 01 스페인 Clay Animation 'Kokki'(꼬끼) TV방송권 계약
1998 02 TV 시리즈 깨모(금강기획/게이브미디어), 아담 상품화권 계약
1998 11 NODDY(영국 ENID BLYTON LIMITED)라이센스 계약
1998 11 Wedding Peach DX(일본 KSS Inc.) 프로그램 계약
1999 06 만화영화 STRAY Sheep(일본 Fuji TV) All Rights 판권 계약
2000 03 TV 시리즈 BLUE' S CLUES(미국 MTV) All Rights 판권 계약
2000 08 '방귀대장 뿡뿡이'(EBS) 상품화(출판)권 대행 계약
2000 12 팬쉘(Panshel) 캐릭터(일본 Marimo/BLA) All Rights 계약
2001 02 TV 시리즈 RUGRATS (미국 Nickelodeon) All Rights 판권 계약
2001 05 '원더풀 데이즈' All Rights 판권 계약
2001 08 '몬모' 캐릭터(일본 Links DigiWorks 애니메이션 제작사) 계약
2001 12 TV 시리즈 '네모네모 스펀지송'(미국 Nickelodeon) 판권 계약
2002 08 '가필드'(Garfield: 미국 PAWS INC.) Agency 계약
2003 04 '도라도라 영어나라'(Dora the Explorer: 미국) Agency 계약

'방귀대장 뿡뿡이' 캐릭터 실적

1. 2001년 아동, 청소년부문 한국 방송대상 수상
2. 2002년 대한민국캐릭터대상 수상
3. 2001년~2002년 방귀대장 뿡뿡이 봉제 인형 200만 개 / 비디오 100만 개 판매

21. 아툰즈
서울시 강남구 역삼동 679-5 서울벤처타운 1103호
TEL) 02-3453-2417 FAX)
URL) www.atoonz.com

캐릭터 소개

종이 인형 친구들 베베스는 꽃을 보면, 꽃잎처럼 갈기를 바꾸는 숫사자 '쿠키', 요리를 잘하는 암사자 '샤벳', 외국에서 태어나 아직은 말이 서투른 너구리 '카라멜', 그리고 말썽꾸러기 '젤리'로 구성된 귀여운 동물친구들입니다.

회사 소개

Be Ace!!! 자기 분야의 최고를 모토로 삼음. 아툰즈는 멀티미디어 기획 제작사를 목표하고 있습니다. 네트웍 애니메이션을 기술기반으로 자체 기획을 통한 창작애니메이션을 하고 있으며, 네트웍과 모바일 등 새로운 문화 환경에 맞는 다양한 기획과 제작방식을 개발하고 있을 뿐만 아니라 TV 및 인쇄매체를 활용한 콘텐츠 기획 및 제작을 하고 있습니다.

주요 연혁 / 실적

2000 (주)아툰즈 설립
2000 www.atoonz.com 오픈
2000 산업자원부 신기술 사업자 선정(네트웍 2D/3D 애니메이션)
2000 dizzo.com 웃호진토, 환장특급, 딴따라, 오노소년척후대 방영
2001 EBS '우당탕탕 재동이네 방영'
2001 China Kid World Best Flash Awards '베베스' 최우수상 수상
2001 06 세계 최초로 Flash를 공중파에(우당탕탕 재동이 10min*26p) 방영
2002 02 sbs에는 '냠냠 맛있는 동화'(5min*30p)를 방영
2002 문화콘텐츠진흥원 콘텐츠 개발 사업자 선정(전통놀이를 원형으로 한 콘텐츠 개발)
2002 애니메이션 동화 사이트 www.atoonz.net 오픈
2002 SBS '냠냠 맛있는 동화' 방영, 현재 미니시리즈 '베베스'와 '키야와 친구들' 등을 제작중